AF607385

BLACK POWER

Respeto y derechos civiles en Estados Unidos

Caño Díaz, Héctor

Black power : respeto y derechos civiles en Estados Unidos / Héctor Caño Díaz. León : Servicio de Publicaciones, Universidad de León ; Valladolid : Ediciones Universidad de Valladolid, 2024
272 p. : il, fot. col. y bl. y n. ; 21 cm. – (Frontera ; 5)
Bibliogr.: p. [243]-272
ISBN 978-84-19682-73-4 (Universidad de León), 978-84-1320-318-8 (Universidad de Valladolid)
1. Nacionalismo negro-Estados Unidos. I. Universidad de León. Servicio de Publicaciones. II. Ediciones Universidad de Valladolid. III. Título. IV. Serie.
329.4(=013)(73)

De acuerdo con el protocolo aprobado por el Consejo de Publicaciones de la Universidad de León, esta obra ha sido sometida al correspondiente informe por pares ciegos con resultado favorable.

es una colección coeditada por las Universidades de León y Valladolid
volumen 5

Imagen de cubierta: fotografía de David Fenton. Filadelfia, septiembre de 1970
Diseño y maquetación digitales de interior y portada:
David Aller Llamera (Servicio de Publicaciones de la Universidad de León)

ISBN (Universidad de León): 978-84-19682-73-4
ISBN (Universidad de Valladolid): 978-84-1320-318-8
Depósito legal: DL LE 418-2024

Imprime: KADMOS
Impreso en España - *Printed in Spain*
Noviembre, 2024

Esta editorial es miembro de UNE, lo que garantiza la difusión y comercialización de sus publicaciones a nivel nacional e internacional.

BLACK POWER

Respeto y derechos civiles en Estados Unidos

Héctor Caño Díaz

frontera 5

León y Valladolid, 2024

0

ÍNDICE

0,5 INTRODUCCIÓN:

El movimiento por los derechos civiles cambió la faz de Estados Unidos. Su objetivo, reivindicar la igualdad de derechos para los ciudadanos afroamericanos. Fue una lucha encarnizada que logró impresionantes victorias judiciales y legislativas en los años 60 acabando con la discriminación en los lugares públicos y eliminando las medidas restrictivas que impedían a los negros votar en las elecciones; lograr un cambio de mentalidades fue más difícil aún y se cobró el sacrificio de importantes líderes y muchísimos activistas que dieron su vida por la causa.

Los afroamericanos de clase media fueron los primeros en disfrutar del espacio conquistado al formarse como abogados, educadores, médicos y otras profesiones, sirviendo como modelo para los demás miembros de su comunidad; los que vivían en el área rural o permanecían ocultos en barrios deprimidos en la periferia de las grandes ciudades parecían condenados a la pobreza y a un futuro sin expectativas sufriendo una doble discriminación, por raza pero también económica. El primer cambio notable, la histórica sentencia del caso *Brown v. Board of Education* que ponía fin a la segregación en las escuelas, resultó ser un fracaso; los centros educativos no cambiaron en la práctica, ya que los blancos y los negros vivían en vecindarios distintos y el racismo estaba demasiado arraigado. Thomas Jefferson escribió que «todos los hombres son creados iguales» pero la mayor parte de la población ni siquiera creía que los negros pudieran considerarse como seres humanos en un país que se vanagloriaba de ser la tierra de las libertades.

El concepto de Black Power lo cambiará todo en 1966. Como el movimiento por los derechos civiles y la lucha por la integración racial se topaba con el supremacismo y el odio visceral de los blancos intolerantes, fueron un paso más allá en sus reivindicaciones y manifestaron su orgullo étnico. Como ninguna otra ideología precedente, moldeó la identidad negra y llevó a la toma de conciencia de la comunidad, que nunca más agachará la cabeza frente a los abusos ni se avergonzará de ser distinta; antes al contrario, expresarán su negritud en todos los ámbitos de la cultura: música, literatura, deportes, cine y artes gráficas. Entre 1966 y 1976 una infinidad de programas culturales y sociales se llevaron a cabo para expresar su derecho a opinar, desarrollarse, prosperar económicamente y alcanzar la realización personal y colectiva.

Si al principio los consideraban un movimiento agresivo que pretendía dinamitar los cimientos de la nación, poco a poco fueron ganando representatividad y convenciendo al resto de la sociedad acerca de sus ideales legítimos, nobles y solidarios; Norteamérica debía avanzar, desprenderse de su pasado lamentable y desembarazarse del pensamiento caduco, tóxico y homicida que consideraba a los negros ciudadanos de segunda categoría, nacidos para servir y malditos por siempre.

Comprender la historia norteamericana de los siglos XX y XXI así como la historia contemporánea en su concepción más amplia requiere conocer a fondo los logros y el legado imperecedero del movimiento Black Power. Su espíritu, prolongación natural del movimiento por los derechos civiles, tuvo un impacto profundo en la vida cotidiana de los afroamericanos. Liderado por jóvenes, ya fueran universitarios o miembros marginales del gueto, impulsó un renovado sentimiento de dignidad y acrecentó su autoestima, mermada forzosamente hasta ese momento. Siguiendo su ejemplo muchos otros colectivos van a despertar: indios nativoamericanos, asiáticos, latinos, mujeres, homosexuales, desafiarán el estatus quo y reforzarán su identidad grupal ante los actores políticos y la sociedad en general que los despreciaba abiertamente. Como una auténtica marea revolucionaria, el Black Power contagió su combatividad a todos los excluidos y proscritos por el sistema, reformulando el entendimiento entre los diversos grupos sociales para siempre y en todo el mundo.

> Black Power significa simplemente: Mírame, estoy aquí. Tengo dignidad. Tengo orgullo. Tengo raíces. Insisto, exijo participar en aquellas decisiones que afectan a mi vida y a la vida de mis hijos. Significa que soy alguien.
>
> *Whitney M. Young*[1]

1 «The Black Power of Whitney Young», *Reader's Digest*, vol. 94 nº 561, January 1969, p. 120 «Words of the Week: Whitney M. Young, Jr.», *Jet*, vol. XL nº 1, April 1, 1971, p. 25.

PRIMERA PARTE
PODER NEGRO

1

RESISTIR

1.1 UN HOMBRE SIN MIEDO

James Meredith cruzó la frontera de Tennessee la mañana del lunes 6 de junio de 1966. El domingo había emprendido él solo una caminata de 270 millas desde el Hotel Peabody en Memphis hasta Jackson, Mississippi, equipado únicamente con un sombrero colonial y un bastón de ébano, para demostrar que un negro podía moverse libremente por el Sur. La denominada «Marcha Contra el Miedo» quería desafiar a los supremacistas que impedían a los negros participar en las elecciones. La caminata atravesaría un recorrido a pie de veintiún días para culminar en el Capitolio del Estado. Al terminar el trayecto planeaba inscribirse en el registro electoral y así dar ejemplo a los afroamericanos para ejercer su derecho al voto.

Solo era el segundo día de marcha, apenas habían avanzado 28 millas y le acompañaba un puñado de simpatizantes. Tres vehículos de la policía estatal y algunos agentes del FBI custodiaban al grupo mientras varios periodistas esperaban en sus coches para cubrir la noticia. Seguían la autopista 51 pocas millas al sur de la pequeña ciudad de Hernando en el condado de DeSoto cuando llegaron a un tramo de pendiente, un claro bordeado de pinos. A las 4:15 de la tarde oyeron el grito de advertencia de un francotirador emboscado:

«¡James Meredith! ¡Solo quiero a James Meredith!»

En el bosque colindante, un tal Aubrey Norvell empuñaba una escopeta del calibre 16 apuntando contra ellos con clara intención de disparar a Meredith. Gritó su nombre dos veces pero la policía no hizo nada para protegerlo. Los acompañantes se dispersaron: «¡Cuidado, Jim, tiene un arma! ¡Al suelo!» James Meredith recibió sesenta perdigones en el cuello, la cabeza y el costado derecho, cayó de rodillas, se desplomó y trató de ponerse a cubierto arrastrándose por el asfalto a través de la carretera: «Dios mío. ¿Alguien me va a ayudar?» La ambulancia tardó varios minutos angustiosos en aparecer.

Jack Thornell, un fotógrafo de Associated Press en Nueva Orleans de veintiséis años, estaba en un coche aparcado en el arcén, sentado junto a un colega reportero de United Press International esperando a que les trajeran una Coca-Cola. Hacía un calor sofocante. Vieron llegar a Meredith y su séquito. Thornell salió del vehículo mientras los disparos resonaban en la explanada y fotografió la escena con sus dos cámaras. Gastó dos rollos de carrete y condujo a toda velocidad hasta Memphis para revelar las imágenes. Aquellas fotos aparecieron en periódicos de todo el país y le otorgaron el Pulitzer **(figura 1)**.

Figura 1. James Meredith tendido sobre la carretera el 6 de junio de 1966, fotografía de Jack Thornell. Fuente: Associated Press, Mississippi Civil Rights Museum.

Los agentes de la policía y el FBI se adentraron en el bosque y atraparon al asaltante. Aubrey James Norvell, un miembro del Ku Klux Klan desempleado de cuarenta años, les acompañó sin oponer resistencia y entró en el coche policial sin esposas, fumando en pipa tranquilamente. Orgulloso de sus actos, se declaró culpable y le sentenciaron a cumplir cinco años de prisión pero sería puesto en libertad tras cumplir solo dieciocho meses de condena. Era la primera persona blanca condenada en Mississippi por disparar a un negro, según el *DeSoto Times-Tribune*.

A pesar de que Associated Press informó erróneamente que Meredith resultó muerto a causa del tiroteo, recibió heridas superficiales y se recuperaba en un hospital de Memphis. El día siguiente al atentado recibió la visita de Martin Luther King (GARROW, 2004: 475). Cuando los demás líderes del movimiento por los derechos civiles conocieron la noticia decidieron intervenir y prestar ayuda de inmediato. En apenas veinticuatro horas se organizaron para retomar la marcha conscientes del grave peligro al que se enfrentaban. Floyd McKissick del CORE (*Congress Of Racial Equality*) y Stokely Carmichael del SNCC (*Student Non-violent Coordinating Committee*) se unieron a representantes del MFDP (*Mississippi Freedom Democratic Party*) y el MCHR (*Medical Committee for Human Rights*). El sindicalista blanco Walter Reuther de la UAW (*United Automobile Workers*) se sumó al recorrido con diez autobuses llenos de simpatizantes. Roy Wilkins de la NAACP (*National Association for the Advancement of Colored People*) consideró que su participación ya no sería necesaria cuando supo que los Diáconos para la Defensa y la Justicia se comprometieron a proporcionar escolta y proteger a los manifestantes; fundada en Jonesboro, Louisiana, tenían sobrada experiencia protegiendo a los activistas frente a las amenazas del Ku Klux Klan. El reverendo Martin Luther King del SCLC (*Southern Christian Leadership Conference*) contribuyó con su presencia mediática y su espíritu conciliador. Pronto fueron incorporándose personas de todo el país, hasta la congregación de la iglesia católica Holy Child Jesus formada por parroquianos blancos se unió a la marcha en Canton, Mississippi. Pasaron de ser un par de cientos de personas a miles de manifestantes.

Muchos llevaban un sombrero de paja con una banda de tela alrededor con rayas azules y verdes y la palabra LIBERTAD escrita en letras mayúsculas. Por las noches acampaban bajo las carpas de un circo que alquilaron. Varios grupos fueron a los pueblos cercanos haciendo campaña para movilizar a la gente de color. Protegidos por la Patrulla de Caminos de Mississippi, la marcha principal no sufrió incidentes pero los pequeños grupos de activistas sí fueron atacados en aquellas incursiones por turbas de blancos enfurecidos.

Cada municipio del estado tenía monumentos conmemorativos de la Guerra Civil en una plaza céntrica, en tributo al bando confederado que combatió contra la abolición de la esclavitud; los manifestantes se concentraban alrededor de los monumentos, colocaban banderas estadounidenses y daban sus mítines en estos lugares simbólicos para mayor indignación de los funcionarios locales. La marcha recibió amenazas de muerte durante todo el trayecto, pero avanzaron arriesgándose a los arrestos y los gases lacrimógenos. En Batesville un anciano llamado El Fondren, que nació siendo esclavo y tenía 106 años, se inscribió para votar y fue levantado a hombros; Bob Fitch, fotógrafo que les acompañaba, inmortalizó el momento. Cuando llegaron al Taugaloo College al norte de Jackson, hicieron una parada para presenciar un espectáculo solidario en el que participaron James Brown, Dick Gregory, Burt Lancaster, Sammy Davis Jr. y Marlon Brando.

James Meredith se reincorporó a la marcha en el tramo final el 25 de junio, un día antes de completar el recorrido en Jackson. En ese momento eran más de 15.000 personas y se trataba de la concentración por los derechos civiles más grande de la historia del estado. Consiguieron que más de 4.000 votantes se inscribieran en los registros electorales de los condados negros, un logro espectacular en el delta del Mississippi (GOUDSOUZIAN, 2021; ALEXANDER, 2022; MCKENZIE, 2023).

No era la primera vez que James Meredith causaba revuelo ni la primera vez que se metía en problemas. Meredith nació en la pequeña localidad de Kosciusko, Mississippi, a orillas del río Yockanookan y a una hora en coche desde Jackson. Se crió en una granja de ochenta y cuatro acres en el condado de Attala con su familia; a diferencia de muchos afroamericanos en aquella época, su padre fue un agricultor independiente. Hijo de un esclavo, Moses Meredith cercó su propiedad, redujo al mínimo la interacción con sus vecinos y se registró como votante dando ejemplo a su hijo. Jim completó sus estudios de secundaria en el instituto Gibbs de St. Petersburg, Florida, y sirvió en las Fuerzas Aéreas de 1951 a 1960 incluyendo un periodo de tres años en la base aérea de Tachikawa en Japón. Como se trataba de una rama reciente del servicio militar, el racismo no estaba tan arraigado y pudo desempeñar su trabajo con normalidad en un entorno integrado, siendo conocido por su meticulosidad y su atención al detalle. De 1960 a 1961 asistió a clases en el Jackson State College; en el semestre de otoño creó con sus compañeros de clase una pequeña agrupación, MIAS (*Mississippi Improvement Association of Students*), imprimieron folletos y escribían sus eslóganes en las pizarras del aula. Estaba empeñado en ser el primer estudiante negro en matricularse en la Universidad de Mississippi, uno de los grandes centros del supremacismo en Estados Unidos (GOUDSOUZIAN, 2014a: 11-4).

Cuando tenía veintisiete años presentó su solicitud de ingreso en Ole Miss, que solo admitía estudiantes blancos. Era el 21 de enero de 1961 y James acababa de escuchar el día anterior el discurso de investidura de John Fitzgerald Kennedy jurando la presidencia en la escalinata del Capitolio. El juicio *Brown v. Board of Education* que declaraba ilegal la segregación en las escuelas públicas sentó jurisprudencia en 1954 y seguía estando en vigor pero los estados sureños se resistían al cambio con uñas y dientes. Su solicitud fue rechazada dos veces consecutivas alegando ciertos tecnicismos, pero gracias a Thurgood Marshall y la NAACP impugnaron legalmente la decisión y emprendieron una batalla judicial para conseguir que lo admitieran (MCGEE, 2013: 46-8).

El gobernador del estado Ross Barnett se pronunció en contra, hubo varios incidentes violentos y el boletín Rebel Underground que publicaban anónimamente los estudiantes de Ole Miss insistía en una campaña agresiva para promover la segregación racial en la universidad (EAGLES, 2009: 115; SILVER, 2012: 33). Meredith

Figura 2. James Meredith en la ceremonia de graduación de Ole Miss el 18 de agosto de agosto de 1963, fotografía de Jim Bourdier. Fuente: Associated Press, The Press Democrat.

logró salirse con la suya y el Tribunal de Apelaciones del Quinto Circuito presidido por el juez Hugo Black dictaminó en septiembre del 62 que su solicitud debía ser admitida. El fiscal general Robert Kennedy llegó a un acuerdo con el gobernador Barnett para garantizar que se cumpliera la orden y estalló un motín en el campus. Una muchedumbre de blancos que portaban armas arrojó ladrillos y cócteles molotov al edificio administrativo. Ciento veintisiete alguaciles de todo el país fueron a sofocar el motín, que se prolongó hasta altas horas de la madrugada (MEREDITH, 2019: 197). Dos civiles murieron en el enfrentamiento, más de doscientos alguaciles resultaron heridos y cerca de trescientas personas fueron detenidas. Meredith se matriculó el 1 de octubre de 1962 y acudió a la universidad escoltado.

Llegaron mensajes de todo el mundo incluyendo muestras de apoyo de Josephine Baker, Rosa Parks y el escritor Langston Hughes. Como no podía ser de otro modo, los alumnos de Ole

Miss le condenaron al ostracismo evitando relacionarse con él y negándole el saludo. Los estudiantes crearon el lema «Rebel Resistance» y distribuyeron octavillas en colaboración con el Consejo de Ciudadanos para pedir a todos los blancos matriculados que no se comunicaran con Meredith, quien se definía en aquel entonces como «el negro más segregado de Estados Unidos» («the most segregated Negro in America»). Agentes uniformados de la Guardia Nacional permanecieron en Ole Miss durante más de un año para garantizar su seguridad (GALLAGHER, 2012: 123). En una carta publicada en el *New York Amsterdam News*[2], Martin Luther King pidió a sus seguidores que le apoyaran, les instó a que rezaran por él y agradecieran su heroísmo, describiéndole como «un símbolo de dignidad y orgullo». Meredith se graduó en Ole Miss en agosto de 1963 con una licenciatura en ciencias políticas **(figura 2)**. Los altercados del 62 no se olvidarían, ni tampoco la valentía de aquel joven. James Meredith consiguió ser el primer estudiante negro de la Universidad de Mississippi (DITTMER, 1995a: 141-2). Cuatro años después le dispararon.

Pero la historia solo acababa de empezar.

1.2 EL ODIO SISTÉMICO

Describir la vida cotidiana en los estados del Sur roza lo inenarrable. Solo dos palabras la definen perfectamente: Jim Crow.

Las leyes Jim Crow eran un compendio de estatutos infames que formalizaban la segregación racial. Comenzaron justo después de la Guerra Civil y se perpetuaron durante casi cien años. Su propósito, negar a los afroamericanos el derecho al voto, a recibir una educación, conseguir un trabajo digno y en definitiva marginarles de la sociedad. Infringir esas leyes estaba penado con el arresto, multas abusivas y sentencias de muerte, cuando no directamente represalias en forma de linchamiento y asesinato.

2 «A Letter to Meredith», New York Amsterdam News, March 30, 1963

Esta obscena legislación toma el nombre de la canción «Jump, Jim Crow» o «Jumping Jim Crow» que interpretó el actor de teatro Thomas Dartmouth Rice: cuando la esclavitud todavía estaba vigente montó un espectáculo humorístico en el que se maquillaba la cara de negro y se disfrazaba con harapos para interpretar a un esclavo paleto. Las representaciones de Blackface donde actores blancos se oscurecían la piel y parodiaban a los negros eran muy populares y el número de Rice cosechó un gran éxito en la ciudad de Nueva York en la década de 1830. El trasfondo, obviamente, era profundamente cruel y racista: retrataban a los negros como idiotas, perezosos, felices de ser esclavos (LOTT, 2013: 213 y 2017: 58). El personaje Jim Crow alcanzó tal celebridad que se convirtió en una forma de referirse a los negros coloquialmente: «¡Eh, tú, Jim Crow!».

Cuando se agregó la Decimotercera Enmienda a la Constitución que ilegalizaba la esclavitud en 1865, los estados del Sur maniobraron rápidamente para crear sus propias leyes que contrarrestaran el mandato constitucional; en otras palabras, perpetuaron la esclavitud de manera indirecta. Sencillamente, constreñían las libertades de los ciudadanos afroamericanos de forma que vivir allí se convirtió en un infierno. A finales de siglo los sureños llamaron despectivamente a ese cúmulo de normas abusivas las leyes Jim Crow.

Los «black codes» o «códigos negros» se concretaban en leyes a nivel local y estatal que regulaban cuándo, dónde y cómo podían trabajar los esclavos negros recién liberados: un modo de perpetuar la servidumbre poniendo un contrato de por medio. Les arrebataban el derecho al voto en primer lugar, para evitar que saliera elegido un representante público que pudiera oponerse a dicho sistema; además estipulaban dónde podían o no podían vivir y consentían el trabajo infantil apartando a muchísimos niños de la escuela. Los estados sureños reaccionaban contra la Reconstrucción del país tras perder la Guerra Civil: acuciados por la depresión económica, el racismo expresaba el miedo de los intransigentes a perder su trabajo a manos de los negros y los políticos populistas azuzaron ese miedo para captar los votos de los blancos empobrecidos; mientras tanto los periódicos apelaban al sensacionalismo publicando en primera plana crímenes inventados o exagerados cometidos por los negros, creando un estereotipo despreciable y temible para los lectores.

En 1890 la Asamblea General de Louisiana aprobó una ley para impedir que blancos y negros viajaran juntos en ferrocarril. El caso *Plessy v. Ferguson* llegó hasta el Tribunal Supremo y éste dictaminó que los asientos reservados para los diferentes pasajeros debían ser «separadas pero iguales». Acto seguido se dispusieron asientos separados para los viajeros negros, aunque raras veces serían igual de confortables (PACKARD, 2002: 77-9; FREMON, 2015: 30-3). Los mecanismos para impedir que los negros votaran eran aún más injustos y arbitrarios. En Mississippi, apareció una ley diseñada expresamente para tal efecto que pronto se extendió a todos los estados del Sur. Solo podrían votar en las elecciones las personas que poseyeran propiedades, supieran leer y escribir, aquellos cuyos abuelos habían podido votar, los ciudadanos distinguidos por su «buen carácter» y los que pagaran ciertos impuestos electorales. Si tenemos en cuenta que los negros tenían empleos precarios y fueron apartados de la escuela, que la mayoría no tenían títulos de propiedad ni habían aprendido a leer, la mayoría quedaban excluidos. Desde luego, sus ancestros habían sido esclavos y jamás participaron en ningún proceso democrático; muchos tenían antecedentes penales por algún motivo injusto y no se les definía por su buen carácter precisamente; por último, tenían tan poco dinero que no podían pagar aquel impuesto electoral que les exigían. Si en 1896 había 130.334 votantes negros registrados en Louisiana, en 1904 sólo habrá 1.312 votantes: apenas el uno por ciento cumplía con los requisitos para votar.

Las leyes Jim Crow regulaban todos los aspectos de la vida con el mismo grado de intransigencia extrema. En Richmond no estaba permitido residir en una calle si la mayoría de los vecinos eran personas con las que no podían casarse; como contraer matrimonio con una persona de color estaba prohibido, eso significaba que tampoco podían vivir en la misma calle. Siguiendo su ejemplo en 1914 había seis pueblos enteros en Texas donde los negros no podían vivir. En Mobile, Alabama, había un estricto toque de queda y los negros no podían salir de sus casas después de las 10 de la

Figura 3. Lavabos segregados en Carolina del Norte hacia 1950, fotografía de Elliott Erwitt. Fuente: Magnum, Centre Pompidou.

noche. Éso sin mencionar las escuelas y los colegios: en Carolina del Norte los alumnos blancos y negros usaban libros de texto distintos; en Florida, aquellos libros ni siquiera podían almacenarse juntos; en los juzgados de Atlanta había dos Biblias, una para que jurasen los testigos blancos y otra para que lo hicieran los negros. Había letreros que decían «Solo para blancos» o «Para la gente de color» en las puertas de acceso a casi cualquier establecimiento, ventanillas de información, lavabos y fuentes de agua potable (HALE, 2002: 162) **(figura 3)**. Georgia tenía parques públicos separados. En Oklahoma incluso había cabinas telefónicas distintas para blancos y negros.

Pero ni siquiera las leyes Jim Crow bastaban para registrar toda la discriminación que sufrían los afroamericanos en esa época. Aunque no hubiese una disposición legal que lo indicara, había infinidad de reglas no escritas que se cumplían tácitamente en todas partes. En Nueva York los negros no podían tener trabajos para blancos, en Los Ángeles no podían entrar en las boutiques y tiendas para blancos: no hacía falta poner un rótulo en la puerta, se daba por hecho que los negros no podían mezclarse o interaccionar con los blancos de ninguna manera y romper esa norma suponía recibir un duro escarmiento. El Ku Klux Klan resurgió con fuerza en

1915 para tomar fuertes represalias contra quienes infringieran esas reglas asfixiantes (DUROCHER, 2011: 114; TISCHAUSER, 2012: 64-5). No eran capaces de respetar a un negro ni aunque hubiera servido a su país como miembro del ejército: más de trescientos sesenta mil afroamericanos combatieron en la Primera Guerra Mundial y al volver a casa turbas enfurecidas fueron a linchar a los veteranos uniformados. La NAACP y la Liga Urbana denunciaron estos altercados y ayudaban a sus víctimas, pero no bastaban para ponerles fin. Hubo que esperar hasta la Segunda Guerra Mundial a que algunas voces indignadas se alzaran contra el supremacismo blanco en Estados Unidos, tan semejante al que se vivió en el centro de Europa. En 1948 el Presidente Harry Truman instó al Congreso a promover la igualdad racial con nuevas formas de contratación laboral, la abolición de ciertos impuestos abusivos y prohibiendo que los pasajeros negros viajaran en compartimentos separados del ferrocarril. La reacción fue inmediata y cuatro estados del Sur abandonaron el Partido Demócrata para protestar contra Truman. Cuando ejerció como Comandante en jefe de las fuerzas armadas, Truman ordenó la integración completa de los soldados (SNYDER, 2018: 161). Tanto si les molestaba como si no, los altos mandos militares aplicaron la medida en todos los escalafones del ejército y sus órdenes se cumplieron efectivamente. La guerra de Corea fue la primera donde los soldados afroamericanos estuvieron plenamente integradas y combatieron hombro con hombro con sus compañeros blancos.

Aunque la administración Eisenhower no se implicó en derechos civiles, la década de los 50 trajo numerosos cambios gracias a los grupos de presión cada vez más influyentes. La NAACP instó a sus miembros a desafiar la segregación en las escuelas: en Virginia y Carolina del Sur varios padres demandaron a las juntas educativas para que permitieran a sus hijos estudiar en una escuela para blancos; los tribunales federales desestimaron ambas demandas pero los padres apelaron la sentencia. Cuatro años después, el veredicto del caso *Brown v. Board of Education* sentó jurisprudencia (CHAFE, *et al*, 2001: 113). Como demostró James Meredith una década más tarde, aún quedaba mucho por avanzar.

Los negros del Sur vivían una realidad paralela, se enfrentaban a la discriminación racial en todos los aspectos de la vida diaria. Había teatros, hoteles, bares y restaurantes segregados, de categoría inferior y solo para negros. La mayoría de los comercios no admitían clientes negros, y los que sí lo hacían les hacían esperar para atenderles en último lugar. En 1936 Victor Hugo Green, un cartero de Harlem, publicó *The Negro Motorist Green Book*, una guía de viajes que informaba de los lugares donde un negro podía parar a repostar y conseguir alojamiento. Salirse de los lugares indicados en la ruta suponía un enorme riesgo: los infractores cometían un delito, serían penados por ello y recibirían condenas más largas que cualquier criminal blanco. Si soportar aquel trato injusto no era suficiente, aún debían vivir con miedo a un ataque arbitrario del Ku Klux Klan. Bandas de blancos enfebrecidos por el odio racista más visceral destruyeron las escuelas negras, sus iglesias, sus hogares: torturaban y linchaban a ciudadanos afroamericanos en la oscuridad de la noche, destrozaron sus granjas y les expulsaban de sus viviendas. El Klan se fundó en 1865 en Pulaski, Tennessee, como una logia o club privado para soldados veteranos del ejército confederado y evolucionó como una sociedad secreta que hundió sus raíces en todos los estratos de la sociedad blanca sureña, desde los despachos en las más altas instituciones del gobierno hasta los sórdidos callejones donde merodeaban los delincuentes de la peor calaña. En el Medio Oeste gozan de una enorme popularidad, en su momento de máximo apogeo contaba con cuatro millones de miembros por todo el país y su influencia política no debe subestimarse: alcaldías, cuerpos de policía, juzgados y grandes empresas estaban bajo su amparo.

En principio, las grandes ciudades no seguían las leyes Jim Crow de manera tan estricta y se respiraba cierta libertad en ellas, así que muchos afroamericanos se trasladaron a las urbes huyendo de las comunidades rurales a finales del siglo XIX, lo que se conoció como la «Gran Migración». Pero conforme llegaban más y más negros del campo a Chicago, Nueva York y Los Ángeles, la población blanca comenzó a exigir a sus ayuntamientos que implementaran normas para discriminarles; habrá salas de espera separadas en las estaciones de tren y autobús, ascensores distintos, cementerios,

Figura 4. Cartel con el lema «Queremos inquilinos blancos en nuestra comunidad blanca» en el solar destinado a las viviendas federales del Sojourner Truth, proyecto de urbanización en Detroit, Michigan, febrero de 1942. Fotografía de Arthur S. Siegel. Fuente: Library Of Congress.

residencias de ancianos, hospitales, asilos, orfanatos y cárceles para negros. Nueva Orleans ordenó la segregación por raza de las prostitutas en el barrio de Storyville. Se edificaron barrios residenciales en las afueras que no permitían establecerse a las familias negras; estos barrios «red-lined» («marcados en rojo») vetaban a los afroamericanos haciéndoles imposible obtener una hipoteca y acceder a una vivienda en propiedad. Era frecuente ver carteles colocados en los límites de los pueblos advirtiendo que los negros no eran bienvenidos allí **(figura 4)**.

Al aumentar los linchamientos del Ku Klux Klan, también lo hacían los disturbios raciales: en 1919 hubo al menos veinticinco en todo el país durante el periodo conocido como el «Red Summer» o «Verano rojo». La represión era tan asfixiante que ningún afroamericano podría olvidarse de ella en ningún momento del día. Desde Delaware hasta California, de Texas a Dakota del Norte, las leyes Jim Crow les perseguían a todas partes. En Georgia, ningún peluquero de color tenía permitido atender a mujeres o niñas blancas; los equipos de béisbol amateur de blancos y negros no podían entrenar o jugar a menos de dos manzanas de distancia de un campo reservado para la otra raza. En Carolina del Norte las bibliotecas tenían espacios acondicionados para los negros mientras en Texas había locales anexos separados del edificio principal. En Louisiana, los espectaculos circenses y otros entretenimientos bajo carpa o al aire libre debían mantener al menos veinticinco pies de distancia para separar al público negro de los blancos. En Oklahoma se restringió al derecho a pescar, navegar en barca y bañarse en los ríos a las personas de color; los trabajadores de las minas tenían taquillas separadas aunque, en un gesto insólito de permisividad, sí podían estar en el mismo recinto. En Alabama no se permitía que blancos y negros jugaran juntos al billar. Los matrimonios mixtos eran el peor de los tabúes: en Arizona dichos matrimonios carecían de cualquier efecto legal, en Maryland y Florida estaban terminantemente prohibidos, en Wyoming y Mississippi eran ilegales y se consideraban un delito.

La consigna de «separados pero iguales» era obviamente un eufemismo. En la práctica, las instalaciones y los servicios prestados a los negros eran muy inferiores y carecían de fondos suficientes comparados con los que disfrutaban los blancos. A diario expresaban su frustración en periódicos afroamericanos como *Atlanta Daily World*, *Cleveland Call and Post*, *The Baltimore Afro-American*, *Chicago Defender*, *Philadelphia Tribune*, *Los Angeles Sentinel*, *New York Amsterdam News*, *Pittsburg Courier* o *Norfolk Journal and Guide*. Mantenerse informado de todas las penalidades que sufrían sus comunidades a lo largo y ancho del país alimentaba su malestar. El Tribunal Supremo[3] había dicho en 1857 que los negros eran «una clase de seres inferiores y subordinados» (MACKEY, 2012: 11, 22; JUNG, 2015: 71; MITCHELL, 2020: 704) y

3 HOWARD, Benjamin C. (1856) «Opinion Of The Court, By Mr. Chief Justice Taney» en *A Report of the Decision of the Supreme Court of the United States, and the Opinions of the Judges thereof, in the Case of Dred Scott versus John F.A. Sandford*, Appleton & Company, N.Y., p. 417.

la población blanca no pareció cambiar de opinión en absoluto al cabo de cien años. Hasta cuando donaban sangre, el plasma se guardaba en espacios separados. La sombra del Ku Klux Klan llegaba a todas partes. Vestidos con sus túnicas blancas diseñadas para sembrar el terror en sus víctimas y guardar el anonimato, Nathan Bedford Forrest organizó un auténtico «Imperio Invisible del Sur» que actuaba brutalmente cada vez que consideraban que un negro había quebrantado las sacrosantas reglas Jim Crow y había que silenciarle. Pero la resistencia dio paso a la indignación, y ésta allanó el camino para el activismo. Ya era suficiente. De un modo u otro debían plantar cara. Las cosas tenían que cambiar.

1.3 MONTGOMERY, LITTLE ROCK, GREENSBORO

El jueves 1 de diciembre de 1955 Rosa Parks volvía a su casa después de un largo día de trabajo. Viajaba en un autobús municipal de la línea 2857 por la ruta de Cleveland Avenue, hacía frío y era tarde. En Montgomery, Alabama, los autobuses segregados de City Lines tenían áreas designadas para los negros en la parte de atrás. Los blancos iban en la parte delantera pero en aquella ocasión habían ocupado todos los asientos, así que el conductor pidió a los cuatro pasajeros negros que había en ese momento que se pusieran de pie y cedieran su sitio a los blancos. Parks estaba empleada como costurera en unos grandes almacenes del centro, tenía cuarenta y dos años y estaba cansada. Ya tuvo algún encontronazo anterior con aquel mismo conductor, James Blake, y sabía perfectamente que llevaba una pistola con él; otra mujer negra, Claudette Colvin, sufrió maltrato hacía poco por no ceder su asiento y recordaba la muerte por linchamiento de un muchacho de solo catorce años, Emmett Till, a principios del verano pasado. Tres viajeros se levantaron a petición del conductor, pero ella se negó.

La situación, cómo no, generó un altercado con la policía. Dos agentes arrestaron a Parks por violar la ley, alterar del orden público y desobedecer. «La gente cree que no renuncié a mi asiento porque estaba cansada pero no es cierto. No estaba cansada físicamente... No, estaba cansada de rendirme» (PARKS, 2002: 59; SCHRAFF, 2005: 64). Le pusieron una multa de diez dólares más cuatro dólares en gastos judiciales.

En Montgomery los negros estaban hartos de que los trataran como a ciudadanos de segunda y el servicio de autobuses les molestaba especialmente. Rosa Parks llevaba desde finales de 1943 en la NAACP colaborando con el organizador Edgar Daniel Nixon, un mozo de ferrocarril que defendía firmemente a los afroamericanos que querían registrarse para votar. Ed Nixon convenció a Parks y su esposo Raymond para que demandaran a la empresa municipal de transportes. La comunidad negra se unió para formar el MIA (*Montgomery Improvement Association*) con Martin Luther King Jr., de veintiséis años, como presidente (HULL, 2007: 54-5; MORRETTA, 2017: 26). El joven reverendo dirigió un boicot contra la compañía de autobuses que duró trece meses. La población blanca reaccionó a la medida con estupor y rabia: pusieron bombas en las casas donde vivían Ed Nixon y el Dr. King pero la violencia no amedrentó a los boicoteadores ni a sus líderes.

Durante 381 días, la población negra de Montgomery se negó a subir a ningún autobús: unas 42.000 personas secundaron la iniciativa, un setenta por ciento de los usuarios, lo que llevó a la compañía al borde de la quiebra y forzó a las instituciones a tomarles en serio. Aunque se trataba de familias pobres con varios hijos y ancianos a su cargo que debían desplazarse grandes distancias para ir a trabajar por vivir en el extrarradio, los ciudadanos hallaron alternativas y se movían en taxis, camionetas, coches compartidos, bicicletas o bien decidían andar varios kilómetros cada día desde sus casas hasta su lugar de trabajo en el centro de la ciudad. Finalmente consiguieron su propósito: el Tribunal Supremo declaró inconstitucional la segregación racial de los autobuses. En Montgomery los negros volvieron a tomar el transporte público, pero ahora podían sentarse en cualquier asiento que quisieran puesto que ya no había espacios restringidos **(figura 5)**. El boicot fue un éxito, Rosa Parks se convirtió en un símbolo de resistencia pero perdió su empleo en los almacenes

Figura 5. Rosa Parks viajando en autobús después del boicot, fotografía de Don Cravens. Fuente: Life Magazine, Douglas G. Brinkley.

Montgomery Fair y empezó a recibir amenazas de muerte por teléfono, así que tuvo que trasladarse a Detroit con su marido y su madre, donde trabajó como asistente del congresista John Conyers. Por su parte, aquel joven reverendo baptista llamado Martin Luther King vio cómo su posición como activista por los derechos civiles se consolidaba inspirando protestas en otras ciudades y labrándose un nombre que pronto sería conocido en todo el país.

En Little Rock, Arkansas, nueve estudiantes negros se matricularon en el Central High School en septiembre del 57. Era una escuela segregada, pero hacía ya tres años del caso *Brown v. Board of Education* y a pesar del veredicto histórico haría falta algo más para que las cosas se pusieran en marcha y se llevaran a la práctica. Nueve adolescentes decidieron dar el paso. El Consejo de Ciudadanos y la Liga de Madres presionaban para mantener las aulas segregadas pero la delegación de la NAACP presidida por Daisy Gaston Bates, editora del *Arkansas State Press*, reclutó a este grupo de estudiantes para poner en acción el denominado «Plan Blossom» (FRADIN, *et al*, 2004: 61) tras concluir que todos ellos tenían la fuerza y la determinación para mantenerse firmes en sus convicciones y enfrentarse a la oposición: Minnijean Brown, Elizabeth Eckford, Ernest Green, Thelma Mothershed, Melba Patillo,

Gloria Ray, Terrence Roberts, Jefferson Thomas y Carlotta Walls serían conocidos como los Little Rock Nine. Los chicos recibieron asesoramiento para saber actuar una vez comenzaran las clases y cómo comportarse ante las situaciones hostiles que sin duda encontrarían a lo largo del semestre.

El gobernador Orval Faubus llamó a la Guardia Nacional para que les impidieran la entrada al instituto. El juez federal Ronald Davies emitió un fallo para confirmar que la desegregación continuaría a pesar de la intervención del gobernador Faubus por televisión el día anterior, donde afirmaba que tendría lugar un derramamiento de sangre si permitían a los estudiantes negros entrar en Central High. Por fin, el 4 de septiembre Bates llevó en coche a ocho de los chicos. Elizabeth Eckford no tenía teléfono y no pudieron contactar con ella para llevarla con los demás, así que tuvo que ir sola al instituto. En una imagen que pasó a la historia, Elizabeth, de quince años, fue andando a Central High con un cuaderno en la mano y unas gafas de sol y avanzó imperturbable hacia la escuela mientras una muchedumbre de blancos iracundos la abucheaban a su alrededor: «¡Linchadla!» La insultaron, la amenazaron, la denigraron; una mujer la escupió; los periodistas tomaban nota sin intervenir. Luego se sentó en una parada de autobús en Park Street para ir a ver a su madre al trabajo; no se despegaron de ella en ningún momento. Alguien dijo: «Coged una cuerda y colgadla en este árbol». Elizabeth no cedió a la presión ni respondió a las provocaciones. Benjamin Fine, del *New York Times*, se sentó a su lado y le susurró en voz baja: «No dejes que te vean llorar» (FITZGERALD, 2007: 11-5) **(figura 6)**.

A petición del alcalde Woodrow Mann, el presidente Eisenhower contactó con el gobernador Faubus para que retirase a la Guardia Nacional y dejara entrar a los chicos en la escuela. Esto sucedió por fin el 20 de septiembre y el Departamento de Policía de Little Rock tuvo que escoltar a los nueve estudiantes afroamericanos para protegerles de unos mil manifestantes blancos reunidos frente al edificio. Los disturbios obligaron a la policía a sacar de allí a los nueve. Al día siguiente Eisenhower envió a 1.200 miembros de la 101 División Aerotransportada del Ejército estacionados en Fort Campbell, Kentucky, para coordinar a otros 10.000 miembros de la

Figura 6. Elizabeth Eckford, de quince años, caminando hacia el instituto mientras soportaba los insultos de una muchedumbre el 4 de septiembre de 1957 en Little Rock, Arkansas. Fuente: Life Magazine.

Guardia Nacional y escoltar a los Little Rock Nine[4]. En total hicieron falta más de once mil hombres armados para garantizar la seguridad de nueve muchachos de color y que pudieran asistir a clase.

Una vez dentro, los problemas solo acababan de empezar. El gobernador del estado no cejó en su empeño de que expulsaran a los Little Rock Nine del instituto. El primer día de clase, con la victoria reciente, los chicos se mostraban satisfechos y la consideraban una

4 «U.S. Troops Enforce Peace in Little Rock as Nine Negroes Return to Their Classes. School Is Ringed», *The New York Times*, September 25, 1957, p. 1.

experiencia positiva. Pronto comenzaron a sufrir la discriminación. Melba Patillo fue golpeada, recibió patadas y le arrojaron ácido a la cara. Los estudiantes blancos quemaron una efigie afroamericana en un descampado frente al instituto. Empujaron a Gloria Ray por un tramo de escaleras. Les atacaban en baños y vestuarios. No les permitieron participar en las actividades extraescolares a ninguno de ellos. Minnijean Brown fue expulsada en febrero por reaccionar a los ataques y volverse contra sus agresores: dejó caer su bandeja del almuerzo con un plato de chile sobre dos abusones y llamó «basura blanca» a una chica que le había golpeado antes (JACOWAY, 2007: 214). La madre de Gloria Ray fue despedida del trabajo. Viendo el panorama, la 101 Aerotransportada y la Guardia Nacional tuvieron que permanecer todo el primer curso para velar por su seguridad pero eso no hizo su vida más llevadera sino que la convirtió en un permanente via crucis.

Al final, de los nueve alumnos aguerridos, sólo Ernest Green aguantó hasta el último año y se convirtió en el primer afroamericano en graduarse en Central High tras pasar un auténtico calvario. Sus compañeros completaron sus estudios en otros institutos del país o en cursos por correspondencia para no ir a clases presenciales. Martin Luther King asistió a la ceremonia de graduación de Ernest Green en mayo para verle recibir el diploma que le resultó tan duro de obtener; con el tiempo se convertiría en subsecretario del Departamento de Trabajo bajo la presidencia de Jimmy Carter. En septiembre del 58, Faubus ordenó cerrar todas las escuelas de secundaria de Little Rock durante un año entero solo para evitar que los negros fueran a clase; convocó un referéndum y 19.470 vecinos de Little Rock votaron en contra de la integración frente a 7.561 votos a favor, demostrando que no habían cambiado de postura en el tiempo transcurrido y a pesar de los incidentes; dos meses después el Tribunal Supremo ordenó a la junta educativa reabrir las escuelas. La valentía de aquellos nueve muchachos no se olvidará jamás.

El 1 de febrero de 1960 cuatro estudiantes negros entraron en una sucursal de los almacenes Woolworths en Greensboro, Carolina del Norte, fueron directos a la cafetería y se sentaron en el mostrador del almuerzo. Una camarera les dijo «Aquí no servimos a los negros». Los cuatro permanecieron sentados en sus taburetes sin moverse del sitio. No les atendieron, pero se quedaron hasta la hora del cierre. Ezell Blair Jr., David Richmond, Franklin McCain y Joseph McNeil eran alumnos del Colegio Técnico y Agrícola y estaban decididos a combatir la segregación a su manera. Al día siguiente volvieron con veinticinco estudiantes más.

Ezell Blair había visto un documental sobre la figura de Mahatma Gandhi. Joseph McNeil trabajaba en la biblioteca a tiempo parcial con Eula Hudgens, una compañera de la escuela que había participado en acciones pacíficas. Admiraban las primeras marchas por la libertad organizadas por el CORE y se hicieron amigos del filántropo y empresario blanco Ralph Johns, benefactor de la NAACP, que les ayudó a poner en marcha su plan. Primero, los cuatro entraron en la tienda de Johns y telefonearon a los noticieros para que mandaran a un reportero y un cámara de televisión. Luego fueron a Woolworths, tomaron asiento deliberadamente en un lugar reservado para los blancos y pidieron educadamente que les atendieran como al resto de clientes. Con los periodistas husmeando, el personal de servicio no se atrevió a montar una escena y echarles del local; los demás comensales observaron la escena sin armar alboroto y pasaron las horas con una calma tensa pero sin percances. Lo que no sospechaban es que los muchachos volverían al día siguiente, y al otro, y al otro, encabezando un grupo cada vez más numeroso (CHAFE, 1981; POLLETTA, 2006: 32) **(figura 7)**. El tercer día eran sesenta y tres; el cuarto día se unieron tres estudiantes blancas; el quinto día eran más de trescientos. Cuando llegó el sábado, mil cuatrocientos estudiantes fueron a Woolworths y los que no entraron al local formaron piquetes alrededor de la tienda.

Cada día que pasaba llamaban más la atención en los periódicos y la polémica iba en aumento. Las imágenes llegaron a los televisores de todo el país y pusieron a los almacenes Woolworths en un verdadero aprieto. Pronto les imitaron otros estudiantes a lo largo de toda Carolina del Norte. Durham, Raleigh, Charlotte y Winston-Salem vieron protestas similares; luego se propagaron a Nashville,

Figura 7. El segundo día de la sentada en Greensboro, William Smith y Clarence Henderson se unieron a Joseph McNeil y Franklin McCain en el mostrador del almuerzo de Woolworths. Fuente: Greensboro News and Record, Smithsonian, National Museum of American History.

Tennessee, Atlanta, Georgia y Richmond, Virginia (TURNER, 2010: 45-6; SCHMIDT, 2018). En marzo ya constituía un movimiento que tenía lugar en bibliotecas, playas, hoteles, tiendas, bares y supermercados. A finales de aquel mes se produjeron sentadas en cincuenta y cinco ciudades repartidas en trece estados. Muchas veces los manifestantes eran desalojados a la fuerza por alteración del orden público, pero fomentaban el debate y animaban a los afroamericanos del país a rebelarse y seguir su ejemplo: en sus propias palabras «era como una fiebre» (ELLIS, 2006: 1134-5). Woolworths vio descender las ventas un tercio a causa del boicot así que sus gerentes decidieron ceder. Seis meses después de que comenzaran las protestas, a finales de julio, la sucursal de Greensboro decidió abrir el mostrador del almuerzo a los negros. Aprovecharon que los estudiantes universitarios estaban de vacaciones de verano para cambiar su política de empresa con la mayor discreción y cuatro empleados negros del mismo local fueron los primeros en ser atendidos.

Un año más tarde volvieron a convocarse manifestaciones del mismo estilo en cien ciudades estadounidenses. Los jóvenes afroamericanos habían encontrado una forma de combatir la segregación y enfrentarse a los intransigentes: la resistencia pacífica. En vez de responder a las provocaciones, aguantarían los insultos sin pestañear, serenos, sin perder la compostura. En vez de buscar la confrontación, permanecerían en su sitio apoyándose mutuamente, animándose unos a otros, confiando en la fuerza del grupo, sabiendo que la razón estaba de su parte. Darían un ejemplo de entereza, de persistencia, de mesura.

James Meredith, un hombre solo en la Universidad de Mississippi. Rosa Parks negándose a ceder el asiento en un autobús de línea en Montgomery, Alabama. Nueve valientes en un instituto de Little Rock. Cuatro muchachos esperando que les atiendan en un mostrador para clientes blancos en Greensboro. Cualquier persona civilizada vería que tenían razón y solo pedían lo que tenían derecho a pedir... Nada más y nada menos. Ahí residía su fuerza.

1.4 "HALLELUJAH, I'M TRAVELING"

Ella Baker pensaba que los jóvenes afroamericanos necesitaban su propia organización de derechos civiles. Habían demostrado muchas veces estar preparados para jugar un papel activo, pero siempre estaban adscritos a otras organizaciones; era el momento de que hablaran por sí mismos y se agruparan. Aquella primavera se había desatado un auténtico furor por las sentadas en bares y tiendas con espacios segregados para los clientes. Martin Luther King extendió el llamamiento a todo el país en nombre del SCLC pero Ella Baker creía que estaba capitalizando el esfuerzo de los estudiantes y pensaba que debían mantener una estructura horizontal sin líderes fuertes.

Los alumnos de la Universidad de Shaw en Raleigh, Carolina del Norte, celebraron una conferencia a la que asistieron delegados de una veintena de universidades y manifestantes que habían participado en acciones como la de Greensboro. En abril de 1960 fundaron el SNCC (*Student Non-violent Coordinating Committee* o Comité Coordinador Estudiantil No Violento). Consideraban que debían ir más allá en sus esfuerzos de lo que la mayoría de las organizaciones habían hecho hasta entonces. No bastaba con dar grandes discursos, negociar con los políticos y denunciar las injusticias en la prensa. Tenían que actuar decididamente, como demostraba el éxito de las sentadas, y prescindir de un organigrama tan rígido cuya jerarquía se supeditase a las directrices de un único portavoz. En lugar de ello tomarían sus propias decisiones por consenso y de manera igualitaria entre todos sus miembros.

Paralelamente y de modo parecido al SDS (*Students for a Democratic Society*) en la Universidad de Michigan, el SNCC sería un movimiento de base decidido a intervenir donde y cuando fuera necesario para plantear sus demandas. El grupo estaba compuesto por jóvenes blancos y negros que seguían el ejemplo de Gandhi y la acción no violenta. Daba comienzo una década de protestas que se fraguaban en los campus universitarios.

Al mismo tiempo, el CORE (Congress of Racial Equality) quería comprobar si el recién elegido John F. Kennedy y la nueva administración demócrata mantendría sus promesas y haría cumplir de una vez las leyes federales en los estados del Sur. Habían pasado casi quince años desde que el Tribunal Supremo prohibió la segregación en los autobuses interestatales, pero las compañías de transportes quebrantaban la ley sin problemas. El caso *Boynton v. Virginia* amplió la medida a las terminales de autobuses, lavabos y otras instalaciones asociadas a los viajes interestatales pero se temía que no cambiara nada en absoluto a menos que presionaran para ello. James Farmer, del CORE, planeó un gran viaje en autobús en el que trece activistas irían desde Washington hasta Nueva Orleans para comprobar si las leyes se cumplían efectivamente a lo largo del trayecto.

Los Freedom Riders empezaron el recorrido el 4 de mayo del 61 y la primera semana no tuvieron incidentes, pero cuando llegaron a Atlanta diez días después y partieron hacia Birmingham, Alabama, la cosa cambió por completo. Sabiendo que podía pasar lo peor, los viajeros trataban de darse ánimos y reconfortarse cantando canciones: *I'm riding the front seat to Jackson this time...*

Hallelujah, I'm traveling... J. Edgar Hoover, reconocido detractor del movimiento por los derechos civiles, contactó con Eugene "Bull" Connor de la Policía de Birmingham para ponerle sobre aviso (ARSENAULT, 2007a: 136). Connor habló con el Mago Imperial del Ku Klux Klan en Alabama y les prometió quince minutos a solas con los Freedom Riders sin que la policía interviniese, es decir, manga ancha para linchar a los activistas con los agentes del orden haciendo la vista gorda. El primer autobús, un Trailways, no llegó a Birmingham puesto que fue asaltado en Anniston, donde una muchedumbre de racistas prendieron fuego al vehículo. Otro autobús, un Greyhound, llegó a la ciudad sin saber lo que había pasado con sus compañeros; tal y como prometió Bull Connor, el Klan se despachó con los jóvenes y les dieron una brutal paliza enviando al hospital a más de la mitad.

Kennedy vio los incidentes con preocupación pero no intervino, solamente pidió un periodo de calma y reflexión para que se apaciguaran los ánimos (CATSAM, 2009: 176). Diane Nash del SNCC entendió que el presidente les abandonaba a su suerte y decidió que era el momento de ayudar: a pesar de la violencia, el viaje por la libertad debía continuar. Los activistas del SNCC en Nashville fueron a Mississippi sin dudarlo para tomar el relevo y continuar el recorrido de los Freedom Riders jugándose el pellejo **(figura 8)**.

Kennedy telefoneó al gobernador Ross Barnett –el mismo que se opuso encarnizadamente al ingreso de James Meredith en Ole Miss– y llegaron a un trato entre bastidores sin que lo supiera el público. Kennedy no ordenó al gobernador que hiciera cumplir la ley federal para terminar con la segregación en los transportes interestatales y a cambio las autoridades locales se asegurarían de que no habría más ataques violentos ni turbas enfurecidas; Kennedy le garantizó que arrestarían a los Freedom Riders en cuanto llegaran a Jackson. Así sucedió, los jóvenes fueron condenados y enviados a la penitenciaría estatal, un penal conocido como Parchman Farm donde pasarían las de Caín (NIVEN, 2003: 1013; ARSENAULT, 2007b: 316-25). Barnett dijo en privado: «No queremos romperles los huesos. Solo queremos quebrantar sus espíritus» (OSHINSKY, 1997: 235). Durante sesenta días fueron sometidos a duras vejaciones y

Figura 8. El reverendo Fred Shuttlesworth en el centro y varios Freedom Riders en la terminal de autobuses de Birmingham después de que los conductores se negaran a llevarles más lejos. De izquierda a derecha: Ed Blankenheim, Charles Person, Ike Reynolds, James Peck, el reverendo Benjamin Cox y dos activistas no identificados. Fotografía atribuida a Robert Adams o Ed Jones, 1961. Fuente: The New York Times.

tortura psicológica, los guardias les golpeaban constantemente y les obligaron a vivir en condiciones inhumanas. Por ejemplo, algunos fueron alojados en celdas a escasos metros de la cámara de ejecución en el corredor de la muerte (SILVER, 2014: 58). Aquel tormento sirvió de acicate para otros muchos afroamericanos que decidieron hacer el mismo recorrido de los Freedom Riders sabiendo que también los encerrarían en Parchman Farm. De mayo a septiembre, cientos de personas hicieron aquel viaje con parada final en Jackson inundando la ciudad. En julio del 61 habrá más de trescientos encarcelados por ese motivo, en solidaridad con los activistas. Un alumno de la Universidad de Howard llamado Stokely Carmichael estaba entre ellos. Fue arrestado y encarcelado cuarenta y nueve días en Parchman por acceder a la sala de espera para blancos en la estación de autobuses.

Al final, el Freedom Ride no fue un viaje puntual de un puñado de manifestantes, sino una peregrinación que hacían cada vez más y más afroamericanos espontáneamente presionando contra la pasividad de la administración Kennedy. Señalado por connivencia con los estados del Sur y claramente contra las cuerdas, Kennedy se vio obligado a reforzar su postura a favor de los derechos civiles; su hermano Bobby hizo que la segregación en los viajes interestatales fuera declarada inconstitucional en noviembre.

John Lewis, otro Freedom Rider, fue elegido presidente del SNCC en 1963 y participaron en la Marcha sobre Washington D.C. que aplaudía el Proyecto de Ley de Derechos Civiles del gabinete Kennedy, que terminó con el famoso discurso de Martin Luther King «I Have a Dream». Lewis animó a sus miembros a intervenir más activamente y a pie de calle en las ciudades donde tenían delegaciones: en 1964 puso en marcha el Proyecto de Verano en el Mississippi, un plan que involucró a miembros del SCLC, la NAACP y el CORE. Cientos de estudiantes, la mayoría de ellos blancos, fueron reclutados por todo Estados Unidos para pasar un verano trabajando con los negros en las delegaciones del SNCC. Allí, ayudarían a los activistas a hacer campaña para inscribir nuevos votantes en los registros electorales, darían clase en las escuelas para contrarrestar las deficiencias del sistema educativo y enseñarían tácticas a los afroamericanos para convertirlos en luchadores por la libertad. El propósito era romper la barrera del aislamiento en el delta del Mississippi, cerrado al mundo exterior a cal y canto, enfrentándose al miedo en las comunidades locales. 17.000 votantes se inscribieron ese verano, un éxito sin parangón, pero el supremacismo seguía estando presente: el 21 de junio los activistas James Chaney, Michael Schwerner y Andrew Goodman fueron brutalmente asesinados, lo que ponía de manifiesto el riesgo extremo al que se enfrentaban al ejercer sus acciones.

La resistencia pacífica surtía efecto en las pequeñas comunidades, daba ejemplo de desobediencia cívica y hasta cierto punto servía para evitar problemas mayores al no querer enfrentarse frontalmente a las fuerzas policiales y los blancos hostiles con sus partidas de linchamiento. A cambio eran agredidos físicamente, recibían amenazas constantes, los enviaban a la cárcel y a menudo corrían peligro de muerte. Debían cambiar de estrategia. En 1966, Stokely Carmichael se postuló para la presidencia del SNCC y sustituyó a John Lewis como dirigente. Carmichael creía que las protestas pacíficas conseguían un progreso demasiado lento, lastraban su avance, y no estaba de acuerdo en buscar el apoyo de los blancos; los afroamericanos debían ser los únicos responsables de sus conquistas políticas para no estar en deuda con los blancos que les brindaron ayuda. Para él, la integración era incompatible con la no violencia, tal y como demostraron los altercados en Birmingham y tantos lugares más.

Stokely Carmichael había nacido en Puerto España, capital de Trinidad y Tobago, allá por 1941. Al cumplir los once años se trasladó a vivir en Nueva York con sus padres. Su madre, Mabel, era azafata en una línea de barcos de vapor. Su padre persiguió el sueño americano, era carpintero durante el día y conducía un taxi por la noche; trabajó tan duro que murió con solo cuarenta años. Stokely pasó por una etapa conflictiva y se unió a una banda juvenil de delincuentes, los Morris Park Dukes, antes de volver a enderezarse y continuar sus estudios. En 1956 aprobó el examen de ingreso en el Bronx Science, escuela secundaria de prestigio donde trabó contacto con la élite metropolitana de la ciudad, jóvenes blancos de buena familia que le acogieron en seguida entre los suyos. Asistió a fiestas, salía con chicas blancas y no pensaba más que en divertirse, pero con el tiempo se daría cuenta de que no tenía nada que ver con ellos. Cuando la faltaba poco para graduarse, vio por televisión a los chicos de Greensboro que hicieron la primera sentada en Woolsworths y sintió que tenía que formar parte de ello. Entró en el CORE y participó en sentadas en Nueva York, Virginia y Carolina del Sur. Estudió Filosofía en la Universidad de Howard en Washington, donde profundizó en las obras de Camus, Sartre y Santayana reflexionando sobre cómo podría impulsar la lucha por

Figura 9. Sede del Lowndes County Freedom Organization hacia 1966. Foto cortesía de Jennifer Lawson. Fuente: The GroundTruth Project.

los derechos civiles. Después de haber pasado mes y medio en Parchman Farm tras el primer Freedom Ride hacia Jackson, hizo un segundo Freedom Ride a Maryland, estuvo en una manifestación en Georgia y participó en una protesta de trabajadores negros en un hospital de Nueva York.

Siendo miembro activo del SNCC fue seleccionado como organizador de campo en el proyecto de Verano en el Mississippi donde llevó a cabo una dura y concienzuda campaña para registrar votantes negros. En 1965 llegó al condado de Lowndes, Alabama, donde fundó su propio partido, la Organización de la Libertad del Condado de Lowndes (*Lowndes County Freedom Organization*) **(figura 9)**. Era extrovertido, carismático y tenía dotes de liderazgo, así que se convirtió en una figura clave para los afroamericanos de la comarca: consiguió que el número de votantes negros inscritos aumentara de 70 a 2.600 en un año, 300 más que los votantes blancos en el mismo colegio electoral. Como todos los partidos políticos debían tener un logotipo oficial para su campaña, Carmichael eligió poner un animal fiero y poderoso como símbolo del suyo: una pantera negra.

En mayo del 66 fue nombrado presidente del SNCC y en junio se unió a la «Marcha contra el Miedo» emprendida por James Meredith, aún convaleciente tras haber recibido los disparos de un lunático supremacista. La situación estaba a punto de dar un vuelco. Carmichael iba a catapultar el movimiento y cambiar el rumbo de la historia.

1.5 TOMAR EL CONTROL

Todo esfuerzo parecía en balde. Cuando James Meredith emprendió su marcha un domingo, el primer día se encontró con alborotadores ondeando banderas confederadas en los suburbios de Whitehaven. La policía estatal de Tennessee tuvo que dispersar una veintena de coches parapetados para bloquear el avance de los manifestantes, un pequeño grupo que caminaba desarmado y sin protección. No se detuvieron. Como no consiguieron frenar a Meredith, al día siguiente dispararon contra él.

A pesar de las noticias en primera plana, de las arengas enaltecedoras de Martin Luther King, del éxito de las protestas y boicots, los miles de votantes negros que iban añadiéndose a las circunscripciones electorales, el debate público y la valentía sin límites de tantos y tantos activistas, el racismo no desaparecía sino que les ponía en grave peligro cada vez que alzaban la voz. Multas, palizas, acoso, encarcelamientos, insultos. Daba igual que se tratara de unos muchachos de quince años camino del instituto, de jóvenes universitarios en la barra de un bar, simples viajeros de una línea de autobús o un único hombre caminando campo a través con una Biblia en la mano. Los blancos sureños solo querían que se callaran o verlos desaparecer: «¡Cierra la boca, Jim Crow! ¡Muérete!» Meredith era un iconoclasta y eligió no invitar a ninguna organización a unirse a él. Su estancia en Ole Miss hizo de él un solitario; tampoco quería que un movimiento multitudinario pusiera en peligro a los negros de la comarca. Se proponía dar un ejemplo de entereza al medio millón de afroamericanos que aún quedaban en los estados del Sur con miedo a votar, pero sin sacudir demasiado el avispero. Midió mal la situación o pecó de un optimismo excesivo.

Tras graduarse en la Universidad de Mississippi en la más absoluta situación de desamparo, creyó que podría sobrevivir a cualquier cosa. Malcolm X fue asesinado un año antes; la sensatez aconsejaba que los negros buscaran la fuerza en el grupo y se arroparan unos a otros, y que rebajaran el tono de su discurso para no provocar a los supremacistas homicidas. El tiroteo en DeSoto era una prueba más de que la filosofía de Gandhi, el pacifismo, terminaba de súbito al toparse con una escopeta cargada.

Floyd McKissick, Roy Wilkins, Whitney Young y Martin Luther King retomaron la marcha con Meredith en el hospital y bajo su consentimiento. Stokely Carmichael mascullaba durante todo el camino, convencido de que no era suficiente: había que hacer más. A principio, mientras caminaban por la autopista 51 al norte del Mississippi cantaban a coro «We Shall Overcome», el himno que interpretó Joan Baez en el Lincoln Memorial durante la Marcha sobre Washington tres años antes: *We shall overcome, Lord, Lord, one day... We shall all be free, Lord, one day...* (GOUDSOUZIAN, 2014b: 33-4; WEBER, 2015: 37). Los blancos de la zona se comportaban con amabilidad a regañadientes, a instancias del gobernador y sabiendo que el país entero estaba pendiente de lo que pasara.

Pero aquel gesto simbólico marcado por la unidad, donde se reunían más líderes de los derechos civiles que en cualquier otro acto desde la marcha de Montgomery a Selma, congregaba puntos de vista demasiado distintos. El CORE, el SCLC, el SNCC... todos tenían su propia opinión sobre cómo enfocar la lucha por sus derechos. Caminaban juntos de día, pero durante la noche debatían acerca de las diferentes estrategias y las divisiones internas eran demasiado evidentes. Floyd McKissick, del CORE, creía que la moderación de Martin Luther King y el SCLC se estaba convirtiendo en un obstáculo, eran demasiado tibios en un país tan violento como Estados Unidos. King respondió que si actuaban de otra forma provocarían la cólera de los blancos y aumentarían sus ataques. Carmichael, cada vez más indignado, estaba molesto porque permitieran a simpatizantes blancos participar en la marcha, y una facción amplia de los manifestantes opinaban como él **(figura 10)**. Roy Wilkins, de la NAACP, mantenía una postura más moderada y solo quería que la

Figura 10. Floyd McKissick, Martin Luther King, Jr. y Stokely Carmichael encabezando la Marcha contra el Miedo, junio de 1966. Fotografía de Bob Fitch. Fuente: The Bob Fitch Photography Archive, Stanford University.

marcha sirviera para impulsar el proyecto de ley de derechos civiles del presidente Johnson que mantenía las promesas de Kennedy, pero se vio comprometido cuando Carmichael adoptó un discurso más agresivo, provocativo y crítico con la administración. Whitney Young, de la Urban League, se dio cuenta de que King no era capaz de calmar los ánimos, coordinar a las distintas facciones y mantener un frente unido. Young y Wilkins abandonaron y tomaron un vuelo nocturno a Nueva York. La indignación del CORE y el SNCC estaba prevaleciendo sobre la contención y la prudencia del Dr. King.

La mayoría de los presentes seguían las recomendaciones de Martin Luther King porque sabían que si él se iba, los periodistas que le seguían a todas partes se irían con él y perderían la cobertura mediática. Pero según se acercaban al delta del Mississippi los blancos que iban a presenciar la marcha se volvían cada vez más hostiles. El jueves 16 de junio, Stokely Carmichael dio un mitin en Greenwood en el que expresó su estado de ánimo defendiendo el orgullo racial pero sin abandonar aún los ideales de no violencia y hermandad. Fue arrestado por la policía, la gota que colmó el vaso. Esa noche, lleno de rabia, pronunció un discurso bien distinto frente a la cárcel donde le habían retenido durante horas. Ante una multitud de 3.000 personas, su indignación tomó la palabra: «La única forma de evitar que los blancos nos machaquen es tomar el control. Hemos estado diciendo LIBERTAD durante seis años y no tenemos nada. ¡Lo que vamos a decir a partir de ahora es BLACK POWER!» (FAIRCLOUGH, 2001: 311-3; RISSMAN, 2015: 13) **(figura 11)**.

Black Power. Había pasado el momento de ser víctimas, era la hora de ir con la cabeza bien alta y sentir orgullo. Nadie les diría cómo debían hablar y pensar, lo que podían o no podían decir, cómo comportarse, y desde luego nadie les haría callar nunca más.

El eslogan inquietó a Martin Luther King porque, como dijo al *New York Times*: «El término "Black Power" es desafortunado porque da la impresión de nacionalismo negro. Nunca debemos buscar el poder exclusivamente para los negros sino compartir el poder con los blancos» (ABERBACH y WALKER, 1970: 367). Esto resume bastante bien su punto de vista. Stokely Carmichael había dejado de tener en consideración a los blancos; solo le preocupaban los suyos. King y Carmichael llegaron a posiciones irreconciliables y los rumores de disensión interna coparon las noticias los días siguientes, pero el 23 de junio las cosas se pusieron verdaderamente feas. Miles de manifestantes fueron gaseados y golpeados cuando montaban

Figura 11. Durante un mitin nocturno en Broad Street Park, Stokely Carmichael pronuncia su famoso discurso Black Power, 16 de junio de 1966. Fotografía de Bob Fitch. Fuente: The Bob Fitch Photography Archive, Stanford University.

su carpa en el exterior de una escuela. Al día siguiente, King y Ralph Abernathy fueron a Filadelfia, Mississippi, con trescientos manifestantes para celebrar un oficio conmemorativo en homenaje a los tres activistas asesinados en verano del 64. El sheriff Raney, que una semana antes compareció en el juicio para declarar en relación a los crímenes, ahora les prohibía subir las escaleras del juzgado. King y Abernathy decidieron rezar en la acera. «Creo de corazón que los asesinos están en algún lugar a mi alrededor en este momento», le susurró King a Abernathy cuando se arrodillaban. «Tienes toda la razón. Están justo detrás de ti», dijo el sheriff (DITTMER, 1995b: 398; BRANCH, 2007: 487-8; SHEARER, 2015: 131).

Justo en ese momento una muchedumbre empezó a lanzar botellas y piedras. Carmichael gritó: «Las personas aquí reunidas representan a Estados Unidos en su forma más auténtica. Representan una sociedad enferma y obcecada que se sienta en las Naciones Unidas y se llena la boca hablando de la democracia.» La multitud respondió enfurecida: «¡Iros al infierno!» (GIBSON, 2009) El Dr. King admitió esa noche que creía que serían asesinados allí mismo. Cuando la marcha completara el recorrido en Jackson el día 26 de junio, muchos de los 15.000 manifestantes gritarán «BLACK POWER!» a pleno pulmón. Los acontecimientos les habían dado la razón: ya no era el momento de arrodillarse sino de levantar el puño con firmeza.

Entre 1966 y 1967, Carmichael recorrió los campus universitarios del país dando discursos cada vez más incendiarios. Fue coautor de un manifiesto radical titulado *Black Power* en el que afirmaba que las organizaciones de derechos civiles habían dejado de ser atractivas para los jóvenes partidarios de un enfoque más agresivo. El mensaje que pregonaban líderes moderados como Martin Luther King parecía diseñado «para una audiencia de blancos de clase media» (CARMICHAEL y HAMILTON, 1992: 50) y no eludía la controversia cuando se dirigía a una mayoría de alumnos blancos en lugares como Berkeley (HAMILTON, 2023). Exhibía un sentido del humor seco y cortante, parecía siempre al borde del enfado, combativo, retador pero calmado. Como recordaba John Lewis en *Newsweek*, «se había convertido en la personificación de la pura militancia[5].»

Stokely Carmichael se debatía entre continuar el trabajo de base registrando votantes como estuvo haciendo en el condado de Lowndes o seguir dando mítines y conferencias para unificar a los negros bajo la nueva consigna del separatismo. El SNCC y el CORE procedieron a expulsar a los miembros blancos y se apartaron de las campañas de organización locales precipitando el declive y la irrelevancia de ambas agrupaciones. El SNCC no tardaría demasiado en marcar distancias y romper lazos con él: era un contrasentido que el presidente del Comité Coordinador Estudiantil No Violento renegara del pacifismo y adoptase una postura tan abiertamente agresiva. Su amigo Eldridge Cleaver decía: «El movimiento por los derechos civiles era bueno porque exigía que los negros fueran admitidos en el sistema. Ahora debemos pasar de exigir la entrada a cambiar el sistema mismo» (CLEAVER, 1969: 54). James Haskins escribió: «Black Power se ha convertido en la filosofía de la

5 «Odyssey of a Passionate Radical», *Newsweek*, vol. 132 nº 22, November 30, 1998, p. 35.

revolución negra, y por eso Stokely Carmichael tiene asegurado un lugar en la historia» (HASKINS, 1972: 185).

En mayo de 1967 la revista *Life* publicó[6] un artículo con fotografías y comentarios del activista Gordon Parks que acompañó a Carmichael desde otoño del 66, pocos meses después del discurso histórico en Greenwood, un periodo crítico que sacudió el movimiento por los derechos civiles y lo llevó a evolucionar hacia el activismo más radical conforme crecían en paralelo las protestas contra la guerra de Vietnam. El mensaje Black Power, que no pedía la revolución sino la autodeterminación y el reconocimiento de la identidad racial, era constantemente malinterpretado y tergiversado por la prensa; los afroamericanos tenían su propia cultura, rica y diversa, que no debía estar marcada por la injusticia, el racismo y los abusos. En sus fotos, Parks retrató a Carmichael orgulloso de su trabajo en una carretera secundaria del condado de Lowndes. El partido gobernante usaba el símbolo de un gallo como mascota oficial con el eslogan «Supremacismo blanco para la derecha», así que Carmichael eligió una pantera negra para distinguir su partido con el lema «LIBERTAD, JUSTICIA» porque se trata de un animal que puede volverse peligroso cuando está acorralado. En la imagen, Stokely aparece con una flamante sudadera de la Pantera Negra, erguido y lleno de confianza **(figura 12)**. El símbolo de la pantera continuó apareciendo en folletos de campaña, programas como *Black Power: notes and comment* editado por el SNCC en Chicago y un emblemático cartel con el lema «MOVE ON OVER OR WE'LL MOVE ON OVER YOU». El momento de combatir había llegado.

1.6 DESAFIAR A LA AUTORIDAD

Ninguna organización por los derechos civiles encarnó la indignación y la combatividad mejor que el Black Panther Party. Durante cinco años hizo campaña en las principales ciudades estadounidenses exigiendo justicia y un trato igualitario para los

6 «Whip of Black Power», *Life*, vol. 62 nº 20, May 19, 1967, pp. 76-84.

Figura 12. Stokely Carmichael posando con una sudadera de la pantera negra, el símbolo de su partido con el lema «LIBERTAD, JUSTICIA». Fotografía de Gordon Parks. Fuente: Life Magazine.

negros; no lo pedían amablemente, lo reclamaban con beligerancia. Sus miembros aparecían uniformados con chaquetas de cuero y boinas negras, un libro de leyes siempre a mano y un arma cargada para defenderse llegado el caso. No retrocederían ante una carga policial, no correrían huyendo de una partida de linchamiento, no evitarían una pelea: estaban preparados para pelear. Denominado al principio *Black Panther Party for Self-Defense* (Partido Pantera Negra para la Autodefensa) no podía estar más lejos del ideal de la no violencia de Mahatma Gandhi que inspiró a los fundadores del SNCC o las consignas pacifistas de Martin Luther King, Jr. Su boletín *The Black Panther: Black Community Intercommunal News Service* recogía sus iniciativas, organizaban mítines para exigir la liberación de sus líderes cada vez que los encarcelaban, marchaban por las calles con la mirada endurecida esperando una mínima provocación para responder con firmeza.

Buena parte del país tenía miedo de ellos y no sin motivo: eran temibles, pero su causa era justa. Hasta la fecha los negros eran víctimas indefensas, objetivo del Ku Klux Klan, los supremacistas del Sur y el gobierno que les amparaba; se hartaron de arrodillarse para rezar, pedir milagros al Cielo, esperar que los blancos les trataran como a seres humanos y de paso que les perdonaran la vida. Ya era suficiente. Pero semejante atrevimiento no quedaría sin respuesta: entre bastidores, J. Edgar Hoover ordenó al FBI que pusiera en marcha un plan secreto de contrainteligencia para destruir al grupo; gastaron millones de dólares en el programa y cuando el Congreso destapara sus maquinaciones en 1976 sería demasiado tarde. El Black Panther Party tendría una existencia efímera, aunque su paso fulgurante dejará una huella indeleble en la sociedad norteamericana: los negros orgullosos, fuertes, determinados y dignos de respeto no volverán a ser vistos como víctimas.

La proclama «BLACK POWER» de Stokely Carmichael se extendió velozmente, como reguero de pólvora, por las zonas urbanas del Norte, el Este y el Oeste del país llegando a cada rincón donde las reformas legales por la integración de blancos y negros no habían bastado para paliar los problemas endémicos de pobreza, racismo y violencia. Los barrios donde vivían las comunidades afroamericanas no eran tan distintos de las áreas rurales del Sur donde los negros estaban condenados al trabajo precario, la discriminación, las miradas hostiles, la frustración y la falta de expectativas. En Oakland, California, dos jóvenes decidieron dar un paso al frente. La violencia policial era demasiado frecuente: arrestos injustificados, palizas, intimidación, acoso... Los agentes de policía habían convertido las calles en su particular patio de recreo, y su pasatiempo era golpear a los negros. Huey P. Newton, estudiante de derecho de primer año, empezó a patrullar las calles de Oakland con su amigo Bobby Seale para llevar un registro detallado de las actividades policiales e intervenir si presenciaban cualquier abuso de autoridad. Esta táctica había sido empleada con anterioridad por el AIM (*American Indian Movement*) en Minneapolis y era completamente legal. Actuaban como vigilantes recorriendo los barrios deprimidos con un arma cargada bien a la vista: Seale llevaba un Colt .45 y Newton una escopeta, otra práctica legal en el estado de California. Cada vez que se producía un arresto, acudían en seguida para comprobar la situación y velar para que los agentes cumplieran los procedimientos sin ejercer violencia contra los detenidos. Verlos llegar con sus uniformes de cuero negro y sus boinas militares, visiblemente armados y decididos a intervenir encarándose a los policías causaba un fuerte impacto en el vecindario (HILLIARD y WEISE, 2002a: 53; PEARISO, 2016: 254) **(figura 13)**.

El departamento de policía y los habitantes de Oakland no sabían cómo interpretar la situación, estaban atónitos. Jamás vieron a los activistas por los derechos civiles actuar de ese modo. Bobby Seale y Huey Newton se cuidaban de mantener la distancia reglamentaria, de ocho a diez pies de los agentes, y tampoco usaban las armas, que portaban como elemento disuasor y no amenazante. Pero ofrecían una imagen temible, intimidante. Mientras los oficiales cacheaban y esposaban al detenido, Newton se dirigía al sospechoso, abría el libro de leyes que llevaba consigo, un código penal, y le informaba de sus derechos recitando la ley Miranda. Los vecinos del barrio les consideraban protectores, agradecían sus intervenciones y les profesaban un gran respeto. Pronto se les unieron muchos voluntarios y se convirtieron en un movimiento gracias a la enorme visibilidad que les proporcionó la prensa nacional. Por otro lado, las

Figura 13. Huey P. Newton y Bobby Seale frente a la sede del Black Panther Party for Self Defense en Oakland, California. La foto se utilizó en sus boletines informativos y cartelería diversa. Fuente: Smithsonian, National Museum of African American History and Culture.

fuerzas del orden se la tenían jurada. En mayo del 67 los políticos se reunieron en Sacramento para redactar un proyecto de ley que convirtiera en delito portar armas cargadas dentro de los límites de la ciudad sin una licencia expedida por el gobierno: la denominada Ley Mulford, por el republicano Don Mulford, miembro de la asamblea por el condado de Alameda (VANKIN, 2022).

Huey Newton entendió la reforma como un intento de desarmar al Black Panther Party y a la comunidad negra en general. El gobernador de California Ronald Reagan estaba en el césped en los alrededores del edificio cuando treinta Panteras Negras entraron en el Capitolio del estado. Los fotógrafos siguieron al grupo en su avance hacia la cámara de representantes y Seale gritó: «¿Así es como funciona el gobierno racista, no permitiendo que alguien ejerza sus derechos constitucionales?» Luego se dirigió a los medios y leyó una declaración que llevaba preparada: «California redacta una ley para mantener a los negros desarmados e impotentes al mismo tiempo que la policía racista está intensificando el terror, la brutalidad, el asesinato y la represión de los negros en todo el país» (HILLIARD y WEISE, 2002b: 69; BLOOM y MARTIN, 2016a: 59) **(figura 14)**. Los Panteras Negras abandonaron el edificio y posteriormente fueron desarmados por la policía pero cumplieron su objetivo: lanzar un llamamiento a los afroamericanos de todas partes para que abrieran los ojos, desconfiaran de las autoridades y resistieran a la opresión.

Figura 14. Miembros armados del Black Panther Party frente al Capitolio del estado en Sacramento, California, 2 de mayo de 1967. Fuente: Black Perspectives, The African American Intellectual History Society.

La prensa les acusó de ser radicales antiblancos. Para una gran parte del país los Black Panthers eran una pesadilla, terroristas peligrosos. Negaron estar en contra de los blancos pero lanzaron un programa de diez puntos en el que plasmaban sus demandas políticas.

Pedían el pleno empleo para mitigar la pobreza, mejores viviendas, una buena educación para los jóvenes, jurados compuestos solo por afroamericanos para deliberar en los juicios donde hubiera un acusado negro, la inmediata puesta en libertad de los afroamericanos condenados en prisión, denunciaban la guerra de Vietnam y el reclutamiento militar obligatorio... Exigían a las Naciones Unidas que supervisaran las elecciones en la comunidad negra, a la que llamaban «colonia negra», para que pudieran elegir libremente a sus representantes; es decir, pedían la autodeterminación.

Su boletín publicaba artículos en la misma línea reivindicativa incluyendo ilustraciones y caricaturas tremendas donde representaban a los policías como cerdos: una imagen que se hizo habitual mostraba un Pantera Negra empuñando una pistola en la cabeza de un cerdo vestido con el uniforme de la policía; al final, el término despectivo arraigó en la jerga coloquial y los jóvenes antisistema llamarán *pigs* a los policías que reprimían sus manifestaciones como el brazo armado del gobierno. El mensaje caló bien hondo en los afroamericanos que habían alcanzado la mayoría de edad y podían ser reclutados a la fuerza para combatir en Vietnam: hacia 1968 habían surgido delegaciones en veinticinco ciudades importantes y tenían unos cinco mil miembros inscritos.

Eldridge Cleaver, que había publicado el libro *Soul on Ice*, ejercía como su Ministro de Información y usaba exactamente aquel tipo de retórica exaltada, combinación de malestar y amenaza explícita: «Estos cerdos racistas de la Gestapo tienen que dejar de maltratar a nuestra comunidad o tomaremos las armas y los echaremos», dijo de la policía en los barrios negros (FAYER, *et al*, 1990; LEONARDATOS, 1999: 962). Nadie se sorprendería cuando Stokely Carmichael en persona se unió al Black Panther Party, no podía estar más en sintonía con sus ideas políticas. Pero los avances del partido quedaron ensombrecidos cuando estallaron los enfrentamientos. Durante años habían estado tensando la situación desde que patrullaban las calles de Oakland y tantos lugares más vigilando a los policías y supervisando estrechamente sus acciones; alguna vez llegaría el momento en que un agente nervioso reaccionara y desenfundara el arma.

En octubre del 67 tuvo lugar un tiroteo en el que un oficial resultó herido y otro acabó muerto. Huey Newton fue arrestado y el lema «LIBERTAD PARA HUEY» («FREE HUEY») se convirtió en un grito de protesta en Estados Unidos mientras el activista permanecía en la cárcel a la espera de juicio. Desde su celda hizo unas declaraciones por televisión comparando la situación de los afroamericanos con la guerra de Vietnam: «La policía ocupa nuestra comunidad igual que las tropas ocupan un territorio extranjero» (BLOOM y MARTIN, 2016a: 46). Fue condenado por asesinato y permaneció en prisión hasta 1970 aunque un tribunal de apelaciones desestimó la condena con posterioridad por falta de pruebas. Entretanto, la policía declaró la guerra al Black Panther Party asaltando sus delegaciones en redadas violentas (ALKEBULAN, 2007a: 58; MEISTER, 2017: 91-2). En 1968 un enfrentamiento en West Oakland dejó tres oficiales y dos activistas heridos. Bobby Seale dijo que los negros debían organizarse y tomar represalias para responder a la brutalidad policial. Luego participó en una gran manifestación contra la guerra frente a la Convención Nacional del Partido Demócrata en Chicago; la concentración multitudinaria desembocó en disturbios callejeros y fue arrestado por incitar al desorden. Seale y otros líderes antisistema de la nueva izquierda fueron juzgados, los denominados Chicago Eight; en el tribunal, el juez conservador Julius J. Hoffman ordenó que Bobby Seale fuera esposado al asiento y amordazado para cerrarle la boca, una medida tan extrema que causó estupor en todo el país y terminó provocando que se declarara juicio nulo.

En la sombra, Hoover conspiraba para desmantelar el Black Panther Party. Desde su despacho en la avenida Pensilvania de la capital, el director del FBI los consideraba un grupo de odio nacionalista, una gangrena para los Estados Unidos. La especialidad de Hoover, descubrir los trapos sucios de cualquier individuo sospechoso y usarlos en su contra, resultó ser tan efectiva como siempre. En este caso, sabía muy bien que la organización sufría fuertes divisiones dentro de sus filas y aprovechó la fractura interna para desestabilizar el partido y minar su credibilidad. En noviembre del 68 ordenó a sus agentes de campo que concentraran sus esfuerzos en investigarles y manchar su reputación. El Programa de Contrainteligencia (Cointelpro, contracción de Counterintelligence Program) consistía en activar un plan de vigilancia intensiva y desinformación contra las organizaciones por los derechos civiles, las agrupaciones Black Power y los activistas de izquierdas. El FBI infiltró a varios agentes dentro del Black Panther Party que se convirtieron en informantes, intervinieron teléfonos, enviaron cartas falsas a sus líderes difundiendo rumores dentro y fuera de sus filas. Muchas veces recurrieron a medios ilegales, como se supo al destapar el caso en el Comité del Senado convocado en 1976 *The FBI's Covert Program to Destroy the Black Panther Party* (CHURCHILL y WALL, 2002: 40).

Las estratagemas de J. Edgar Hoover funcionaron: por ejemplo, avivó su disputa con el grupo United Slaves en California, hizo que sus dirigentes dejaran de confiar unos en otros provocando el distanciamiento de Huey Newton y Eldridge Cleaver... pero lo más escandaloso fue lo que hicieron con Fred Hampton, presidente del partido en la sede de Chicago. A finales de 1967 el FBI emprendió una campaña de desinformación contra el joven de tan solo diecinueve años hasta reunir un expediente de más de cuatro mil páginas en el Escuadrón de Asuntos Raciales. Hampton se convirtió en sospechoso del asesinato de dos policías de Chicago y el FBI proporcionó a las autoridades un plano detallado de su apartamento instándoles a efectuar un registro de la vivienda. El 4 de diciembre de 1969 varios policías asaltaron su casa y sucedió un tiroteo: Hampton y otro Black Panther murieron y otros cuatro más resultaron heridos. El Black Panther Party siempre afirmó que el incidente fue un golpe premeditado, un asesinato para vengarse del joven por crímenes supuestos que jamás cometió (CHURCHILL, 2001: 107; AUSTIN, 2006: 222). Roy Wilkins, de la NAACP, y el ex fiscal general Ramsey

Clark investigaron lo sucedido y demandaron al FBI pero el litigio se prolongó cerca de quince años. Para los miembros del Black Panther Party, la redada sangrienta en Illinois supuso el principio del fin.

El choque ideológico entre Eldridge Cleaver, que defendía la lucha de clases y se alineaba con la izquierda, y Stokely Carmichael, partidario del panafricanismo, terminó con la renuncia de éste como Primer Ministro en verano del 69 mientras los altercados, las muertes violentas y los juicios seguían acumulándose. En 1970, Bobby Seale y varios Black Panthers volvieron a los tribunales en New Haven, Connecticut, acusados del presunto asesinato el año anterior de Alex Rackley, informante de la policía infiltrado en la organización (BLOOM y MARTIN, 2016b: 250). Seale y su compañera Erica Huggins fueron absueltos pero Warren Kimbro se declaró culpable y fue sentenciado a prisión. Cuando el juicio comenzó en mayo, estalló una revuelta estudiantil en la Universidad de Yale en New Haven y el gobierno federal envío a 2.500 agentes de la Guardia Nacional para sofocar el motín después de que se sustrajera una cantidad considerable de mercurio, ingrediente utilizado para fabricar bombas, de un laboratorio de química.

La famosa activista Angela Davis empezó a colaborar con ellos. Aunque no llegó a ser miembro efectivo de la organización, impartía clases de política para los militantes y sus afinidades eran públicamente conocidas; Ronald Reagan, entonces gobernador del estado, se opuso a que renovara su contrato como profesora de filosofía en la Universidad de California influyendo en la junta de rectores. Mientras tanto, Davis se implicó en el caso de tres reclusos negros acusados de asesinar a un guardia en la prisión de Soledad, un correccional adyacente a la cárcel de Salinas en Monterey. En particular estrechó vínculos con George Jackson, cuyo hermano menor intentó conseguir que lo liberaran tomando rehenes en los juzgados del condado de Marin con desenlace funesto. La escena dejó cuatro víctimas mortales y luego se comprobó que al menos una de las armas empleadas estaba registrada a nombre de Angela Davis, que fue acusada de conspiración, secuestro y asesinato (DAVIS, 2005: 105; ROMAN, 2020) **(figura 15)**. Davis tuvo que ocultarse para huir de la justicia y entró en la lista de los diez

Figura 15. A la izquierda, Angela Davis pronunciando un discurso para la campaña Free Huey en DeFremery Park, Oakland, el 12 de noviembre de 1969. Fotografía de Stephen Shames. A la derecha, cartel de la campaña «FREE ANGELA DAVIS AND ALL POLITICAL PRISIONERS», Bay Area Committee to Free Angela Davis, 1970. Fuente: Abrams Books, Swann Auctions.

fugitivos más buscados del FBI. Se convirtió en un icono en las manifestaciones estudiantiles convocadas por la izquierda en los campus universitarios y fue capturada ocho semanas después. Para sorpresa del ala reaccionaria, un jurado compuesto íntegramente por blancos decidió absolverla de todos los cargos imputados en el juicio posterior.

Vapuleados por la prensa nacional, interrogados en los tribunales, zarandeados constantemente por el FBI, el Black Panther Party terminó por colapsar. Eldridge Cleaver fue acusado de asesinato y decidió huir a la isla de Cuba antes de establecerse en Argelia donde continuará instando a los afroamericanos a la revolución desde el exilio. Bobby Seale y Huey Newton, hastiados de la violencia, evolucionaron a posiciones menos beligerantes. Seale se presentó a las elecciones como candidato a la alcaldía de Oakland en 1973 ganando un tercio de los votos, dará conferencias y trabajará en la Universidad de Temple. Newton se doctoró en la Universidad de

California en Santa Cruz pero nunca dejó de ser fustigado por las autoridades: en 1987 fue condenado por posesión de un arma de fuego a cumplir tres años de prisión, dos años después volverán a condenarle por violar la libertad condicional y posesión de drogas; poco después murió al recibir un disparo en el mismo vecindario donde comenzó a patrullar con Bobby Seale.

La opinión pública estadounidense siempre vio con desconfianza el Black Panther Party. Agresivos, irreductibles, negros armados que incitaban a la revolución, la mayoría de la población opinaba que eran poco menos que terroristas; la clase media blanca nunca les consideró otra cosa que delincuentes peligrosos con un discurso fanático e incendiario (ALKEBULAN, 2007b). Su alianza con figuras internacionales como Fidel Castro en Cuba y Ho Chi Minh en Vietnam del Norte hacía que los etiquetaran como comunistas radicales, contrarios al espíritu estadounidense; nunca inspiraron la misma simpatía de líderes anteriores como Martin Luther King. Su objetivo primordial de organizar la autodefensa de los afroamericanos asediados por la policía en los barrios deprimidos derivó en una espiral de violencia que los llevó al extremismo más agrio. Sin embargo, su actitud y compromiso inquebrantable insuflaron energías al movimiento Black Power.

1.7 UN GRITO DE DOLOR, UN GRITO DE ANGUSTIA

Si creían que debían dar un giro radical a la lucha por los derechos civiles asumiendo un enfoque más proactivo, Bobby Seale y Huey Newton estaban fuertemente influidos por Malcolm X y la Nación del Islam con sus ideas sobre la autodeterminación negra para mejorar el bienestar social y económico de las comunidades (ABU-JAMAL, 2004: 66). Pero la parafernalia inspirada en la guerra de guerrillas alimentaba la controversia y hacía que los consideraran extremistas peligrosos. Huey Newton creía que mientras el gobierno de Estados Unidos no fuera derrocado jamás habría libertad para los negros. La delegación de Nueva York abogaba por permanecer en la clandestinidad, lejos del escrutinio público, hasta reunir la fuerza necesaria y pasar a la acción; ocultos fuera del radar daban aún más miedo a la ciudadanía, que los imaginaba organizándose como insurgentes para dar un golpe a la república (DAVENPORT, 2010: 95).

En California, los Panteras Negras consideraban que debían atraer la atención mediática y transmitir su discurso a los afroamericanos a pie de calle. Pero su gran presencia en los medios puso también en alerta a los políticos, legisladores, cuerpos de policía y gente normal que sentían recelo y reaccionaban en contra de sus proclamas. Aunque el Black Panther Party de la Costa Oeste puso en marcha programas sociales como el servicio de desayuno gratuito para niños desfavorecidos, escuelas infantiles y campañas de detección de anemia y tuberculosis en los barrios pobres, era su estética la que los convertía en tipos amenazantes: boinas militares, chaquetas y guantes de cuero, gafas de sol, pelo afro, semblante agresivo. Su imagen se difundió en Estados Unidos con un fuerte impacto pero su enfoque del nacionalismo negro era ligeramente distinto al de otras organizaciones que reivindicaban sus raíces ancestrales y la cultura africana, incluso el retorno al continente negro. Mientras algunos consideraban África como su patria natal, los Panteras Negras actuaban como estadounidenses: abogaban por la tenencia de armas, su espacio natural eran las barriadas de las grandes urbes, reivindicaban que aquel era su sitio y no deseaban irse a ningún otro lugar del mundo.

El Black Panther Party fue prácticamente desmantelado hacia 1973 a causa de sus problemas –el asalto a la Asamblea de Sacramento, tiroteos con la policía de Oakland, el encarcelamiento de Huey Newton, el juicio tras la Convención Demócrata de Chicago, las acusaciones de asesinato y el acoso sistemático del FBI– pero gracias a su estructura horizontal y sus numerosas sedes, varias delegaciones permanecieron en funcionamiento hasta 1982. Influyeron en la nueva izquierda que los consideraban la vanguardia de la revolución (BARBER, 2006; GROSS, 2023) y surgirán grupos similares en lugares tan distantes como Australia, Israel y Reino

Unido. Por otra parte, su imagen se propagó en el cine y la escena musical entrando en la cultura popular norteamericana: penetraron en el imaginario colectivo como un modelo de combatividad y resistencia frente al racismo, la brutalidad policial, el gobierno corrupto, la discriminación y el orden social injusto.

Aunque se cree que el eslogan «Black Power» fue pronunciado por primera vez por Willie Ricks, del SNCC, mientras caminaba en la Marcha contra el Miedo, cobró pleno sentido cuando Stokely Carmichael lo pregonó con todas sus fuerzas en Greenwood. Sin embargo, Carmichael no hacía sino evocar el pensamiento de Malcolm X, la figura de referencia en la radicalización del pensamiento político negro. Nacido Malcolm Little en Omaha, Nebraska, perdió a su padre con seis años, se convirtió en un delincuente juvenil y acabó en prisión antes de cumplir la veintena. En la cárcel conoció al recluso John Enton Bembry, quien se ocupó de instruirle recomendándole lecturas y guiando su formación autodidacta. Mientras tanto, tuvo una conversión religiosa y se unió a la Nación del Islam. Cuando cumplió su condena fue ministro asistente en el Templo Nº 1 en Detroit; luego estableció templos en Filadelfia y Boston y finalmente se hizo cargo del Templo Nº 7 en Harlem. En julio de 1959, el canal WNTA de la televisión pública local de Nueva York emitió el programa *The Hate That Hate Produced* con testimonios de Elijah Muhammad, líder de la Nación del Islam, y su portavoz Malcolm X (GILL, 2011: 199; BOOKER, 2021). El espacio fue visto por millones de personas y sacudió al público ese verano. La mayoría de los telespectadores jamás habían oído hablar de la Nación del Islam ni sabían que hubiese un movimiento político radical con un discurso tan diferente al de Martin Luther King. Muchos afroamericanos se sintieron atraídos por el carismático Malcolm X y se afiliaron al grupo: en pocas semanas la Nación del Islam duplicó su número de miembros con 60.000 personas inscritas **(figura 16)**.

Malcolm X no estaba de acuerdo con la corriente principal del movimiento por los derechos civiles que pedía la integración y abogaba por la no violencia. Antes al contrario: «No puedes hacer la revolución y poner la otra mejilla», dijo en Detroit en 1963. «No

Figura 16. Malcolm X en un restaurante Halal frecuentado por musulmanes negros en el cruce entre Lenox Avenue y la Calle 116 en Harlem, Nueva York, hacia 1965. En la pared al fondo, retrato enmarcado de Elijah Muhammad, líder de la Nación del Islam. Fotografía de Richard Saunders. Fuente: The New Arab.

existe tal cosa como una revolución no violenta. Una revolución es sangrienta» (GOSSE, 2005: 80; RUDNICK, *et al*, 2006: 122). Y continuaba: «Sé pacífico, sé amable, obedece la ley, respeta a los demás; pero si alguien te pone la mano encima, mándalo al cementerio.» No cabe duda de que para tantísimos negros hartos de sufrir la persecución y el hostigamiento de los supremacistas, lo único razonable era devolver agresión por agresión. En su discurso «The Ballot or the Bullet» («El voto o la bala») Malcolm X se oponía a la integración racial cuyo único objetivo era conseguir un restaurante sin segregación, un teatro sin segregación o un baño público sin segregación: «La filosofía del nacionalismo negro significa que el hombre negro debe controlar la política en su propia comunidad» (COLLINS, 1996: 198; PRICE, 2009: 19). Con el tiempo quiso estrechar lazos culturales con África, se distanció de su mentor Elijah Muhammad y rompió con la Nación del Islam. En 1965 fue asesinado mientras se disponía a dar una conferencia en Harlem.

Cuando Carmichael hablaba de Black Power, sus seguidores tenían una idea más o menos clara de lo que quería decir: hablaba de dar un giro al radicalismo, volver la vista atrás y recuperar las consignas de Malcolm X. Que los negros aspirasen al poder político y económico al margen de los blancos y estuvieran dispuestos a emplear la violencia en caso necesario. Los barrios depauperados de las grandes ciudades funcionaban como guetos, lugares de exclusión, sus habitantes negros estaban indignados por lo que sucedía en los estados del Sur y decepcionados por el lento avance de las reformas legislativas. La desegregación parecía no llegar nunca y sus expectativas de vida no mejoraban. Stokely Carmichael insistía en que el movimiento Black Power no era intrínsecamente anti blanco pero tampoco confiaba en que los blancos concedieran a los afroamericanos la igualdad que reclamaban, tendrían que conquistarla por sí mismos.

En paralelo, Bobby Seale y Huey Newton tenían una visión romántica de la violencia revolucionaria, con referentes como el Che Guevara y Fidel Castro en Cuba o Ho Chi Minh en Vietnam, y entendían el empoderamiento de los negros solo a través de la lucha armada. Seale y Newton también se inspiraban en los discursos de Malcolm X. El asesinato de Martin Luther King en abril de 1968 les daba la razón una vez más: la vía moderada se topaba de bruces con la realidad; no podían dialogar o negociar con quienes no querían otra cosa que verles muertos. Como dijo el Dr. King: «Black Power es una consigna nacida de las heridas de la desilusión y la desesperación. Es un grito de dolor, un grito de angustia» (KING Jr, 1967: 40). Los Panteras Negras tuvieron éxito al trasladar el conflicto a los núcleos urbanos. Antes, el caballo de batalla eran las comunidades rurales y las leyes Jim Crow; ahora concentraban sus esfuerzos en las grandes ciudades denunciando que la opresión también se producía en ellas en forma de brutalidad policial. El enemigo ya no tenía un capuchón blanco del Klan sino un distintivo de policía: no eran los sureños paletos sino los cerdos fascistas que les perseguían, no en un pueblo remoto del que nadie oyó hablar nunca, sino a la vuelta de la esquina en cada calle del país.

El joven fotógrafo Stephen Shames, de tan solo veinte años, se convirtió en el cronista oficial del Black Panther Party tras enseñar una muestra de su trabajo a Bobby Seale, quien lo fichó inmediatamente

Figura 17. Programa de desayunos gratuitos en Chicago del Black Panther Party, 1970. Fotografía de Stephen Shames. Fuente: Steven Kasher Gallery.

para el periódico *The Black Panther*. Shames trabajó en el partido de 1967 a 1973 documentando sus programas de servicio social, sus actos de protesta, sus mítines, arrestos y funerales. Al contrario de lo que decían sus detractores, «sinceramente trataban de cambiar el sistema para beneficiar a los pobres y crear una sociedad más justa» (HILLIARD, 2008; O'HAGAN, 2022) **(figura 17)**. La mayoría de sus miembros no eran hombres amenazantes, el 66% de las Panteras Negras eran mujeres haciendo trabajo comunitario, ayudando en los barrios, a sus vecinos, a los niños: clínicas gratuitas, ambulancias gratuitas, comedores sociales... «Es el amor lo que me llevó al partido; aquello ejemplificaba cómo entendía el amor. Eso es: hay que amar a las personas para servirlas», dijo Barbara Easley-Cox, colaboradora del Programa de Desayuno Gratis para Escolares. Respecto a su carisma, Stephen Shames asegura: «se trataba del orgullo que inculcaban a su gente. En lugar de tratarlos como si fueran un problema, como hacía el gobierno, les transmitieron un sentimiento de fe y orgullo.»

Si la mayoría de los estadounidenses los temía y se sentían intimidados por los Panteras Negras, éstos eran muy conscientes de la imagen que proyectaban en los medios y sabían explotarla en su beneficio. Todo se reducía a consolidar un icono en las antípodas del arquetipo clásico Jim Crow: nunca más un negro analfabeto, servil y estúpido; los negros eran poderosos, peligrosos, inteligentes, llenos de coraje, dispuestos a pelear. Los jóvenes afroamericanos empezaron a caminar con orgullo, sintieron el amor propio y se desenvolvían en público con una confianza renovada. Las universidades se llenaron de estudiantes negros vestidos con ropa tradicional africana, colorida y folclórica; parecía que hubieran pasado mil años desde que los negros se jugaban la vida para matricularse en las universidades blancas. En vez de llevar estrictos trajes de chaqueta como un reverendo baptista del estilo Martin Luther King, ahora la moda celebraba sus raíces ancestrales y era una declaración de intenciones en sí misma: provocación y valentía. La música negra, el soul y el funky, eran lo más top del momento: James Brown hizo que su público cantase a coro «Say It Loud. I'm Black and I'm Proud» («Dilo en voz alta. Soy negro y estoy orgulloso»). Décadas antes, los hombres y mujeres negros llegaron a sentir un gran complejo por su color oscuro, se aclaraban la piel y usaban alisadores de cabello para sentirse bien con su aspecto; a finales de la década de los 60 estaban orgullosos de su origen africano y consideraban que la piel oscura y el cabello afro eran bellos. Los jóvenes decían entusiasmados «BLACK IS BEAUTIFUL!» («¡El negro es hermoso!»).

Stokely Carmichael apareció en la revista *Ebony* en un artículo de Lerone Bennet[7] titulado «Architect of Black Power» diciendo «No más largas oraciones, no más himnos por la libertad, no más sueños... tomemos el poder» en clara referencia al tono del discurso marcado por el Dr. King (WEST, 2020: 103). A finales de los 60 King estaba obsoleto: ya no pedían las cosas por favor, las exigían con vehemencia. A la muerte de King estallaron disturbios en más de cien ciudades de Estados Unidos: su generosidad, su paciencia infinita, su voz sabia y calmada fue silenciada por un francotirador blanco. Pues claro que tenían que pelear. Ya lo había dicho Malcolm X, no sirve de nada poner la otra mejilla. En los Juegos Olímpicos de

7 «Architect of Black Power», *Ebony*, vol. XXI nº 11, September, 1966, pp. 23-31.

1968 celebrados en México, los corredores John Carlos y Tommie Smith levantaron sus puños en alto subidos al podio cuando acababan de recibir las medallas de oro y bronce haciendo el saludo Black Power: un momento histórico de reivindicación. Carmichael se cambió el nombre a Kwame Ture y se trasladó a África pero su legado continuará vigente: el Poder Negro nunca se extinguirá.

2

ORGULLO

2.1 PUBLICACIONES BLACK POWER

El movimiento Black Power se difundió en la cultura impresa de la época con una eficacia espectacular: diarios, revistas, boletines, panfletos y cartelería se distribuían por todo el país llegando a cada ciudad importante de los Estados Unidos. Tales publicaciones plasmaban el enfoque ideológico, los programas políticos y las iniciativas sociales que las agrupaciones iban desarrollando en los distintos barrios y localidades. Podemos referirnos a «publicaciones Black Power» o «prensa Black Power» con una línea editorial precisa, una estética propia y contenidos comunes, siempre con la misma actitud desafiante. Servían como foros de debate y punto de contacto para los miembros de las diferentes organizaciones, dejaban constancia de sus aspiraciones y la búsqueda de un sentido de la identidad contradiciendo los ataques y la crítica destructiva que pregonaba la prensa generalista. Al revisar aquellas revistas observamos sus anhelos de un cambio social urgente mientras generaban una estética deliberadamente no occidental que apuntaba sus raíces culturales africanas.

Del amplio abanico de publicaciones encontramos gran variedad de estilos en forma y presentación. *The Black Panther: Black Community Intercommunal News Service* se imprimía como un periódico en tamaño y calidad de impresión mientras *Freedomways*, *Black World* o *Liberator* aparecían en formato revista. La mayoría de las veces, los redactores que colaboraban en ellas trabajaban sin recibir una remuneración; las mujeres a menudo ocupaban cargos en el comité editorial y coordinaban la distribución vendiendo ejemplares en la calle. En Berkeley, la TWWA (*Third World Women Alliance*) publicaba *Triple Jeopardy* con imágenes francamente provocativas de mujeres de diferentes etnias portando armas para enfrentarse a la opresión. Su primer número comenzaba con una declaración de intenciones: «La lucha contra el racismo y el imperialismo debe librarse al mismo tiempo que la liberación femenina por un grupo de mujeres fuertes, independientes y socialistas» (GUGLIELMO, s.f.) **(figura 18)**. En sus artículos se ocupaban de temas comprometidos como el sindicalismo, los subsidios, el sistema de prisiones o el trabajo precario; una vez entrevistaron a trabajadoras domésticas[8] que no recibían la remuneración mínima y elevaron sus quejas a Washington (LOVE, 2015: 48).

La prensa Black Power brindaba una oportunidad a las comunidades negras de participar en política local y nacional. En general existía una conexión directa y estrecha con las pequeñas comunidades debido a su limitado ámbito de difusión haciendo que tuvieran una gran cercanía con sus lectores, de modo que hacían una importante labor pedagógica inculcando la conciencia política en zonas marginales. Además de publicar noticias, se esforzaban por moldear la opinión pública instruyendo a los lectores en asuntos como la brutalidad policial, el proyecto de «Gran Sociedad» del presidente Lyndon Johnson, la segregación escolar, la pobreza estructural o la violencia en los guetos. En la sección de internacional condenaban la guerra de Vietnam y apoyaban la autodeterminación del Tercer Mundo. Desde luego, abordaban la política negra enfatizando los esfuerzos de los representantes electos –concejales de distrito, senadores del estado– y el liderazgo negro desde las bases (TINSON, 2018). A menudo se implicaban en campañas para exigir la pronta liberación de los activistas encarcelados, cubrían los festivales de música y daban cumplida reseña de las novedades literarias de interés.

8 «On the Job: Domestic Workers», *Triple Jeopardy*, vol. 2 nº 4, March-April, 1973, p. 4.

Figura 18. Portada de *Triple Jeopardy* nº 1 (September-October, 1971). Fuente: CUNY Center, The City University of New York.

La prensa Black Power reclamaba la necesidad de un cambio llamando a la revolución: exigiendo, interviniendo con celeridad, combatiendo por la vía dialéctica o por medio del activismo. Algunas publicaciones desaparecieron rápidamente tras apenas un puñado de números, otras en cambio van a mantenerse durante décadas. En Nueva York las revistas *Black Arts*, *Umbra* y *Freedom*, con sede en Harlem, se ocupaban de la historia de África pero tuvieron una trayectoria efímera. *Freedomways*, *Liberator* y *Muhammad Speaks* fueron mucho más longevas y coexistían con la veterana *New York Amsterdam News* que solía servir de púlpito a Martin Luther King. En la misma ciudad, el Young Lords Party surgió como contrapartida latina al Black Panther Party; los portorriqueños reivindicaron también sus orígenes africanos y condenaban el colonialismo en su revista *Palante*. *The Black Challenge* y *The Street Speaker* del ANPM (*African Nationalist Pioneer Movement*) o *Unity and Struggle* en Newark aparecieron para divulgar el panafricanismo. Los trabajadores negros de Ford Motor Company en la planta de Mahwah, Nueva Jersey, imprimieron *The Black Voice* para reivindicar sus derechos laborales y plantear sus demandas mientras se solidarizaban con el Tercer Mundo y el nacionalismo negro. En Boston, los trabajadores de la construcción lanzaron un boletín parecido, *The Hammer*.

Chicago fue el centro neurálgico de las publicaciones negras, allí se distribuía con enorme éxito el *Chicago Defender* y tenían su sede las dos revistas más influyentes de la cultura negra: las decanas *Jet* y *Ebony*, de distribución nacional y dilatada existencia. El editor John H. Johnson llevaba desde los 50 promocionando el ascenso social de los afroamericanos en revistas como *Tan Confessions* y *Negro Digest* que celebraban los logros educativos y económicos de la nueva clase media. John H. Johnson utilizó los medios de comunicación para promocionar la cultura negra en tiempos de represión, cambiando la percepción del gran público acerca de lo que significaba ser un afroamericano tanto para los blancos como para los negros (SEMMES, 2001: 195). Nacido en Arkansas, la familia de Johnson se mudó a Chicago para que pudiera matricularse en una escuela secundaria. Como los bancos no le prestaron el dinero que necesitaba para montar su propio negocio, acabó usando los muebles de su madre como garantía para un préstamo de quinientos dólares y así fundó Johnson Publishing Company (JOHNSON y BENNETT, 1989; QUIN, 2017). En noviembre del 42 lanzó el primer número de *The Negro Digest* tras conseguir los tres mil primeros suscriptores entre los miembros de su comunidad y un año después alcanzaron una circulación mensual de cincuenta mil copias. La columna «If I Were a Negro» sirvió para concienciar a los lectores sobre los problemas que los negros padecían a diario conmoviendo a personalidades como Eleanor Roosevelt. En 1951 Johnson cerró *The Negro Digest* para sustituirlo por *Black World*, coordinado por Hoyt Fuller, de contenido más intelectual y comprometido, con un impacto mayor en estudiantes, escritores y activistas. Con Doris E. Saunders como editora asociada, *Black World* terminaría siendo la publicación de mayor alcance al margen del *Black Panther Newspaper* y permanecería en los quioscos hasta 1976.

Sus altísimos ingresos publicitarios y la ingente masa de lectores que se mantenían fieles a sus cabeceras hicieron que Johnson ampliara su catálogo. Si *The Negro Digest* era algo así como la versión negra del *Reader's Digest*, *Ebony* era la versión negra de la revista *Life*. *Ebony* serviría de escaparate a las celebridades afroamericanas –deportistas, actores, músicos– mostrando sus éxitos y su calado sociocultural en Estados Unidos. Si el primer número de *Ebony* vendió veintisiete mil ejemplares, al acabar la década alcanzaría una circulación de 1,7 millones. Publicaron una columna escrita por Martin Luther King titulada «Advice for Living By», una especie de consultorio donde el Dr. King atendía las cartas de sus lectores ofreciéndoles sabios consejos para mejorar sus vidas igual que les atendería el reverendo de su iglesia. La columna se anunciaba como el eslogan «Deje que el hombre que lideró el boicot en Montgomery le lleve a una vida más feliz». En los años 60, *Ebony* se centró más en el movimiento por los derechos civiles y alentó el orgullo racial insistiendo en palabras como respeto, dignidad, orgullo, reconocimiento, comprensión, esperanza o inspiración, que aparecían repetidamente dentro de sus artículos de forma deliberada.

En Chicago se publicaba también el periódico *Nommo*, consagrado a las Black Arts, el boletín *BWC News* y la radical *Afrika*

Must Unite. Detroit era el otro enclave de referencia para la prensa Black Power. La organización LRBW (*League of Revolutionary Black Workers*) impulsó varias publicaciones: *Black Vanguard, DRUM, Inner City Voice* y *The South End* hablando sobre al lucha de clases y la desigualdad económica. En paralelo, los alumnos de Central High lanzaron su boletín *Black Student Voice*, el reverendo Albert Cleage publicó *Correspondence* y Richard B. Henry editó *NOW!* que sirvió a la fundación del FPN (*Free Now Party*).

La revista *Liberator* se consideraba la cuna del pensamiento y la organización radical negro. Combinaba el periodismo de investigación con el activismo llevando a cabo campañas de concienciación social, reseñas y crítica cultural proporcionando una tribuna a muchos intelectuales notables de la época como Larry Neal, Ossie Davis, Harold Cruse y Askia Touré (TINSON, 2017; KENDI, 2017). *Liberator* daba una voz a los militantes de los derechos civiles que reflexionaban sobre sus propias ideas, su disidencia política y visión revolucionaria. Combatían el racismo y la segregación, difundieron el anticolonialismo y reflejaron el auge del movimiento Black Power.

Freedomways era considerada la revista más importante del circuito intelectual y las Black Arts. Llevaba en funcionamiento desde primavera de 1961, bastante antes de que comenzara el movimiento Black Power, y vio pasar toda la década de los 60 invitando a historiadores, sociólogos, artistas y estudiantes a escribir sobre la cultura y el patrimonio afroamericano. Creada por los neoyorquinos Louis Burnham y Edward Strong, dirigida por William Edward Burghardt Du Bois y su esposa Shirley, tenía un marcado tono de compromiso: Du Bois había editado el boletín de la NAACP The Crisis y se propuso informar sobre el movimiento por los derechos civiles en los estados del Sur. También publicaron artículos de líderes de la liberación africana como Kwame Nkrumah o Julius Nyerere, punta de lanza de la descolonización del Tercer Mundo (DU BOIS, 2000: 132-5). Freedomways era la revista afroamericana de política y cultura que cubrió el movimiento por los derechos civiles durante más de un cuarto de siglo y gozaba de mayor prestigio en todo el país. Debutó cuando las sentadas en locales segregados triunfaron en multitud de estados siguiendo el ejemplo de Greensboro y las manifestaciones aparecieron en los medios nacionales aunque el movimiento no había alcanzado la notoriedad que tendría un par de años después. Los Freedom Riders estaban en el candelero y Kennedy prometía cambios profundos en la legislación para promover la igualdad racial. Justo en ese momento una nueva generación de artistas negros decidieron adherirse al movimiento por los derechos civiles y colaboraron con la revista a lo largo de los años para dejar constancia de su afinidad política: Lorraine Hansberry, primera dramaturga negra en cosechar éxito en Broadway; actores como Ruby Dee y Harry Belafonte; artistas como Margaret G. Burroughs, Charles White, Jacob Lawrence o Elton Fax; los caricaturistas Brumsic Brandon, Jr. y Ollie Harrington; músicos de jazz como el batería Max Roach, el trompetista Bill Dixon y el saxofonista Archie Shepp; los novelistas James Baldwin, John Oliver Killens, Alice Childress y Julian Mayfield, además de muchísimos ensayistas y analistas políticos. En definitiva, un grupo de activistas afroamericanos de izquierdas afincados en el Greenwich Village neoyorquino, barrio intelectual en perpetua ebullición. Con el lema «A Quarterly Review of the Negro Freedom Movement» («Un repaso trimestral al Movimiento por la Libertad de los Negros») el segundo número incluyó una entrevista con uno de los Freedom Riders que sobrevivió a la quema del autobús en el que viajaba en Anniston, Alabama, y posteriormente publicarían un excelente ensayo de Julian Bond, del SNCC, sobre la no violencia. Ernest Kaiser, con una carrera de cuarenta años como archivista y bibliotecario del Centro Schomburg para la Investigación de la Cultura Negra en Harlem, se encargaba de la sección «Recent Books» en las últimas páginas de cada número. Jack O'Dell, del SCLC, escribió un importante artículo[9] semanas después de la Marcha sobre Washington explicando las miserables condiciones de vida que padecían los negros en los estados del Sur, texto que sirvió para poner el foco no ya en la segregación sino en la precariedad laboral, el acceso al empleo, los bajos salarios y el paro que abocaban a los afroamericanos del ámbito rural a la pobreza (JACQUES, 2021). Fue la primera publicación negra en oponerse a la guerra de Vietnam que causaba la muerte de tantos jóvenes; la revista

9 «The Negro People in the Southern Economy», *Freedomways*, vol. 3 nº 4, Fall 1963, pp. 526-548.

también solía ocuparse de temas como la organización sindical, la educación infantil, el rol de la mujer, el sistema legal o la pena de muerte. A partir de 1965 se centró en el arte y la cultura negra; cuando Alice Walker se convirtió en editora asociada, los artistas negros serían considerados la guía y voz principal en la lucha por la libertad, lo que marcaría la línea editorial para la segunda mitad de la década y hasta su cierre en 1985 (TURNER, 2009).

Por su parte la Nación del Islam, donde había militado Malcolm X, tenía la revista *Muhammad Speaks* que servía de tribuna para su líder Elijah Muhammad. No solo difundían los preceptos de la religión musulmana sino que se ocupaban de denunciar los problemas en materia de vivienda, educación y economía que preocupaban a los afroamericanos con artículos del activista Dirk Durham. A finales de los 60 sería el periódico negro de mayor circulación del país, dado que no se limitaba al ámbito local y se distribuía eficazmente en todo Estados Unidos **(figura 19)**. Hoy se recuerda por sus provocativas portadas con grandes titulares impactantes, pero distaba mucho de ser un mero tabloide sensacionalista. *Muhammad Speaks* combinaba el periodismo de investigación apegado a la comunidad y las reflexiones sobre la mejora de la calidad de vida de los afroamericanos desde el punto de vista del nacionalismo negro. Sirvió como una importante fuente de información para organizaciones como el NAACP y el CORE pero también era seguido de cerca por el siempre vigilante FBI y los siniestros dirigentes del Ku Klux Klan que buscaban dentro de sus páginas motivos para el odio proporcionando argumentos a sus discursos racistas. Malcolm X publicó la primera edición del periódico, con sede en Harlem y titulado entonces *Mr. Muhammad Speaks* con el lema «Militant monthly dedicated to Justice for the Black Man» («Militante mensual para la Justicia del Hombre Negro»). El año siguiente la redacción se trasladó a Chicago y comenzó a circular a nivel nacional con periodicidad semanal ampliando el número de colaboradores en plantilla. Los miembros de la Nación del Islam vendían el periódico en las esquinas de las ciudades llamando la atención de los viandantes: «Come back to your own and read Muhammad Speaks» («Vuelve a lo tuyo y lee Muhammad Speaks»). El boletín estableció relaciones con las comunidades locales obteniendo

Figura 19. El boxeador y campeón de los pesos pesados Muhammad Ali sostiene un ejemplar del boletín *Muhammad Speaks* Vol. 5 nº 10 (November 26, 1965) con el titular «ALLAH IS THE GREATEST» en los alrededores del centro de convenciones de Las Vegas. Fotografía de Sal Veder. Fuente: Associated Press, Courier Journal.

declaraciones y testimonios para cubrir noticias candentes pocas semanas después de que se produjeran (WOODFORD, 1991 y 1993: 8). Su editor jefe Leon Forrest pidió a sus periodistas que informaran sobre las infraviviendas, la epidemia de las drogas, la falta de empleo para los veteranos negros que volvían de la guerra, las huelgas de trabajadores, becas y programas de escolarización. La NAACP y la Urban League, así como alcaldes y concejales de distrito, leían atentamente sus noticias para estar al corriente de las necesidades del electorado. Por otro lado, el protagonista indiscutible fue su líder religioso Elijah Muhammad, quien aparecía en portada muy a menudo, ofrecía mensajes religiosos y dedicaba las páginas centrales a las enseñanzas del profeta Mahoma; vendría a ser el equivalente musulmán del *Christian Science Monitor*.

En sus cerca de setecientos números, *Muhammad Speaks* se reconocía fácilmente por las ilustraciones y caricaturas, dibujos mordaces que plasmaban los acontecimientos políticos y sociales con espíritu progresista pero desde la perspectiva del nacionalismo negro. Por ejemplo, una portada mostraba al boxeador Muhammad Ali[10] atado de manos y empujado a patadas por dos blancos trajeados que representan el «False Justice Department» en referencia al juicio orquestado para arrebatarle el título de campeón cuando se negó a combatir en Vietnam declarándose objetor de conciencia. Entre los diferentes ilustradores, diseñadores gráficos y artistas profesionales, las viñetas de Eugene Majied destacaban y se convirtieron en un icono de las representaciones de la lucha por la libertad. Dos semanas después de la Marcha sobre Washington, Majied satirizó a los organizadores por ceder a las demandas de la administración Kennedy y rebajar sus expectativas de cambio. A lo largo de 1964, cuando Malcolm X abandonó la Nación del Islam por discrepancias con su líder, el periódico se despachó con él vilipendiándolo con hostilidad manifiesta; Majied lo dibujó con cuernos y decapitado. Actualmente hay cada vez mayores evidencias de la participación de la Nación del Islam en su asesinato el 21 de febrero del 65 y la Fiscalía de Distrito de Manhattan empezó a revisar las pruebas en 2021 para verificar si los hombres condenados por el crimen fueron los verdaderos responsables; por este motivo, la línea editorial del periódico constituye una importante fuente documental que señala la animadversión de la Nación del Islam por Malcolm X aquellos años. En otoño de 1970, el reportero

10 «Messenger Muhammad: DON'T!», *Muhammad Speaks*, vol. VI nº 35, May 18, 1967, p. 1.

de *Muhammad Speaks* Joe Walker entrevistó en prisión a Angela Davis[11] y tomó la foto que se reproduciría en pancartas y cartelería con el lema «FREE ANGELA» alcanzando notoriedad nacional. Como recuerda el entonces editor John Woodford, aquel sería el punto de inflexión para el periódico, cuando muchos miembros de la organización temieron que provocaría el escrutinio del FBI, la CIA o los grupos de extrema derecha (HUSSAIN, 2021). El 24 de octubre de 1975, *Muhammad Speaks* publicó su último número tras la muerte de Elijah Muhammad para ser sustituido justo a continuación por *Bilalian News* abandonando el enfoque político para dar mayor cobertura a los contenidos religiosos.

En Seattle, *The Afro American Journal* sería el semanario más influyente de la comunidad negra apoyando todas las manifestaciones con espíritu Black Power y colaborando con el Black Panther Party, la Nación del Islam y otros grupos activistas. Comenzó su andadura en noviembre del 67 y permaneció en circulación hasta diciembre de 1971, un periodo de tan solo cuatro años en el que promovieron la autodeterminación mientras cedían su espacio publicitario a las empresas del distrito central de la ciudad que dirigían con éxito emprendedores negros. Con el lema «Seattle's Most Unique Weekly» («El semanario más singular de Seattle») y una extensión de apenas ocho páginas, al principio estaba coordinada por E. Loin y Taft Gross que pudieron ser los responsables de escribir también los artículos, dado que muy pocos estaban firmados o acreditados a ningún otro redactor. *The Afro American Journal* reflejó el cambio del movimiento nacional por los derechos civiles del pacifismo al nacionalismo negro más militante, cubriendo la batalla legal para liberar a los líderes Black Panther con duras críticas contra el *establishment* y algunos políticos negros o celebridades a las que etiquetaban indiscriminadamente como «Tío Tom» por colaborar con los blancos.

En primavera del 67 Stokely Carmichael dio un discurso en el Garfield High School a pesar de la resistencia y las negativas de su director Frank Hanawalt, gracias a la presión ejercida por las

11 «Angela Davis. What's on her mind?», *Muhammad Speaks*, vol. X nº 16, January 8, 1971, p. 3.

agrupaciones negras que le llevaron a dimitir. *The Afro American Journal* denunció en su editorial que lo reemplazaran por Frank Fiddler, ex profesor de educación física y subdirector del instituto que pretendió reprimir el creciente apoyo al nacionalismo negro en el barrio. El semanario puso un énfasis especial en denunciar la situación de la educación pública con titulares como «Seattle Schools Sick» («Escuelas de Seattle enfermas»). La comunidad local estaba muy frustrada por la desatención, la falta de integración y la escasez de fondos en la educación primaria y dedicaban al asunto hasta tres artículos por semana, incluyendo una columna de opinión del influyente Floyd McKissick del CORE. Cliff Hooper, otro colaborador habitual del *Journal*, reflexionaba sobre las carencias de la educación a nivel nacional refiriéndose no solo a Seattle sino a todo Estados Unidos: «La comunidad negra debe tomar decisiones en la educación de sus hijos a todos los niveles: personal, financiero, planes de estudios, programas deportivos, ¡todo!» (BLAIR, 2005). En septiembre de 1968 dedicaron la primera plana a un incidente sucedido en el Rainier Beach, una escuela predominantemente blanca donde la minoría de alumnos afroamericanos sufrían el acoso sistemático de sus compañeros hasta que un grupo de Black Panthers armados con pistolas se presentaron allí con intención de proteger a los niños (CROWLEY, 1995: 132). El año siguiente anunciaban la creación de la escuela Benjamin Banneker gracias al Centro de Cultura Negra para ofrecer una alternativa a la educación pública deficiente y proteger a los jóvenes del racismo.

Mientras tanto, *The Black Panther: Black Community Intercommunal News Service* era ya legendaria. El boletín oficial del Black Panther Party apenas tenía cuatro páginas de extensión, un único pliego de papel doblado por la mitad, y fue obviamente fundado por Huey Newton y Bobby Seale. El primer número publicado el 25 de abril de 1967 se ocupaba del asesinato de Denzil Dowell a manos de la policía (DAVENPORT, 1998: 196). Al principio se distribuía en Oakland pero pronto empezó a venderse en varias ciudades estadounidenses y tendrá suscriptores internacionales que lo seguían en África o Europa, aumentando el número de páginas hasta convertirse en un periódico completo y funcional en apenas año y medio. Cada ejemplar incluía el programa de diez puntos que resumía sus reivindicaciones: el *Black Panther* servía para difundir su ideología revolucionaria y dar información sobre las luchas raciales y las actividades del partido en las comunidades, los denominados «programas de supervivencia» que ponían en marcha las delegaciones locales para proporcionar servicios sociales básicos a los más necesitados. Aunque se mantendrá en funcionamiento hasta 1980, su periodo de mayor éxito fue de 1968 a 1972 cuando tenían trescientos mil ejemplares en circulación y vendían cien mil copias a la semana, siendo el periódico negro más leído en Estados Unidos. En esa época dos tercios del partido eran mujeres y Judy Juanita, una joven estudiante de San Francisco, ejerció como directora. Otros editores fueron Eldridge Cleaver, David Dubois, Elaine Brown o Michael Fultz (BROWN, 2007: ix). El equipo de distribución estaba compuesto por Sam Napier, Andrew Austin y Ellis White y tenían grandes centros de logística en Chicago, Los Ángeles, Kansas, Nueva York y Seattle. Se pedía a los Panteras Negras que leyeran los contenidos de cada número para estar convenientemente informados antes de salir a venderlo en la calle. Por otro lado, vender el periódico no estaba exento de peligro: varios miembros del partido perdieron la vida por ello, como el delegado de Nueva York Sam Napier, asesinado el 17 de abril de 1971 (TOMMASINO, 2021a).

En 1968 apareció el *Black Panther Coloring Book*, un modesto libro para colorear con ilustraciones de Mark Teemer, miembro de la delegación de Sacramento, donde aparecían militantes armados, la emblemática pantera negra y varios niños también armados con pistola; una actividad infantil que se distribuiría en sus comedores de beneficencia durante los programas de desayuno gratuito para escolares. El *Black Panther* sirvió para denunciar a las fuerzas opresoras proporcionando una tribuna para las voces marginadas y no cejaba en su empeño por visibilizar las campañas por la liberación de los activistas presos con lemas como «FREE HUEY» **(figura 20)**. Exceptuando el primer número que se maquetó artesanalmente y a toda prisa, *The Black Panther* fue diseñado por Emory Douglas, cuyas ilustraciones, caricaturas políticas, fotomontajes y tipografías hicieron de la revista un producto visualmente sensacional y único. Con un estilo altamente provocativo y mordaz, reflejaba

THE BLACK PANTHER

15 CENTS

Black Community News Service

VOLUME I — NOVEMBER 23, 1967 — NUMBER 6

PUBLISHED BI-WEEKLY BY THE BLACK PANTHER PARTY FOR SELF DEFENSE

P.O. BOX 8641 EMERYVILLE BRANCH OAKLAND CALIF., 94608

EDITORIAL: HUEY MUST BE SET FREE!

Huey Newton, Minister of Defense of the Black Panther Party for Self Defense, lies in the hospital at San Quentin State Prison, with a gunshot wound in his stomach, inflicted by an Oakland cop. An Oakland cop is dead and buried and a second cop lies somewhere in some hospital with three bullet wounds in his body. Huey has been charged with the murder of the first cop and the shooting of the second.

The shooting occured in the heart of Oakland's black ghetto. Huey is a black man, a resident of Oakland's black ghetto, and the two cops were white and lived in the white suburbs. On the night that the shooting occurred, there were 400 years of oppression of black people by white people focused and manifested in the incident. We are at that crossroads in history where black people are determined to bring down the final curtain on the drama of their struggle to free themselves from the boot of the white man that is on their collective neck. Huey Newton knew that the chief instrument of oppression of black people in America is the police departments of the cities. Through murder, brutality, and the terror of their image, the police of America have kept black people intimidated, locked in a mortal fear, and paralyzed in their bid for freedom. He knew that the power of the police over black people has to be broken if we are to be liberated from our bondage. These gestapo dogs are not holy, they are not angels, and there is no more mystery surrounding them. They are brutal beasts who have been gunning down black people and getting away with it. They call this "justifiable homicide" carried out by an officer of the law in the line of duty. Black people understand that this is very true -- but not in the way that the lying mass media would have people believe.

The "duty" that these wretched jackels are carrying out is to keep the niggers in check; the peace that they are charged with keeping is the peace of the power structure, the peace of the Bank of America and General Motors. To perform their duty, they must necessarily disturb the peace of black people. In fact, black people have had no peace since the first day they sat foot on this bloody Babylonian soil called America. Peace is what black people seek, what they are determined to have. Peace is what is being witheld from black people.

Huey Newton is a child of Malcolm X. Malcolm said that we will get our freedom by any means necessary, and 20,000,000 black people heard his voice and concur in his message. Huey Newton heard Malcolm's voice and understood his message. 20,000,000 black people heard Malcolm's message and that same 20,000,000 feel exactly the same way about it as Huey Newton feels.

20,000,000 black people say that the cops are down wrong from the get-go and that Huey Newton is right. 20,000,000 black people say that Huey is not guilty of any crime, that he is now being held as a political prisoner, and they want him set free. We know that white people, the majority of them, neither understand this nor do they believe that black people really mean this. Some white people understand this, know it to be true and just, and they back black people up in their just demands for liberation and an end to the terror.

Huey Newton's case is the showdown case. It marks the end of history. We cannot go a step beyond this point. Here we must draw the line. We say that we have had enough of black men and women being shot down like dogs in the street. We say that we have had enough of cops being set free with a verdict of justifiable homicide. We say that black people in America have the right to self defense. Huey Newton has laid his life on the line so that 20,000,000 black people can find out just where they are at and so that we can find out just where white America is at.

We have reached the point in history where we must claim that a black man, confronted by a bloodthirsty cop who is out to take his life out of hatred for the black race, has a right to defend himself -- even if this means picking up a gun and blowing that cop away. Make no mistake about it: that is where we are at today. A cop is nothing but a man in a uniform. Through their propaganda and brainwashing of the people they have us believing that there is something supernatural or special about a cop. A cop is a human being just like anybody else, he came into the world just like anybody else, and he can leave this world just like anybody else.

Every week, from every corner of America, we hear the reports of how some cop has shot and killed some black man, woman or child. We are sick and tired of hearing such news and we don't want to hear any more. The only way that is can be from now on is that there will be no more reports of black people being massacred or we want to hear more reports about more dead cops shot down by black men. There can be no two ways about it, there can no longer be a double standard, one for black people and one for white people one for cops with

"The Spirit of The People is Greater Than The Man's Technology"

continued on page 3, col. 4

Figura 20. Portada de *The Black Panther: Black Community Intercommunal News Service* Vol. 1 nº 6 (November 23, 1967) «HUEY MUST BE SET FREE!» con fotografía de Huey P. Newton entronizado apelando a sus raíces africanas por Blair Stapp que se hará emblemática. Fuente: Smithsonian, National Museum of African American History and Culture.

la tensión de la comunidad negra con los políticos corruptos y los maltratadores agentes de policía. Douglas sabía mostrar el contraste entre la visión esperanzadora del movimiento Black Power en aras del bienestar de la comunidad, frente a la brutalidad policial y la política exterior imperialista con la guerra de Vietnam como prolongación del colonialismo occidental (DUNCAN, 2016; TOMMASINO, 2021b).

2.2 "I'M BLACK AND I'M PROUD"

La música ha servido para elevar los corazones de los afroamericanos y reforzar sus vínculos comunitarios desde los días de la esclavitud hasta la era de los derechos civiles. La música les ha proporcionado consuelo, desahogo y valor. En concreto las canciones protesta denunciaban situaciones inhumanas convirtiendo el dolor existencial en poesía, o daban energías a sus reivindicaciones entrelazándose con la historia del país. Espirituales, baladas y canciones poderosas han retratado a sucesivas generaciones, fueron emblemáticas en su momento y se recuperaban con posterioridad resistiéndose a desaparecer: si los jóvenes seguían las últimas tendencias, sus padres y abuelos aún entonaban las canciones de su tiempo conviviendo en una polifonía de voces.

Remontándonos hasta mediados del siglo XIX, un esclavo llamado Wallace Willis, que trabajaba en una plantación de algodón de Oklahoma, compuso una sencilla canción espiritual para expresar la esperanza de un futuro mejor recordando la historia bíblica del profeta Elías: «Swing Low, Sweet Chariot» fue interpretada y grabada por primera vez por los Fisk Jubilee Singers y alcanzó una repercusión enorme. En los albores del siglo XX, «Lift Every Voice and Sing» de James Weldon Johnson era un mensaje de resistencia que pide a los coros libertad y unidad: *Ring with the harmonies of liberty... Let us march on till victory is won.* A menudo denominado el «Himno Nacional Negro», esta canción melodiosa representa la nobleza y las aspiraciones de un pueblo. Poco después el reverendo

Figura 21. El reverendo Martin Luther King, Jr. se dirige a una multitud en Lakeview, Nueva York, durante su gira por Long Island en el condado de Nassau el 12 de mayo de 1965. Detrás suyo, una pancarta con el lema «WE SHALL OVERCOME» que remite a la canción de gospel. Fuente: CORE, The Congress of Racial Equality.

Charles Albert Tindley compuso en Filadelfia un gospel inolvidable, «We Shall Overcome», que sonaría décadas después en la Marcha sobre Washington y en el funeral de Martin Luther King donde fue cantada por más de cincuenta mil personas **(figura 21)**.

En 1939, Billie Holiday interpretó la canción compuesta por Abel Metropol «Strange Fruit» para denunciar el supremacismo y los linchamientos en los estados del Sur: Black bodies swinging in the southern breeze... Strange fruit hanging from the poplar trees... La evocación de los negros ahorcados en los árboles y asesinados impunemente resulta hoy tan estremecedora como entonces (MORGAN, 2020). Pero por encima de cualquier otra voz negra, la reina del gospel Mahalia Jackson hizo historia cuando cantó «How I Got Over», himno de Clara Ward originario de 1951, en la Marcha sobre Washington y en presencia de Martin Luther King el día que pronunció su discurso «I Have a Dream» frente a una multitud de doscientas cincuenta mil personas, televisado en 1963 para toda Norteamérica. El año siguiente Sam Cooke compuso «A Change is Gonna Come» después de que le rechazaran en un hotel para blancos; sería su obra maestra y no dejaría de sonar aunque Cooke murió aquel mismo año, la prueba de que cada conquista social obtenida solo era un paso adelante de una lucha más prolongada y ningún avance podía ser definitivo. Nina Simone lo recordaba en «Mississippi Goddam», canción que rememora los crueles asesinatos de Emmett Till y Medgar Evers, así como el atentado con bomba en la Iglesia Baptista de la calle 16 en Birmingham, Alabama: *All I want is equality... For my sister, my brother, my people and me.*

The Staple Singers eran un grupo de gospel que pasó de cantar en la iglesia durante los oficios religiosos a dar conciertos multitudinarios. Su canción «Freedom Highway» proporcionó la banda sonora del movimiento por los derechos civiles en 1965 justo cuando las reivindicaciones se volvieron más apremiantes; una clara evocación de los Freedom Riders y otras marchas por carretera: *We're marching freedom highway... And we're not gonna turn around.* Aretha Franklin versionó «Respect» de Otis Redding en 1967 convirtiéndolo en un himno del movimiento feminista que también podía identificar a las personas de color (DENNIS, 2021). Cuando James Brown lanzó «Say It Loud. I'm Black And I'm Proud» en el 68, era el momento adecuado para convertirse en un auténtico hito, un furioso tema que reclamaba el empoderamiento de los negros y marcó el ritmo del movimiento Black Power. En 1971, Gil Scott Heron compuso «The Revolution Will Not Be Televised» acompañada de bongos en respuesta a «When The Revolution Comes» de The Last Poets el año anterior. Pero Marvin Gaye dio en la diana con «What's Going On» que significaba un punto de inflexión en su carrera, pasando de las baladas románticas al compromiso político y social sin dejar de ser armonioso.

Todas estas canciones acabaron sonando en las emisoras convencionales y entrando en las listas de grandes éxitos, pero cuando la integración era poco menos que una utopía, los afroamericanos debían escuchar sus propias emisoras o programas específicos al margen de la industria, la llamada Radio Negra que operaba de manera similar a las publicaciones negras reflejando su cultura con mayor inmediatez y veracidad. Entre 1948 y 1950, el programa

Figura 22. Richard Durham trabajando en su programa de radio *Destination Freedom* en WMAQ que lo llevó a enfrentarse varias veces con los ejecutivos de la NBC por el enfoque reivindicativo de los guiones. Fotografía cortesía de Sonja Williams y Clarice Durham. Fuente: WTTW News.

Destination Freedom se emitió en WMAQ, una estación local de la NBC en Chicago (SAVAGE, 1999: 263-5). Su director Richard Durham pretendía dar a conocer las figuras históricas afroamericanas y sus contribuciones a la democracia estadounidense. Tertulias, debates, noticieros, Durham era un divulgador que deseaba presentar una narrativa positiva de la historia afroamericana en una época en que los negros solo aparecían en los medios reducidos a roles estereotipados y muchas veces negativos **(figura 22)**.

El primer programa de Destination Freedom el 27 de junio de 1948 arrancó con el gospel «Oh, Freedom» recordando la esclavitud: And before I'd be a slave, I'd be buried in my grave and go home to my Lord and be free. En el bloque siguiente recordaron la biografía de Crispus Attucks, un esclavo que escapó de su amo y se considera la primera víctima de la Revolución Americana: «Soy mi propio amo», decía con orgullo. Durham solía discutir con los ejecutivos de la NBC a causa del enfoque militante del espacio. Sus guiones eran revisados y devueltos con tachaduras y correcciones para rebajar el tono. En una ocasión las modificaciones fueron tan sustanciales que escribió una carta airada a los directivos de la cadena: «trato de retratar a los negros como realmente son... un negro será rebelde, mordaz, desdeñoso, enojado, engreído, según lo requiera la ocasión, no siempre humilde, manso, dócil, como algunos quisieran» (LAWRENCE-SANDERS, 2018). Aquel punto de vista se consideraba radical entonces. El capítulo «Railroad to Freedom» dedicado a Harriet Tubman el 4 de julio de 1948 se abría con «Go Down, Moses», otro gospel: Let My People Go!, decían los coros insistentemente. Harriet fue golpeada en la cabeza con una barra de hierro al interponerse entre su amo y un esclavo a punto de ser azotado, luego rezó a Dios pidiéndole: «Si no puedes cambiar a los amos, mátalos». Los capitostes de la WMAQ estaban tan indignados que cancelaron el programa y lo continuaron poco después con el mismo nombre para contar historias de patriotas blancos.

Estas eran las dificultades a las que se enfrentaban los creativos y productores de radio negra entre los años 40 y 50. Las canciones espirituales a menudo hablaban directa o indirectamente de la esclavitud, la libertad, la opresión, las injusticias, el odio, el maltrato, apoyándose en pasajes bíblicos pero aludiendo evidentemente a la historia del país antes de la Guerra de Secesión y perpetuada por las leyes Jim Crow. La mayoría de la audiencia no quería saber nada del asunto, les rechinaban los oídos cada vez que mencionaban la esclavitud como una lacra, bien porque se sintieran aludidos como los blancos sureños, bien porque les resultara un tema incómodo y creyeran que no les concernía. La música negra de los diferentes estilos tendrá por delante un camino muy duro hasta penetrar en las grandes emisoras con efectividad y calar en el público masivo.

Aparte del gospel, tradicionalmente la música blues se inscribe en una larga historia cultural en la que las comunidades negras han buscado crear conciencia y protestar contra la miseria y la segregación racial, las cárceles y los abusivos campos de trabajo. En la tradición abolicionista, los intérpretes de blues han querido terminar con la pobreza y las instituciones penitenciarias donde han acabado injustamente tantísimos negros. Ya desde principios del siglo XX hubo músicos radicales que denunciaron la explotación económica de los negros y las leyes Jim Crow después de la esclavitud, la Guerra Civil y el colapso de la Reconstrucción en el Sur. El blues ayudó a las comunidades como una herramienta de cohesión social frente al resurgimiento del supremacismo blanco. Los episodios de violaciones y linchamientos, las argucias legales para controlar y someter a los negros fueron en aumento durante la década de 1920 obligando a los heterodoxos a expresarse desde la clandestinidad por medio de críticas soterradas que no podían ser explícitas: las canciones usaban la metáfora para expresar sus denuncias de manera subrepticia como una forma de insurgencia (ROANE, 2017). «Broke Man Blues» de James Arnold hablaba de la pobreza en general cuando mencionaba una vieja choza cayendo: *Well I dreamed last night mama, that my old shack was falling down...* Lightnin' Hopkins hablaba de la cárcel en «I Work Down on the Chain Gang» como perpetuadora del orden social injusto y motor especulativo a costa de los negros: *I said, 'Please don't drive me too hard, I'm an old man'... He say, 'You look like a man who would kill your mother'* En líneas generales, las canciones de blues eran gritos desgarradores en una sociedad hostil con los negros, abocados a una vida infeliz de trabajo extenuante, ruina y muerte, donde solo quedaba esperar una intervención divina para erradicar el mal y paliar su dolor. La necesidad de libertad y la fortaleza espiritual preceden al ansia de transformación social.

Con estos antecedentes, es evidente que la música negra iba mucho más allá de su carácter lúdico, siempre se ocupó de comunicar un mensaje de protesta. El gospel en las iglesias, el blues plasmando la América rural opresiva y enferma, cuando llegue la década de los 60 aparecerán nuevos estilos, el soul y el funk, al mismo tiempo que el movimiento por los derechos civiles evolucionaba del pacifismo al activismo radical: «Am I Black Enough for You» de Billy Paul y «Message from a Black Man» de las Temptations darán una banda sonora al movimiento Black Power. Al final podemos referirnos a una «música Black Power» en paralelo a la canción protesta con mensaje político que sonaba en el mismo periodo (RABAKA, 2022).

Pero hablar de música negra es hablar, inevitablemente, de Aretha Franklin y James Brown. El legado político de Aretha Franklin se entrelaza con el movimiento por los derechos civiles pero también con una lacra social de dominación masculina, discriminación de género y machismo estructural: violencia sexual, abuso infantil e incesto en las vidas de niñas y mujeres negras a lo largo del tiempo. Muchos historiadores han proporcionado relatos detallados de las violaciones cometidas por hombres blancos a sus esclavas o en asaltos infames con total impunidad. Luego, el falso mito del violador negro sirvió para justificar incontables partidas de linchamiento en el Sur. Pero la amenaza de violación fue lo que impulsó a incontables mujeres negras a huir del campo y abrirse camino en la ciudad durante la «Gran Migración» a principios del siglo XX, encontrando trabajo como empleadas domésticas y sirvientas en hogares blancos donde, al final, seguirán siendo víctimas. La vida de Aretha Franklin encaja en ese mismo patrón lamentable: violada por primera vez con tan solo doce años, su cuerpo se volvió disponible para los adolescentes y hombres de su entorno incluyendo celebridades del *rhythm and blues* como Sam Cooke. El padre de Aretha dejó embarazada a una niña, Mildred Jennings, antes de trasladarse con su familia de Memphis a Detroit. Pastor de una congregación religiosa, multitud de músicos negros acudían a su iglesia y frecuentaban su casa: B.B. King, Billy Preston, James Cleveland o Ray Charles, amén de su estrecha amistad con el reverendo Martin Luther King. Todos eran testigos del maltrato constante a su amante, la cantante de gospel Clara Ward, que recibía palizas en su presencia. Aretha Franklin usaba sus apariciones en las revistas *Jet* y *Ebony* como un modo de enmascarar la violencia doméstica que sufría ocultándola tras una fachada de éxito y respetabilidad (ZELLARS, 2018). Solo conociendo sus circunstancias personales podemos interpretar su poderosa canción «Think» como un anhelo íntimo de libertad para escapar de la infelicidad además de un himno social que se relacionaba con los derechos civiles: *Think about what you're trying to do to me... Freedom! Oh Freedom!*

El mismo año en que Aretha Franklin lanzaba «Think», James Brown sacudió el país con «Say It Loud». En agosto de 1968 Norteamérica pasaba por un periodo sumamente convulso con los asesinatos de Martin Luther King y Bobby Kennedy, meses después de que la violencia racial estallara en Chicago, Baltimore y Washington. El público sintió la catarsis al escuchar la voz atronadora del que sería indudablemente el himno definitivo del movimiento Black Power. Solemos considerar la música negra como un bálsamo para sanar las heridas de los afroamericanos y sus traumas, un remedio curativo, un consuelo o una válvula de escape; «Say It Loud» no era nada de eso, sino una verdadera exhibición de orgullo racial. En las décadas anteriores a los medidores de audiencias Nielsen en los servicios de transmisión, las listas de éxitos normalmente se confeccionaban al comprobar las ventas en las tiendas de discos, pequeños negocios familiares en las comunidades y barrios negros, así como los registros de emisión en las estaciones de radio locales. Los disc-jockeys negros estaban atentos a las peticiones de los oyentes, pero también estaban en deuda con los gerentes de las estaciones de radio, sus propietarios, los anunciantes y las compañías discográficas, así que no podían pinchar las canciones que quisieran sino que cumplían con el compromiso adquirido. Sin embargo y contra todo pronóstico, en marzo del 68 «We'e a Winner» de The Impressions encabezó las listas de éxitos del soul. El grupo había compuesto «People Get Ready» y «Keep on Pushin» con un claro mensaje de orgullo racial, pero su nuevo tema era mucho más desafiante y estaba en la onda de las consignas del SNCC y el Black Panther Party. Su cantante Curtis Mayfield contaba que algunas emisoras de radio se negaron a poner la canción por su tono exaltado y militante. Aquel mismo mes apareció el clásico

Figura 23. James Brown, apodado «Mr. Dynamite» por su energía arrolladora, cantando en el Madison Square Garden, fotografía de Walter Iooss Jr. Fuente: The New York Times.

«(Sittin' On) The Dock of the Bay» de Otis Redding a título póstumo, que se mantuvo en el número uno tres semanas consecutivas. Poco después, tras el asesinato del Dr. King en Boston, Brown alcanzó el número uno del Billboard con «I Got the Feelin». El *New York Times*[12] escribió en junio. «Para los blancos, James sigue siendo un gruñido poco convencional, un grito al final del dial. Para los negros, él es el jefe, el único hombre en Estados Unidos que puede parar una revuelta racial y enviar a la gente a casa para ver la televisión» (GEORGE y LEEDS, 2008: 39) **(figura 23)**.

Esa temporada continuaron apareciendo grandes éxitos musicales que encajaban con el espíritu Black Power: el mencionado «Think» de Aretha Franklin, «Grazing in the Grass» de Hugh Masekela, «Stay in My Corner» de The Dells y «You're All I Need to Get By» de Marvin Gaye y Tammi Terrell. Entretanto, el poeta Nikki Giovanni publicó sus antologías *Black Feeling, Black Talk* y

12 «Does He Teach Us the Meaning of "Black Is Beautiful"?», *N.Y. Times*, June 9, 1968

Black Judgment mientras Don Lee publicaba *Black Pride* tomando prestados elementos del funk emergente para dotar de ritmo a sus versos (NEAL, 2018). Aretha Franklin interpretó «Precious Lord» en el funeral de Martin Luther King. Un movimiento sísmico que precedió al terremoto que supondrá «Say It Loud. I'm Black and I'm Proud» de James Brown.

Algunos todavía dudaban del compromiso racial del músico y sus vínculos con la comunidad insinuando que se trataba de un «Tío Tom» amigo de los blancos. Un lector afroamericano del *Baltimore Sun* envió una carta al periódico donde preguntaba: «Si James Brown es tan conmovedor, ¿por qué todavía usa ese *konk* en el cabello?» Se refería al alisador de pelo que le recomendó su estilista, lo que Brown llamaba diplomáticamente un «afro procesado» (SMITH, 2012: 206). Y aunque nunca llevó el pelo afro, sí escribió la canción «How You Gonna Get Respect (When You Haven't Cut Your Process Yet)» para su colega Hank Ballard: *Just being your natural self... So get that mess out of your hair and wear your natural do... respect gonna come to you.* «Say It Loud» se grabó el 7 de agosto unos días después del tiroteo contra tres Panteras Negras, Steven Bartholomew, Robert Lawrence y Thomas Lewis[13]. Brown sentía la presión de los activistas que decían que no era lo bastante negro y había emisoras de radio como KGFJ en Los Ángeles que se negaban a pinchar sus canciones. Fue después de su gira otoñal cuando la canción se encumbró como un himno inapelable (SIMPSON, 2004: 133; MAULTSBY, 2015a: 285 y 2023). El reverendo C.L. Franklin, el padre de Aretha, pronunció un sermón en la iglesia baptista New Bethel de Detroit elogiando «Say It Loud. I'm Black and I'm Proud» como un canto a la autodeterminación y el amor propio: el tema quedó bendecido para siempre.

La música Black Power tenía su estandarte.

13 «10 Panthers, 5 Police Killed In Clashes Is Paper's Probe Findings», *Desert Sun*, vol. 43 nº 124, December 29, 1969

2.3 MOTOWN RECORDS Y HENDRIX

Además de sonar exquisitamente y tener un ritmo bailable, el funk y el soul expresaban el pensamiento negro: amar, aceptar a los demás y ser aceptados, empoderar a las personas negras para que puedan ser ellas mismas con total libertad. No era un discurso almibarado, era la otra cara del movimiento Black Power: desafiantes con sus enemigos, pero entregados a su comunidad, familiares y vecindario, plenos de amor y auténtica camaradería. Recordemos que los Black Panthers vigilaban el barrio con sus escopetas para mantener a raya a los policías, mientras al mismo tiempo daban desayunos gratis a los niños antes de ir a clase y estaban dispuestos a plantarse allí para defenderlos si sabían que un niño negro estaba siendo maltratado en la escuela. El amor siempre estuvo presente.

«Mighty Mighty» de Eart, Wind and Fire suele asociarse con el movimiento Black Power. Alienta a los negros a mantener la esperanza, difundir el amor y sacar lo mejor de sí mismos incluso en las situaciones más adversas: *We are people, of the mighty... Mighty people of the sun. In our heart lies all the answers.* Charles Wright compuso «Express Yourself» animando a los negros a expresarse de corazón y como quisieran sin importar la opinión de los demás, un canto a la libertad en una época en que muchos querían silenciar las voces disidentes. Cuando Fred Hampton, el Pantera Negra víctima de los tejemanejes del FBI, acababa de morir en 1971 a manos de la policía, los Chi-Lites se pusieron a trabajar inmediatamente en su álbum *For God's Sake (Give More Power to the People)* para poder lanzarlo en cuestión de semanas y responder a la brutalidad; el duelo de los Black Panthers, su rabia y angustia, hicieron que la banda se posicionara para prestarles apoyo en su peor momento (VINCENT, 2013a: 133-4).

«Smiling Faces» de The Undisputed Truth hablaba acerca de la traición, pero leyendo entre líneas comprobamos que se refieren concretamente a la traición de los liberales blancos que incumplían las promesas que hicieron a los líderes negros para conseguir la plena integración y acabar con la violencia racial. Habla de la hipocresía y la doble moral de los blancos con el mismo tono de decepción que Martin Luther King cuando escribió «Carta desde la cárcel de Birmingham» años atrás. Fue la primera canción Black Power en llegar al Top-10 (ECHOLS, 2002: 163-4). Entretanto, Isaac Hayes era la encarnación del Poder Negro personificado; con su voz profunda, su personalidad magnética y su seguridad en sí mismo, transmitía vigor incluso si sus canciones no eran abiertamente políticas. En su disco *Hot Buttered Soul*, versionó el tema «Walk on By» de Dionne Warwick haciéndolo propio: en sus manos el sufrimiento íntimo se volvía sensual y cobraba una nueva dignidad. Hayes fue amigo personal del Dr. King y a su muerte decidió que buscaría el éxito para tener una plataforma y marcar la diferencia. Era importante conquistar un espacio de visibilidad y salir de los márgenes para irradiar al resto de la comunidad la energía necesaria para seguir adelante (SULLIVAN, 2011a; LORDI, 2019; LIVELY, 2020).

Para Norteamérica entera, Motown fue la discográfica que puso la música negra en el mapa. Desde que Berry Gordy Jr. abrió su negocio en el centro de Detroit el 12 de enero de 1959, se dedicó en cuerpo y alma a levantar la empresa ignorando las escasas probabilidades de éxito y la nula confianza de sus detractores. Aquel negocio cambió la cultura contemporánea y transformó la sociedad estadounidense: Smokey Robinson, The Four Tops, The Marvelettes, The Temptations, The Supremes, Marvin Gaye, Stevie Wonder, The Jackson Five. Todo el mundo conocía las canciones y las tarareaba: «Please Mr. Postman», «Heat Wave», «Where Did Our Love Go», «My Girl», «What's Going On»... Pensaran lo que pesaran de su color de piel, no cabía ninguna duda de que tenían una voz maravillosa: cantaban como los ángeles. Motown no solo dominó las listas de éxitos durante más de una década; mientras las manifestaciones por los derechos civiles pedían el fin de la segregación, Berry Gordy Jr. llevó los rostros afroamericanos a los hogares de todo el país: sus radios, sus televisores, sus revistas, hasta conquistar inevitablemente sus corazones (MURPHY, 2022).

La industria musical ofrecía pocas oportunidades a los artistas negros que soñaban con hacerse un hueco en el negocio del entretenimiento. Antes de que Lyndon Johnson aprobara finalmente la Ley de Derechos Civiles que prometió Kennedy, la discriminación racial aún no era un delito y la mayor parte del territorio seguía estando segregado. Gordy experimentó él mismo los prejuicios y la discriminación incluso siendo el presidente de una próspera compañía discográfica: «Cuando iba a las estaciones de radio blancas para que pusieran mis discos, se reían de mí», recordó en una entrevista[14] para *Vanity Fair* (ROBINSON, 2008). Naturalmente había buena música negra y extraordinarios intérpretes de *rock'n roll* y *rhythm and blues*: Chess en Chicago, Atlantic Records en Nueva York, Stax Records en Memphis... pero Motown era la única empresa dirigida por un negro. Sus detractores acusaban a Gordy de suavizar las canciones y diluir el carácter étnico pero él solo pensaba en llegar al mayor público posible: «Quería canciones para los blancos, los negros, los judíos, los gentiles... Quería que todos disfrutaran con mi música (BROWN, 2016). Montó su negocio con apenas ochocientos dólares que pidió prestados a su familia. Al principio contaba con los mínimos recursos: convirtió su garaje en un estudio de grabación y la cocina en la sala de control. Vivía con su mujer en el piso de arriba en el 2648 de West Grand Boulevard; en la fachada, puso un rótulo que plasmaba su sueño: Hitsville USA. La empresa se llamaba Tamla Records. Luego la rebautizó Motown en homenaje a su ciudad, ya que Detroit se denominaba «Motor Town» por su industria automovilística; un día se hablará del Sonido Motown por su estilo indiscutible. Tenía treinta años, había sido boxeador hace mucho tiempo, combatió en Corea, trabajó en una fábrica de coches y tenía cierta experiencia escribiendo canciones. Por encima de todo, era ambicioso y quería dejar huella. También era un idealista **(figura 24)**.

A principios del siglo XX, los «race records» («discos de raza») por y para afroamericanos ofrecían una oportunidad a los artistas de color con sellos como Black Swan y Black Patti. En los años 20, el jazz se abrió camino y de alguna manera milagrosa, blancos y negros bailaban juntos los sincopados temas de Count Basie o Duke Ellington. Benny Goodman montó una *big band* con músicos blancos y negros, un audaz ejemplo de integración, que actuaban por todo el país y sonaban continuamente en las emisoras de radio. En la

14 «It Happened in Hitsville», *Vanity Fair*, vol. 50 nº 12 (580), December, 2008, pp. 304-315

Figura 24. Berry Gordy Jr. frente a su estudio Hitsville USA en West Grand Boulevard hacia 1964. Foto de Tony Spina. Fuente: Detroit Free Press.

era del swing quedó meridianamente claro que los negros tenían ritmo, luego el *jump blues* abrió el camino para el *rock'n roll* de los 50. Gordy fue compositor y escribió algunas canciones de soul para Jackie Wilson pero a cambio recibió un paupérrimo cheque de solo tres dólares en royalties. Su protegido Smokey Robinson le sugirió que montara su propio estudio y que hiciera las cosas a su manera. Vaya si lo hizo. Recordó lo aprendido en una planta de Ford Motor Company trabajando en la línea de montaje del modelo Lincoln-Mercury aplicándolo a la grabación de música; luchó con uñas y dientes para conseguir mejores condiciones para sus artistas y peleó para que tocaran en clubes tradicionalmente blancos como el neoyorquino Copacabana y los casinos de Las Vegas controlados por los italianos. No tardaron en llegar los Números 1 y compensar la inversión con creces. La revista *Fortune* publicó un artículo[15]

15 «The Motown Sound of Money», *Fortune*, vol. LXXVI nº 4, September 15, 1967, p. 119

titulado «The Motown Sound of Money» aplaudiendo su iniciativa y liderazgo. Incluso se atrevió con el mundo del cine y produjo *El ocaso de una estrella* (*Lady Sings the Blues*, Sidney J. Furie, 1972), un biopic sobre la legendaria Billie Holiday protagonizada por Diana Ross que arrasó en la lista de nominaciones de la academia y cuya banda sonora llegó al Nº 1 del Billboard 200.

En el 62, Marvin Gaye subyugó al auditorio del Teatro Apolo en Harlem, igual que lo harán The Four Tops dos años después. Sin miedo a nada ni a nadie, hasta se atrevieron a ofrecer una gira, la primera Motown Revue, que arrancó en Washington y los llevó por Birmingham y otras ciudades del Sur: «A pesar de la hostilidad y el racismo al que nos enfrentábamos, sabíamos que estábamos llevando alegría a la gente. El público estaba segregado. Los lugares tenían una cuerda en medio del público para separar a los negros de los blancos, pero en seguida la cuerda desapareció y los chicos negros y blancos bailaban juntos con la misma música. Creó un vínculo que resonó en todo el mundo», rememora el promotor (HARRIS, 2021). En verano del 64, «Dancing in the Street» de Martha and the Vandellas se convirtió en un himno por los derechos civiles que sonaba en las manifestaciones pacíficas y en los disturbios raciales indistintamente: *Callin' out around the world... Are you ready for a brand new beat*. «Fue una sensación hermosa, cuando estábamos tan llenos de odio e ira y todos estaban tan inquietos, vimos a la gente unirse, salir de sus coches y bailar una canción, éso significaba que debíamos alegrarnos... El sonido Motown tuvo una influencia enorme en el movimiento por los derechos civiles. No porque marcháramos o desfiláramos; simplemente lo promocionamos a través del amor», recuerda la vocalista Martha Reeves (cit. en HAIDER, 2019) **(figura 25)**.

En primavera del 65, Gordy llevó sus mejores artistas a Reino Unido para grabar un especial televisivo del programa *Ready Steady Go!* presentado por Dusty Springfield: Martha Reeves and the Vandellas, The Temptations, Smokey Robinson and the Miracles, Stevie Wonder, The Supremes y The Earl Van Dyke Sextet actuaron en el show *The Sound of Motown* emitido el 28 de julio de 1965. Treinta años después seguirán vendiéndose vídeos VHS y pasando el show por televisión. Gladys Knight and the Pips copó las estaciones de radio nacionales con «I Heard It Through the Grapevine». «Someday We'll Be Together» de las Supremes sonó en el funeral de Fred Hampton, el Pantera Negra asesinado por la policía de Chicago. En 1970 lanzarán «War» de Edwin Starr, condena cruda de la guerra de Vietnam en la que murieron tantísimos negros por una causa que no tenía el menor sentido: *What is it good for? Absolutely nothing, uhh... It ain't nothing but a heart-breaker... Friend only to The Undertaker.* Motown es historia afroamericana.

Por contraste con el sonido Motown y el estilo lleno de glamour y sentimiento que Gordy implantó en la industria, otros artistas ofrecían una versión mucho más áspera y comprometida con el radicalismo del movimiento Black Power. Sin ir más lejos, el Black Panther Party tenía sus propios músicos: Elaine Brown se unió a los Panthers cuando era una joven estudiante de Los Ángeles, será su Ministra de Información y llegó a liderarlos. Trabajó mano a mano con el compositor de jazz Horace Tapscott para producir su álbum *Seize the Time* de 1969 y su segundo LP *Until We're Free* del año 71 al auspicio de Motown. Escribió «The Meeting», el himno oficial del Black Panther Party: *And his face had the look... Of a man who knew strife.* Emory Douglas, el diseñador gráfico de *The Black Panther: Black Community Intercommunal News Service* y Ministro de Cultura, comprendió el potencial de la música pop para difundir el mensaje revolucionario; oyó cantar a varios compañeros mientras se ocupaban de la distribución semanal del periódico y pensó que podrían unirse y formar una banda, The Lumpen. Sus miembros eran miembros de la organización y trabajaban principalmente apoyando mítines o recaudando fondos para sus actos de protesta y servicios comunitarios: Bill Calhoun, Clark "Santa Rita" Bailey, James Mott y Michael Torrance hicieron versiones de viejas canciones dándoles un tono más radical y compusieron letras nuevas como «Revolution is the Only Solution» y «Old Pig Nixon». El tema «Bobby Must Be Set Free» pedía, obviamente, la pronta liberación de Bobby Seale. Dieron una gira por la Costa Este y contaron con el apoyo de pesos pesados como The Grateful Dead y Santana. La formación, sin embargo, permaneció al margen de la industria discográfica y se limitaron

Figura 25. Martha and the Vandellas hacia 1965, fotografía de James J. Kriegsmann. Fuente: Gordy Recording Artists, Wikimedia Commons.

a ofrecer actuaciones en directo; su único lanzamiento comercial sería el sencillo *Free Bobby Now* en 1970. Su vocalista Michael Torrance consideraba su labor simplemente como una faceta más de sus obligaciones con el partido.

Llegó un momento en que los disc-jockeys empezaron a implicarse con el espíritu Black Power y tomar posiciones. Aparte de sus compromisos con la emisora, los artistas de moda y las canciones más comerciales del Billboard, pincharon por iniciativa propia los temas asociados al movimiento. Según Steven Swartz: «No solo pinchaban los últimos éxitos de soul y el *rythm and blues*; eran activistas de los derechos civiles que ayudaron a organizar proyectos de recaudación de fondos así como campañas electorales, divulgaron información clave sobre las marchas de protesta y se unían a ellas cuando estaban fuera de antena.» En general, convertían su espacio radiofónico en otro punto de encuentro para la comunidad negra y los activistas: «Las canciones que pinchaban, los mensajes entrevelados y la opinión que vertían en las entradillas y locuciones inspiraron y dieron ánimos a sus oyentes» (SWARTZ, s.f., cit. en PETERS, 2014). «Be Black Baby, Be Black» de Grady Tate o «Get Involved» de George Soule defendían el activismo al estilo Black Panther y hasta Marvin Gaye lanzó un tema político, «You're the Man», exigiendo al gobierno programas de bienestar social: *Ooh, people marching on Washington... Wanna hear what they have to say*. Los primeros artistas de hip hop como Last Poets se atrevieron a decir la palabra «nigger» («negrata», el peor insulto a un afroamericano) para remover la conciencia de los negros que permanecían al margen sin unirse al movimiento; también lo hicieron los Watts Prophets en «Take It» de 1971: *And if niggers want freedom, all they got to do is quit cryin' and lyin' and dyin' and just reach out and take it!* Incluso los artistas más célebres aprovechaban la más mínima ocasión para expresar su compromiso: Isaac Hayes escribió la letra de «Soul Man» para Sam and Dave en 1967 después de ver por televisión imágenes de los disturbios raciales en Detroit (VINCENT, 2013b: 115). Allí los vecinos negros marcaron sus domicilios para que se respetaran y no fueran destruidos durante los disturbios: *I'm a soul man, I'm a soul man...*

Y luego estaba Jimi Hendrix. Para muchos el músico más influyente del siglo XX junto a Bob Dylan, su mera presencia hizo muchísimo por la representatividad de los artistas negros alcanzando un fuerte impacto en toda clase de público. Hendrix alcanzó unas cotas tan altas en el medio de expresión que eligió, la guitarra eléctrica, que elevó la música siguiendo la tradición de los intérpretes que le precedieron al mismo tiempo que servía de modelo a los que vinieran después: «Jimi Hendrix ayudó a recordar al mundo que el arte negro no estaba destinado a ser encadenado por el racismo» (WILLIAMS, 2016). Su figura ha quedado inmortalizada desde el mismo momento de su muerte a la edad de veintisiete años por su forma innovadora de tocar la guitarra y su gran personalidad, pero Jimi Hendrix se formó en el ritmo del blues sureño. Tras ser dado de baja en el ejército, se estableció en Clarksville, Tennessee, con su amigo Billy Cox donde formaron The King Kasuals. Como los garitos de la zona no pagaban mucho, se mudaron a Nashville y se convirtieron en la banda residente en el Club del Morocco. Poco después abandonó el grupo y empezó a tocar en el Chitlin Circuit, la red de locales donde tocaban los artistas negros que no eran bienvenidos en lugares «Solo para blancos» debido a la segregación: el Royal Peacock en Atlanta; el Cotton Club, Wilt's Small Paradise y el Teatro Apollo en Nueva York; Robert's Show Lounge, el Club DeLisa y el Regal de Chicago; el Teatro Howard en Washington, D.C.; el Victory Grill en Austin, Texas, a los que se suman otros locales en Filadelfia, Baltimore, Detroit, Jacksonville o Richmond, Virginia.

Hendrix compartió escenario con Chuck Jackson, Slim Harpo, Tommy Tucker, Sam Cooke y Jackie Wilson tocando temas de *rhythm and blues*, robando el protagonismo a grandes figuras como Little Richard. En una ocasión vio a Alphonso "Baby Boo" Young tocar la guitarra con los dientes; en Seattle había visto a Butch Snipes haciendo lo mismo, así que se propuso aprender la técnica: «La idea se me ocurrió en un pueblo de Tennessee. Allí en el Sur tienes que tocar con los dientes o te disparan. Hay un reguero de dientes rotos por todo el escenario...» (CHOWNING, 2010). Se unió a The Imperials, volvió a los King Kasuals y regresó al Chitlin Circuit como músico de apoyo en una gira con Slim Harpo, Carla Lewis, Ironing Board Sam y Nappy Brown.

Linda Keith, la novia de Keith Richards, vio a Jimi Hendrix tocar con su banda en el Cheetah Club de Nueva York. Quedó tan impresionada que llevó a su amigo Chas Chandler, el bajista de The Animals en busca de nuevos talentos para producir discos, a oírlo tocar en el Cafe Wha?. Chas no lo dejó escapar y se convirtió en su representante, el resto es historia. Bien instalado en el Greenwich Village, Chandler se lo llevó inmediatamente a Londres donde fundó The Jimi Hendrix Experience y tocó en el club Bag O'Nails ante John Lennon, Paul McCartney, Eric Clapton y Mick Jagger dejándolos anonadados. Durante un espectáculo en el London Astoria prendió fuego a su guitarra por primera vez: el público enloqueció. La prensa británica le llamó el «Elvis negro» y el «Hombre salvaje de Borneo». Le quedaba por delante la difícil tarea de desenvolverse en un mundillo dominado por intérpretes blancos: «Mientras bandas como los Rolling Stones saquearon los estilos musicales negros y cosecharon críticas elogiosas, se acusó a Hendrix de copiar a artistas blancos como The Who, quienes por supuesto denominaban su propia música como *maximum rhythm and blues* tomando prestado el estilo de los músicos negros estadounidenses, con quienes Hendrix había tocado cuando comenzó su carrera» (DECURTIS, 2015). Es decir, el rock es una evolución del blues y los ritmos negros, pero las superestrellas del momento no lo eran. Aquello hizo que tuviera que lidiar con el escepticismo de los suyos, que lo acusaban de tocar para el público blanco y alejarse del movimiento Black Power, mientras los rockeros blancos se sentían intimidados por su superioridad técnica y se mantenían a distancia (BLAKE, 2014; WATSON, 2017).

Jimi Hendrix se convirtió en un símbolo de transgresión: drogadicto, exhibicionista, promiscuo, taciturno, impredecible. Pese a todo, se esforzó por reforzar vínculos con otros artistas negros: se hizo amigo de Miles Davis que lo animó a experimentar con su sonido; formó el trío de funk Band of Gypsys y participó en una sesión improvisada con Buddy Miles y Jalal de Last Poets que sonaba como un disco de rap temprano con recitativos y un aire retador arrogante; actuó en el Symphony Hall en Newark para pedir el cese de los disturbios tras el asesinato de Martin Luther King y le dedicó una canción que hizo llorar a todos los asistentes; dio un espectáculo gratuito en Harlem en beneficio de la United Block Association antes de tocar en Woodstock (WASHINGTON, 2016).

Iconoclasta hasta el tuétano, Hendrix tenía también un lado más reflexivo que dejó ver en varias entrevistas. «La raza no es un problema en mi mundo. No veo las cosas en términos de raza. Veo las cosas en términos de personas. No estoy pensando en negros o blancos. Estoy pensando en lo obsoleto y lo nuevo. No es un problema de color, no hay blanco y negro. La frustración y los disturbios que vemos hoy en día tienen que ver con problemas más íntimos. Todo el mundo libra una guerra en su interior y se manifiesta como una guerra contra los demás. Se autojustifican cuando justifican a otras personas en su lucha por la libertad. Eso es todo» (cit. en STARKEY, 2022) **(figura 26)**. Inconformista, entendía los objetivos Black Power pero no le interesaba formar parte del movimiento: «No es que no me relacione con las Panteras Negras. Naturalmente, me siento parte de lo que hacen en ciertos aspectos. Alguien tiene que movilizarse y nosotros somos los que más sufrimos en lo que se refiere a paz mental y convivencia. Pero no estoy a favor de la agresión o la violencia o como quieras llamarlo. No apoyo la guerra de guerrillas, arrojar cócteles molotov y romper escaparates. Así no consigues nada. Sobre todo en tu propio barrio.» Sin embargo, sí que simpatizaba con la causa a nivel profundo: «Al menos espero dar coraje a los que luchan a través de mis canciones. Experimento cosas diferentes y lo que descubro trato de transmitirlo a través de la música. Esta canción que estoy escribiendo está dedicada a las Panteras Negras y no tiene un mensaje racial sino que representa lo que estamos pasando. Ellos deben ser un símbolo a los ojos del *establishment*. Deben ser algo legendario.» Aquella canción era «Voodoo Child (Slight Return)».

2.4 SOUL TRAIN Y P-FUNK

Cuando era limpiabotas en el Roseland State Ballroom de Boston, un joven Malcolm X lustró los zapatos de Duke Ellington, Count Basie, Lionel Hampton y otros grandes. Llegó a tocar la batería en pequeños locales bajo el nombre artístico de Jack Carlton mientras vivía en Detroit. Al unirse a la Nación del Islam en prisión, escribió una carta a un compañero musulmán hablándole de su amor por el jazz y sus efectos reconfortantes: «Mi favorita es Dinah Washington. Ella sigue siendo la mejor» (AIDI, 2015). Sus documentos personales, diarios y anotaciones, están repletos de referencias a músicos de la talla de Thelonious Monk, Duke Ellington o la cantante Dakota Staton. En uno de sus discursos recalcó la importancia de la música para la liberación de los negros: «La única parcela en la escena estadounidense donde el hombre negro ha tenido la libertad de crear. Y la ha dominado» (HEBLE y CAINES, 2015: 350).

Desde luego que sí. Cuanto más profundizamos, más llegamos a la conclusión de que la música negra y la política están entrelazadas y no pueden comprenderse por separado. El mito de que Motown estaba ideológicamente al margen de la política y apostaba por la estética del integracionismo, el glamour y la complacencia de las revistas *Jet* y *Ebony*, es una completa falacia. En 1969, tres empleados de Motown en su oficina de Los Ángeles convencieron a Berry Gordy para producir discos que reflejaran las voces políticas de la América negra. Gordy apoyó el lanzamiento del sello Black Forum dedicado a recopilar grabaciones sonoras de discursos históricos. Entre 1970 y 1973 publicaron *Why I Oppose the War in Vietnam* de Martin Luther King, *Free Huey* de Stokely Carmichael, *Writers of the Revolution* de los literatos Langston Hughes y Margaret Danner, el desgarrador *Guess Who's Coming Home* con testimonios reales de los soldados afroamericanos destinados en Vietnam, así como el álbum de baladas revolucionarias *Until We're Free* de Elaine Brown, dirigente del Black Panther Party (VINCENT, 2012). Ninguno de los discos fue un éxito de ventas, pero ayudaron a perpetuar las voces del movimiento.

Para la mayoría de los estadounidenses, el mejor modo de acercarse a la música y la cultura negra era el programa de televisión *Soul Train*. Su presentador y principal artífice, el magnético Don Cornelius, hizo famosa en todo el país la coletilla «Love! Peace! and Soooooouuuuuul!» («¡Amor, paz y soooooouuuuuul!») que no paraba de repetir con vehemencia contagiosa. Cornelius, pareja de

Figura 26. Jimi Hendrix en su piso en el 23 de Brook Street, Londres, donde vivía con su novia Kathy Etchingham. Fotografía de Barrie Wentzell. Fuente: Newsweek.

Figura 27. Ambiente habitual del programa de televisión Soul Train en 1972, fotografía de Michael Ochs. Fuente: Entertainment Weekly.

la estrella de cine *blaxploitation* Pam Grier, era un verdadero dandy, un hombre sumamente atractivo y carismático. Ropa Day-Glo de colores chillones, buenas vibraciones y funky eran marca de la casa. *Soul Train* era un programa sindicado que se emitía en canales de televisión local a lo largo y ancho de Norteamérica cosechando un éxito enorme de costa a costa. Antes, la cadena WCIU-TV de Chicago lanzó una versión primigenia con patrocinio de Roebuck Company y los almacenes Sears. Jerry Butler, los Five Stairsteps y los Chi-Lites actuaron en el primer programa, Syl Johnson y Gene Chandler en el segundo. *Soul Train* supo sacar provecho del talento local contando con artistas de la ciudad y sirvió como plataforma para músicos emergentes haciendo que llegaran a un público más numeroso; con el tiempo, hasta los artistas más célebres ganaban prestigio al aparecer en el programa. *Soul Train* dio el salto nacional en octubre de 1971 con actuaciones de Honey Cone, Gladys Knight and the Pips y Eddie Kendricks que iniciaba su carrera en solitario tras una década en The Temptations (NEAL, 2021). Por encima de todo, lo que fascinó a los telespectadores era la energía de los adolescentes que bailaban en el plató a pie del escenario, un ambiente de alegría y sana diversión que parecía emanar de la pantalla. Era como la versión afro de *American Bandstand* de Dick Clark, una fiesta juvenil Black Power **(figura 27)**.

La música negra llegó a la cima del delirio, la extravagancia y los ritmos bailables con el denominado P-Funk, un sonido totalmente acorde con el espíritu de su época, finales de los 60 y principios de los 70. George Clinton creó un particular estilo combinando el funk con el rock psicodélico del momento que ofrecía efectos ensoñadores para expandir la mente. Sus letras combinaban el afrofuturismo, versos alocados, caprichosos o absurdos y referencias culturales en un cocktail ecléctico. El colectivo P-Funk estaba formado por las bandas Parliament, Funkadelic y otros proyectos paralelos en los que participaban sus miembros. Clinton había comenzado a tocar durante su adolescencia en Newark y Plainfield, Nueva Jersey; luego formó su primera banda, The Parliaments, a mediados de los 50. Cuando viajaron a Detroit, Gordy le contrató como compositor de Motown. En el 67, The Parliaments lanzaron un sencillo antes de dar el salto a la fama. Poco después y debido a ciertas disputas legales con la discográfica Revilot Records, Clinton perdió los derechos sobre el nombre del grupo y empezaron a llamarse Funkadelic para fichar por Westbound Records. Además, aprovechó el cambio de estatus para abrazar una mayor libertad creativa y expandir su sonido llevándolo a nuevos registros. Como su situación económica era bastante modesta, Clinton y sus amigos montaron una estructura organizativa que funcionaba a modo de colectivo, permitiendo a unos y otros intervenir en diferentes bandas, grabaciones y conciertos (MAULTSBY, 2015b: 314-5).

Lo más llamativo es que desarrollaron una especie de filosofía o mitología P-Funk a lo largo de la década, que proporcionaba un nexo común y cohesionaba los diferentes proyectos. Desde su álbum homónimo *Funkadelic*, sus temas van a incluir clones, naves espaciales, extraterrestres, dioses, mundos fantásticos, ondas de radio surcando la galaxia y demás conceptos propios de la ciencia-ficción que formaban una cosmología extraña y ultraterrena. Clinton

Figura 28. George Clinton y su banda Parliament actuando en el Ungano's Night Club de Nueva York en 1969, fotografía de Michael Ochs. Fuente: The Guardian.

interpretaba el papel de Dr. Funkenstein, una especie de gurú espiritual justo en el centro de aquel relato lisérgico y carnavalesco donde bailar música funk servía para alcanzar el pleno potencial espiritual y fundirse con el universo (BOLDEN, 2016: 11; WRIGHT, 2016: 36-9) (**figura 28**). El P-Funk se inspiraba en tropos de la cultura popular como los dibujos animados, leyendas urbanas y las visiones provocadas por el consumo de estupefacientes y alucinógenos como el LSD. Los miembros de Funkadelic vestían disfraces confeccionados con telas brillantes, accesorios metálicos, pelucas y pieles: en la portada del álbum *Mothership Connection*, el Dr. Funkenstein saltaba de un platillo volante, elemento de atrezzo que les acompañó durante sus giras. A partir del quinto LP contrataron al artista Pedro Bell para que realizara las portadas y diseños de sus discos. Su grafismo remite a los comix underground con un aire provocador y gamberro repleto de robots, marcianos, astronautas y chicas esculturales. En «Mothership Connection (Star Child)» la letra invita a zambullirse en este cosmos sideral estrambótico y divertido: *Starchild, citizens of the universe, recording angels... We have returned to claim the pyramids... Partying on the mothership.*

Sus canciones no solo proporcionaban un relato, pretendían expresar libertad a un nivel semántico empleando juegos de palabras, neologismos y metáforas desopilantes: *I am Sir Nose'd D'Voidoffunk... I have always been Devoid of funk.* En «Dr. Funkenstein» sutituyen la palabra *fuck* por *funk* deliberadamente: *We love to funk you, Funkenstein.* «Por encima de todo, ese tipo de juegos de palabras estaba en consonancia con el temperamento de la época: la jerga era cada vez más popular debido a las drogas, el Black Power y las conversaciones de los barrios marginales», recuerda George Clinton en su biografía (CLINTON, 2014: 111). A finales de los 70 apareció una banda liderada por mujeres, The Brides of Funkenstein, con Dawn Silva y Lynn Mabry provenientes de Sly and the Family Stone, donde el espíritu del P-Funk cobra un aire abiertamente femenino y sexualizado. Tampoco se olvidaban de hacer guiños a la música negra siendo coherentes con su propia tradición. «One Nation Under A Groove» remite al gospel «So High» al mismo tiempo que se comunica con The Temptations en una doble referencia cruzada. La canción espiritual decía *My God is so high, you can't get over Him... He's so low, you can't get under Him* mientras las Tempations, en su sencillo de 1969 «Psychedelic Shack» sustituían a Dios por la música: *They got music so high you can't get over it... So low you can't get under it.* Funkadelic abrevia la frase omitiendo el sujeto gramatical para dejar un mensaje aún más indefinido y etéreo: *So low you can't get over it... So high you can't get over it.*

No podemos completar este recorrido por la música negra imbuida del espíritu Black Power sin señalar su vínculo con la música blanca por medio del folk. La década de los 60 vio florecer a multitud de artistas que denunciaban las injusticias de la época con mensajes comprometidos sobre la guerra de Vietnam, la corrupción política, la pobreza en los barrios marginales y el movimiento feminista: Pete Seeger, Joan Baez, Bob Dylan... era el fenómeno del cantautor y la canción protesta, pero no en temas bailables y ritmos sincopados, sino con una cadencia más lenta en baladas tenues y desgarradoras.

Sin ir más lejos, el omnipresente «We Shall Overcome» que los negros cantaban a coro durante las marchas por la libertad: en sus orígenes, deriva del himno «I'll Overcome Someday» del siglo XIX, que se mantuvo en el tiempo y era cantado por los trabajadores en las plantaciones de tabaco en el Sur. Cuando Zilphia Horton oyó la canción, percibió su potencial para convertirse en un emblema de la lucha por los derechos civiles. Su marido Myles Horton había fundado el Highlander Folk School en el condado de Grundy, Tennessee, justo en la comunidad de Summerfield en pleno corazón de la América profunda donde los negros padecían los estragos del segregacionismo y las leyes Jim Crow. El Highlander Folk School era un campo de entrenamiento birracial dedicado a instruir a los activistas blancos y negros en estrategias de organización laboral, programas comunitarios y reforma democrática progresista. Horton en persona propuso al cantante de folk blanco y activista Pete Seeger que hiciera varios arreglos para adecuar la canción y que pudiese identificar al público de ambas razas con un espíritu más inclusivo. Seeger agregó varias líneas incluyendo *Black and white together... Black and white together someday.*

Gente de todo el país iba al Highlander Folk School para recibir formación en filosofía de la no violencia y aprendían las canciones adoptadas por el movimiento para cantarlas a coro en sus concentraciones. Su director musical, el también blanco Guy Carawan, llevó la canción al SNCC y decidieron que era perfecta para simbolizar el espíritu de resistencia pacífica que marcaba sus actos de reivindicación política. Él y su esposa Candie cantaban temas como «Tree of Life» y «Eyes on the Prize» pero «We Shall Overcome» era la joya del repertorio **(figura 29)**. «Había canciones para cada estado de ánimo. Ya sabes, estaban las canciones alegres. Había canciones muy tristes cuando alguien moría. Había canciones para las fiestas llenas de humor y sátira donde te burlabas de la gente», explicaba Candie. Por su parte, Pete Seeger dio muchos conciertos recaudando fondos para las organizaciones de derechos civiles y en 1964 participó en el Proyecto de Verano en el Mississippi,

Figura 29. Guy Carawan, director del Highlander Folk School, cantando «We Shall Overcome» con un grupo de manifestantes en la universidad Virginia State en 1960, fotografía de Eve Arnold. Fuente: The New York Times.

también llamado Verano de la Libertad, donde trabajó con el SNCC en Jackson. En junio, cuando los activistas James Chaney, Michael Schwerner y Andrew Goodman fueron asesinados por el Klan, Seeger estaba en mitad de una actuación: «Estaba cantando para unas doscientas personas en una iglesia cuando me pasaron un papel que decía: "Han encontrado sus cuerpos". Y lo anuncié al auditorio. No hubo gritos. No hubo ira. Vi a la gente moviendo los labios mientras pronunciaban una plegaria. Y canté aquella canción de Fred Hellerman, *O healing river, send down your waters... Send down your waters upon this land...* Es una canción hermosa» (Library of Congress, s.f.; WARD, 2019).

Desde luego, afortunadamente los negros no fueron los únicos en componer canciones de protesta. Joan Baez, Janis Ian y Phil Ochs escribieron temas sobre la segregación y el racismo que campaba por sus anchas en el Sur, se burlaban abiertamente de los ideales democráticos de Estados Unidos que tantísimos ciudadanos afroamericanos no vieron cumplidos y se esforzaban por combatir las desigualdades raciales. Bob Dylan siempre afirmó que su mayor influencia fue Odetta Holmes, sobre todo su álbum *Odetta Sings Ballads and Blues* de 1956 cuyas raíces folk y gospel sentaron la base del orgullo racial en los albores del movimiento por los derechos civiles: «Lo primero que me llevó a la música folk fue Odetta», dijo Bob Dylan. «Escuché un disco suyo en una tienda de discos, cuando podías escuchar discos dentro de la tienda. Justo en ese momento salí y cambié mi guitarra eléctrica y mi amplificador por una guitarra acústica, una Gibson de tapa plana» (SULLIVAN, 2011b: 8 y 2011c). A continuación, Dylan aprendió a tocar las versiones de «Mule Skinner Blues», «Jack O' Diamonds», «Water Boy»y «Buked and Scorned» de Odetta junto con sus arreglos de «Take This Hammer» y «Alabama Bound» de Lead Belly. Como se observa, Dylan no solo recibía la influencia de Woody Guthrie sino que estudió concienzudamente los sonidos negros ayudándole a expandir los límites del folk con sus aportaciones originales. En su canción posterior «Oxford Town» Dylan denunciará el fanatismo y la indiferencia durante los terribles disturbios en la Universidad de Mississippi cuando James Meredith se matriculó allí para estudiar una carrera.

Otro blanco, el productor de cine Bert Schneider, responsable del clásico cinematográfico *Buscando mi destino* (*Easy Rider*, Dennis Hopper, 1969) proporcionó un importante apoyo financiero al movimiento Black Power y al Black Panther Party. Schneider entregó una parte considerable de su fortuna para promover el marketing de la cultura pop y respaldar las actividades subversivas de Huey Newton y Bobby Seale (THOMAS, 2016).

Graham Nash, de la banda Crosby, Stills, Nash and Young, lanzó una canción titulada «Chicago» reflejando el juicio a los Chicago Eight donde Bobby Seale fue atado y amordazado por el juez: *So your brother's bound and gagged... And they've chained him to a chair.* La convulsión social era tan enorme que nadie en Estados Unidos con un mínimo de conciencia podía quedar al margen, el Black Power es parte de la historia del país y no podemos comprender aquella época sin ver sus repercusiones fuera del gueto.

2.5 BLACK IS BEAUTIFUL

Antes del movimiento por los derechos civiles, los estándares de belleza en el mundo de la moda seguían el estereotipo dominante: el pelo, el color de piel y los rasgos faciales de los blancos se consideraban hermosos y cualquier alternativa era una anomalía. Los negros se alisaban el cabello avergonzándose de sus rasgos africanos usando planchas que a menudo eran dolorosas y dañinas. A mediados de los 60 todo eso quedará desterrado al tiempo que los afroamericanos cambiaron de actitud y sintieron el orgullo racial. Un estilo de vestimenta y peinado enfatizará sus características físicas africanas con el lema «Black Is Beautiful». Muchos se dejarán crecer el cabello rizado en grandes y redondos *afros* o *naturals*. Sus rostros, nariz chata y labios gruesos, dejarán de considerarse defectos para ser admirados. Pero los códigos de vestimenta de los negros venían de un pasado realmente sombrío y el cambio de mentalidades no fue repentino sino que tuvo que ser gradual a la fuerza.

Durante la esclavitud, los negros solo tenían la ropa que les entregaron sus amos, tosca y burdamente confeccionada, según el trabajo que debieran desempeñar; los que servían como empleados domésticos vestían mejor que los que trabajaban en las plantaciones, por ejemplo. Con el fin de la esclavitud, la ropa que llevaran dependería de sus sueldos, pero como recibían salarios bajos no podrían permitirse llevar una ropa elaborada. Sin embargo hubo algunas modistas negras destacadas. En Mount Vernon, el hogar de George Washington, una esclava llamada sencillamente Charlotte confeccionaba ropa para los esclavos y hacía vestidos para su señora Martha Washington. Elizabeth Keckley era una ex esclava de Virginia que compró su libertad y se estableció en Washigton, D.C. para emprender su negocio; sus vestidos fueron muy populares y demandados: vistió a Varina Davis, la esposa de Jefferson Davis, y se convirtió en la costurera personal de Mary Todd Lincoln, la mujer del presidente. Fannie Criss Payne White también gozó de una gran fama desde que montó su taller en Richmond, Virginia, con clientes de élite tanto blancos como negros, antes de mudarse a Harlem para expandir su empresa (AMES, 2022).

Ann Lowe sería conocida por ser la primera diseñadora de moda afroamericana de prestigio, con una carrera profesional de cuatro décadas incluyendo el vestido de novia de Jacqueline Kennedy. Zelda Wynn Valdes fue la primera diseñadora negra en abrir una boutique en Broadway Avenue; vistió a Ella Fitzgerald, Dorothy Dandridge y Marina Cole, la mujer de Nat King Cole, además de diseñar los famosos disfraces de conejitas de las chicas Playboy. Pero con el movimiento por los derechos civiles, la ropa cobrará un significado completamente distinto en armonía con el espíritu de igualdad y progreso, en una lucha por el ascenso social y el reconocimiento de su cultura. El look «Sunday Best» era de rigor en las protestas no violentas; si los participantes vestían de punta en blanco con sus mejores galas, la ropa de los domingos, se podía inferir que no pretendían causar alborotos o disturbios por medio de la violencia. Un aspecto refinado y pulcro hacía que los tomaran en serio como ciudadanos de provecho y daba un tono formal a sus actos reivindicativos. Coretta Scott King, la esposa de Martin Luther King, llevaba delicados collares de perlas y vestidos de tweed Castleberry mientras marchaba con su marido en las manifestaciones. La activista Dorothy Height era muy conocida por sus característicos sombreros de iglesia, que llevaba incluso cuando se enfrentaba a las fuerzas del orden. Diane Nash, la valiente organizadora del SCLC y el SNCC, se cuidaba de mantener el aspecto de una chica refinada y algo anticuada, para que cuando la fotografiaban siendo arrestada por la policía las imágenes que se difundieran en la prensa resultaran más impactantes. Fannie Lou Hamer, la activista que interrumpió la Convención Demócrata de 1964, llevaba vestidos enérgicos que potenciaban aún más su enorme figura (CARLOS, 2017; DE WITTE, 2021) **(figura 30)**. Pocos años después la cantante Nina Simone, la actriz Ruby Dee o la escritora Maya Angelou usarán ropa influenciada por el movimiento Black Power: el pelo afro y llevar un suéter de cuello alto estaban en sintonía con la cultura visual revolucionaria. Sus detractores, los blancos conservadores, llegarían a interpretar algo tan personal como un peinado y un atuendo como una amenaza contra el Estado.

De modo parecido al look «Sunday Best», muchos activistas usaban el Ivy style como una especie de uniforme que marcaba el tono de sus protestas. Cuando comenzaba el movimiento por los derechos civiles, naturalmente aún estaba muy arraigada la imagen del negro indigente o paleto que merodeaba por los estados del Sur como una escoria. Para contrarrestar esta mala imagen y reivindicar su dignidad, decidieron adoptar el estilo y la indumentaria de los blancos acomodados de clase alta de Nueva Inglaterra, cuyos hijos eran enviados a estudiar en las universidades más exclusivas de la Ivy League: Yale, Columbia, Harvard, Princetown y otras. Una chaqueta Oxford abotonada, pantalones de color caqui, mocasines y ropa deportiva asociada con el atletismo universitario. El efecto, hombres que lucían un aspecto impoluto y totalmente despreocupado, propio de quienes gozan de privilegios. Un estilo vagamente informal, cómodo, pero sofisticado y elegante como corresponde a la élite. Los alumnos de las universidades de la Black Ivy League como Morehouse, Howard, Spelman y Hampton seguían códigos de estilo muy similares pero con tendencia a mejorar el típico aspecto del Ivy style blanco al inspirarse en músicos de jazz

Figura 30. Mujeres protestando con el look «Sunday Best» en Washington, D.C. para pedir la igualdad de derechos, integración en las escuelas públicas y viviendas dignas, fotografía de Warren K. Leffler. Fuente: Library of Congress, Wikimedia Commons.

como John Coltrane, Miles Davis y Sonny Rollins. Así, el look Black Ivy va a perpetuarse en los jóvenes negros que se graduaban en las universidades y emprendían carreras en política, educación o derecho. Dicho de otro modo, los afroamericanos que conseguían ir prosperando en la vida y desempeñar un cargo respetable o influyente se distinguían por su estilo Black Ivy. Al final el estilo será imitado por otros debido a su creciente popularidad creando una tendencia.

«Cuando comenzó el movimiento por los derechos civiles, sus líderes eligieron el Ivy style, ya fuera intencionalmente o no, como su uniforme para comunicar que las personas negras son iguales y merecen respeto y denunciar el trato horrible que recibían bajo las leyes Jim Crow», explica Taniqua Russ. «Vestir la ropa que estaba reservada para el nivel más alto y educado de la sociedad blanca llamó la atención y, en cierto sentido, ayudó a que escucharan a sus líderes porque no se parecían al estereotipo negativo que se asociaba con los negros» (HUBER, 2023). Era parte de una estrategia planificada, lo que venimos a llamar política de respetabilidad: el acto de minimizar las diferencias entre la mayoría dominante y la minoría oprimida mediante la adopción de aquellos principios estipulados por la mayoría. Puesto que sus objetivos eran acabar con la segregación racial y conseguir la plena integración de blancos y negros en la sociedad estadounidense, los activistas usaban este look deliberadamente para suavizar tensiones. Martin Luther King, James Forman y Ralph Abernathy iban siempre vestidos con elegancia y pulcritud máximas: trajes oscuros, corbatas rectas, gabardinas planchadas, suntuosos gemelos bien visibles en los puños de las camisas, igual que vestían todos los políticos blancos y los miembros del gobierno con quienes querían dialogar.

No lo hicieron solo los líderes. El estilo Black Ivy podía verse por doquier en marchas, boicots y sentadas como la de Greensboro. Desde el primer momento en que los negros se presentaban en un acto de protesta con su look universitario, estaban marcando las pautas generales de su intervención **(figura 31)**. No pretendían transmitir una imagen provocadora o agresiva, sino que se presentaban como jóvenes instruidos, civilizados, dialogantes;

Figura 31. Estudiantes universitarios vestidos según las normas del Black Ivy Style protestan frente al Departamento de Policía de Nashville el 7 de agosto de 1961. En el centro, Diane Nash, organizadora del SNCC. Fotografía de Eldred Reaney. Fuente: The Tennessean.

frente a la hostilidad, seguridad en sí mismos, calma y asertividad. Ante la imagen prejuiciosa del negro Jim Crow, ciudadanos afroamericanos con estudios superiores, templanza y estilo (FOSTER, 2003: 400). Cuando emprendieron el proyecto Verano en el Mississippi, tuvieron que ajustar sus uniformes Ivy para adaptarse al clima caluroso y la rusticidad del entorno. En lugar de sus habituales trajes de franela, como los aparceros del Sur vestían ropa adecuada para el trabajo físico, los activistas vistieron overoles, camisas de cambray, pantalones vaqueros y botas campestres. En cuestión de pocos años, con el asesinato del Dr. King la mayoría de los activistas abandonaron aquella política de la respetabilidad y dejaron de vestir así, ya que su estrategia no estaba funcionando tan efectivamente como quisieran. La no violencia, el buen talante, la elegancia en el vestir para limar asperezas y ofrecer una imagen confiable no parecían surtir efecto, los blancos supremacistas nunca dejarían de verlos desde la óptica del racismo. Incluso los consideraban ridículos, como animales disfrazados para parecerse a personas. En respuesta, cambiaron su indumentaria de forma radical. Con el espíritu Black Power abrazaron finalmente sus raíces étnicas y adoptaron una indumentaria más retadora: «Los dashikis y las boinas reemplazarían a las camisas abotonadas y los trilbies como ropa de rebelión», dice Jason Jules. «Una forma de enseñar el proverbial dedo medio a la América blanca y la vigilancia de los cuerpos negros. Se mantuvieron firmes al no ajustarse a los estándares sociales o inclinarse ante la política de respetabilidad a través de su ropa completamente negra, afros y vestidos de inspiración africana» (JULES, 2021; cit. en HUBER, 2023).

Algo tan común hoy día como unos pantalones vaqueros, en los años 60 se consideraba un look reivindicativo. No nos vamos a referir al atuendo como *vaqueros* pues evoca la vestimenta clásica del cowboy tejano: mejor podemos hablar de mezclilla, *jean denim* o *drill*, en general la ropa más adecuada para el trabajo físico en el campo. A la hora de participar en marchas, manifestaciones o actos de protesta en los estados sureños, para la mayoría de participantes del estrato más humilde resultaba poco práctico usar el atuendo «Sunday Best»

Figura 32. Martin Luther King con Ralph Abernathy vistiendo camisa y pantalones de trabajo de mezclilla azul en Birmingham, Alabama, abril de 1963. Fotografía de Charles Moore. Fuente. Etherton Gallery, Tucson.

ya que era bastante probable que terminaran corriendo para huir de la policía o incluso enzarzados en una pelea contra muchedumbres de blancos hostiles. Pero llevar el denim también era un gesto simbólico: ya fuera en forma de pantalones, overoles o faldas, el atuendo rememoraba los tiempos de la esclavitud cuando trabajaban como aparceros en las plantaciones; también indicaba solidaridad con los *blue-collar workers* (trabajadores de cuello azul, es decir los que desempeñaban un trabajo manual) e incluso la igualdad entre hombres y mujeres puesto que ambos sexos vestían ropa del mismo tejido. Cuando los manifestantes tomaron las calles en Camden, Alabama, para exigir el derecho al voto en primavera del 65, United Press informó que al menos siete u ocho ministros de otros estados «vestían el "uniforme" de mezclilla azul del movimiento de derechos civiles sobre sus cuellos clericales» (TENSLEY, 2020). Dos años antes, Martin Luther King y Ralph Abernathy llevaron pantalones denim cuando protestaron contra la segregación en Birmingham **(figura 32)**.

Históricamente, el origen de dicha prenda se remonta hasta el siglo XVI en el sur de Francia y el noroeste de Italia: *denim* deriva de *serge de Nîmes* (sarga de Nimes) y *jeans* proviene de *Gênes* (Génova). En el siglo XIX, los terratenientes estadounidenses vistieron a sus esclavos con estas telas sumamente resistentes que soportaban el roce constante. En paralelo, un sastre de Nevada llamado Jacob Davis confeccionó pantalones con una tela de lona que compró al empresario de San Francisco Levi Strauss para los mineros y los ganaderos del Oeste; a finales de siglo, Levi Strauss & Co. lanzó su modelo de pantalones Levi's 501, un emblema norteamericano a partir de entonces. Pero en la década de los 60 dichos pantalones van a relacionarse con una forma de rebeldía: los activistas negros los usarán para denunciar la desigualdad económica y social. Caroline Jones recalca: «Fue necesaria la marcha de Martin Luther King Jr. en Washington, D.C. para que los jeans se hicieran populares. Fue allí donde se fotografió a los activistas por los derechos civiles con los overoles de mezclilla azul de los aparceros pobres para dramatizar lo poco que se había logrado desde la Reconstrucción» (Id). A continuación los blancos defensores de los derechos civiles empezaron a llevarlos también, en especial los miembros del SNCC, como indica la especialista Zoey Washington.

Respecto al «Sunday Best» y la política de la respetabilidad, el hecho de tener ropa de colores blanco y negro en el armario era típico de los afroamericanos en un momento dado, puesto que era la ropa que llevaban para ir a la iglesia: «El domingo ibas a la iglesia. Y cuando vayas a la iglesia y a la casa de Dios, es mejor que te asegures de estar vestido para honrar a Dios. Porque tu cuerpo es tu templo», dice Darnell-Jamal Lisby. «Siempre ha estado muy arraigado, especialmente en la comunidad negra que se organiza alrededor de su iglesia, asegurarse de que la forma en que te presentas no solamente honre tu propio templo, tu propio cuerpo, sino también a las personas que te rodean; siendo respetuosos con ellos pero también honrando a Dios» (cit. en GRECHKO, 2020). Cabe recordar que muchos actos de protesta comenzaron organizándose en una iglesia con instigadores como el noble Dr. King, reverendo baptista, gracias a cuya poderosa oratoria los feligreses secundaban las iniciativas con obediencia religiosa. Malcolm X, John Lewis o Rosa Parks vestían de un modo exquisito siguiendo aquella consigna. Otro mensaje más inquietante o incómodo estaba siendo insinuado: el cuerpo negro en estado de rendición, sometido, encorsetado por la cultura blanca dominante, como un sujeto pasivo sin posibilidad de elección esperando que lo liberen del yugo.

Algunos activistas llevaban carteles encima del cuerpo como una segunda capa extra de vestimenta que lanzaba un mensaje. En la ciudad de Nueva York, el fotógrafo Bruce Davidson documentó el movimiento por los derechos civiles entre 1960 y 1965 con una serie de imágenes impactantes: una joven manifestante con un cartel en el cuerpo en cuyo frontal podemos ver escrito «JIM CROW MUST GO» (WILLIS, 2002). Al culminar la marcha de Selma a Montgomery, Ivan Massar fotografió a Doris Wilson, extenuada, en cuyo chaleco escribió «50 Miles In Cold and Bain. I Have Overcome» («50 millas soportando el frío y la lluvia. Lo he conseguido»). Muchas veces los eslóganes políticos se llevaban encima de la ropa en forma de pins o chapas. En 1964, el SNCC distribuyó chapas con la frase «SUPPORT SOUTHERN STUDENTS» («APOYAD A LOS ESTUDIANTES DEL SUR») que los simpatizantes llevaban por encima de la solapa. En Hattiesburg, Mississippi, el hijo de Fannie Lou Hamer vestía una chaqueta de tweed, una gorra de repartidor de periódicos,

Figura 33. La célebre activista Fannie Lou Hamer con su hijo en Hattiesburg, Mississippi, hacia 1964. El chico lleva un guante de lana de color blanco y otro negro simbolizando la integración racial y varias chapas del SNCC en la chaqueta y la gorra. Fotografía de Danny Lyon. Fuente: Jackson Fine Art.

un guante de lana blanco en la mano derecha y otro negro en la izquierda simbolizando la igualdad o la integración racial: un icono empleado habitualmente por el SNCC en octavillas, panfletos, carteles y chapas. Lleva orgullosamente hasta tres chapas de la organización bien visibles, una en la gorra, otra en la solapa y otra más abajo en la misma chaqueta bajo el primer botón a la altura del bolsillo (FORBES, 2021) **(figura 33)**.

2.6 ALL POWER TO THE PEOPLE

Todas esas convenciones saltaron por los aires cuando apareció el Black Panther Party. Con su radicalismo, Bobby Seale y Huey Newton transformaron el código de vestimenta de los afroamericanos, una forma de subvertir las normas del decoro que regían hasta entonces. El uniforme que diseñaron tenía un doble propósito estratégico y simbólico: desafiar los estándares de conducta establecidos por los blancos y dinamitar para siempre la política de respetabilidad. Aquel uniforme transmitía una evidente beligerancia inspirándose en la estética revolucionaria, pero además era un atuendo de tipo unisex que llevaban indistintamente los hombres y mujeres del partido en una época en que los roles de género estaban evolucionando y las mujeres querían exhibir abiertamente su militancia y su participación activa dentro de la organización, un signo de inclusividad.

Primero de todo, mandaron a paseo los alisadores de cabello despreciando el estilo aburguesado que promocionaban revistas como *Ebony* apelando a una sofisticada clase media urbana. Por contra, los Black Panthers manifestaban su orgullo racial luciendo el pelo afro sin procesar, dejándolo crecer de manera natural. Un desafío a los estándares de belleza eurocéntricos y una declaración de principios que afirma la belleza de la negritud. La variedad de tonos de piel, texturas de cabello y rasgos faciales era bienvenida como testimonio de la diáspora africana y sus raíces ancestrales. Sobre la cabeza, usaban boinas como símbolo de la revolución inminente, inconformismo y lucha contra la opresión. Seale y

Newton tomaron prestada la idea viendo una película sobre los combatientes de la resistencia francesa durante la Segunda Guerra Mundial, si bien a nadie se le escapaba el paralelismo con el Che Guevara y los revolucionarios cubanos. En el frontal de la boina solían llevar un parche con el lema «BLACK, CULTURE, PRIDE».

Las gafas de sol servían para ocultar sus identidades y les conferían un aspecto más amenazante. Las gafas oscuras dificultaban que fueran reconocidos en público, medida de precaución que debían adoptar para esquivar la perpetua vigilancia del FBI de Hoover. En su autobiografía, Newton afirmaba que la policía llevaba un registro de los vehículos que solían usar los Black Panthers y era normal que la policía les detuviese cuando iban conduciendo por la ciudad, para retenerlos dentro del coche mientras pedían a la central que buscaran infracciones de tráfico en sus ficheros (NEWTON, 2009: 130). Era lógico que quisieran entorpecer la identificación fotográfica llevando un accesorio como las gafas oscuras para protegerse. Por otra parte, las chaquetas de cuero se incorporaron al uniforme por motivos prácticos; se trataba de una prenda común que muchos jóvenes tenían en el armario. Seale convenció a Newton de que añadiera la chaqueta de cuero negro a su indumentaria por el efecto que causaba, les hacía parecer más duros y perfilaba su silueta buscando parecerse al símbolo que encarnaban, la pantera negra. Algunos miembros del grupo usaban chaquetas verdes de camuflaje, con un aspecto más militar si cabe, como insinuando que estaban listos para entrar en acción y empezar una guerra. Por debajo solían llevar un jersey de cuello alto de color negro, otra prensa de vestir bastante común que se hizo parte indispensable del conjunto (ROLLINS, 2023).

Las chapas con mensaje ya eran habituales, organizaciones como el CORE y el SNCC las repartían entre sus filas porque eran muy económicas, fáciles de producir y baratas de conseguir, así que el Black Panther Party también fabricó las suyas. Imprimían chapas con lemas como «ALL POWER TO THE PEOPLE», «HUEY FOR CONGRESS», «CLEAVER FOR PRESIDENT», «FREE ALL POLITICAL PRISONERS», «FREE THE PANTHER 21», «FREE HUEY» o «FREE ANGELA» amén de su insignia con el dibujo de la pantera negra (TAYLOR, 2022; LEE, 2022) (**figura 34**). Llevar esas chapas en la ropa demostraba el compromiso con el partido, con el activismo político y la propia comunidad, mientras servían para conectar con otros miembros y exhibir su camaradería. Pero probablemente el accesorio más controvertido del uniforme Black Panther fuesen las armas de fuego. Si bien es cierto que no siempre portaban armas reglamentarias, comenzaron haciéndolo justo al empezar sus primeras rondas de vigilancia callejera en los suburbios de Oakland. Las armas no debían usarse para atacar sino para defenderse cuando protegían a los vecinos y se acercaban a los oficiales de policía efectuando un arresto para garantizar que cumplieran la ley.

Al final, otras agrupaciones como los Young Lords y la Rainbow Coalition imitaron el estilo de los Black Panthers dándose cuenta de que al uniformarse lanzaban un mensaje político. Desde luego, la boina será muy común en grupos revolucionarios de toda índole. Pero los Panteras Negras llevaron mucho más lejos este código visual al completarse con su color de piel: al final encarnaban figuras poderosas, feroces, con una naturaleza fuerte y heroica. También hay que tener en cuenta su carácter humilde: todos y cada uno de los accesorios individuales eran corrientes, fáciles de conseguir, austeros y nada elitistas; solo al combinarlos en conjunto cobraban pleno sentido, la encarnación del Black Power.

Pendientes de aro, múltiples anillos, brazaletes, vestidos negros de línea A, minifaldas, cuellos de tortuga, tela Kente africana en coloridos diseños de moda... los afroamericanos estaban bien orgullosos de su raza, de su etnicidad, de su identidad cultural (VARGAS, 2009: 95; OLU, 2020; DONALDSON, 2021). Cuando cuatrocientos manifestantes de todo el país se reunieron frente al Centro de Convenciones de Atlantic City el 7 de septiembre de 1968, dentro estaba celebrándose el concurso anual de Miss América presentado por Bert Parks; en el exterior del recinto las activistas pretendían boicotear el evento, o al menos fomentar el debate público denunciando que perpetuaran los estándares blancos de belleza estadounidense (KWATENG-CLARK, 2016). Las mujeres arrojaban sus sostenes, zapatos de tacón alto y kits de maquillaje a los cubos de basura y llevaban pancartas con el irónico

Figura 34. Chapas distribuidas por el Black Panther Party con lemas como «FREE HUEY» o «ALL POWER TO THE PEOPLE». Fuente: Hake's Auctions.

lema «Miss America is Alive and Well –in Harlem» («Miss América vive y está bien... en Harlem»). A pocas manzanas de distancia celebraron un acto paralelo: Miss Black America. Las mujeres negras no iban a aceptar por más tiempo que les dijesen lo que era o no era bello dejándolas excluidas. Estaban orgullosas de su color de piel, de su cabello, de sus rostros y su forma de ser natural.

Claro que hubo precedentes. A finales de los 50, Eunice Walker Johnson se esforzó denodadamente por dar a conocer la belleza femenina de las afroamericanas con la Ebony Fashion Fair. Durante cuatro meses año, un autobús Greyhound lleno de modelos negras recorría Estados Unidos con el maletero repleto de vestidos de alta costura valorados en cientos de miles de dólares. Cada día el autocar se detenía en una ciudad distinta desde Hamden, Connecticut, hasta Itta Bena, Mississippi, y las modelos ofrecían un desfile acompañadas por una banda de jazz que viajaba con ellas. Eunice, la promotora, era la hija de un cirujano y una maestra de escuela, había nacido en Selma, Alabama, y estudió Sociología. Cuando estudiaba en

Figura 35. Eunice Walker Johnson en su despacho de Johnson Publishing Company hacia 1970. A la derecha, portada de *Ebony* vol. XVI nº 12 (October, 1961). Las modelos Barbara Trent, Cathy Young, Kathy Miller, Donna Dale Brown y Carole Preston llevando vestidos de los diseñadores Bonnie Cashin, Oleg Cassini, Walter Florell, Rosemarie Reed y Eleanora Garnett respectivamente, fotografía de Moneta Sleet Jr. Fuente: Ebony Magazine.

Chicago conoció al por entonces editor de la revista de la compañía aseguradora Supreme Liberty, John H. Johnson. Con el tiempo su marido se convirtió en el editor de *Negro Digest* y el magnate de su propio imperio de publicaciones. En las páginas de su revista *Ebony*, cuyo nombre le sugirió Eunice, la sección «Fashion Fair» mostraba los mejores estilos de la temporada en modelos afroamericanos. En 1958 dieron el salto a la pasarela montando un desfile benéfico para recaudar fondos destinados a un hospital de Nueva Orleans con tal acogida que viajará después por otras diez ciudades diferentes. Johnson Publishing pagó a las organizaciones locales para preparar los espacios. Iglesias, hermandades femeninas y delegaciones de la Urban League vendían entradas al público: descontaban el precio de la suscripción anual a la revista y los beneficios obtenidos se devolvían luego a las mismas organizaciones sin ánimo de lucro que colaboraron en el desfile; en total hasta 55 millones de dólares en ayudas al cabo de los años. La Ebony Fashion Fair fue creciendo para incorporar música en vivo y recorrer muchos más lugares completando una gira por ciento setenta ciudades. «Eunice quería prendas que ayudaran a las mujeres a sentirse indispensables, como si al llevar estos vestidos compartieran el proceso creativo con el diseñador» (LAWRENCE, 2013) **(figura 35)**. Por supuesto, tenían que lidiar con los blancos coléricos y el racismo. El Ku Klux Klan les perseguía con sus antorchas pero el conductor del autobús era un ex marine y les esperaba con una pistola y un rifle siempre a mano al lado del volante. Respecto a los desfiles en sí: «Era como si los Harlem Globetrotters se encontraran con el Cirque du Soleil», recuerda la modelo Pat Cleveland.

Si la Ebony Fashion Fair fue un verdadero acto de valentía con peligrosas incursiones en los estados del Sur, el estilo glamuroso y complaciente de la revista *Ebony* quedará prácticamente obsoleto cuando se implantó el espíritu Black Power. A cambio, revistas como *Essence* surgirán para reflejar la moda que se vestía en la calle. Con el gancho «Magazine for Today's Black Woman» («Revista para la mujer negra de hoy») en la portada de su primer número dos mujeres vestían jeans, pendientes de aro y anillos; sus cabellos estaban trenzados con grandes cuentas de colores como popularizaron Miriam Makeba y la actriz Cicely Tyron. *Essence* combinó artículos de belleza como «Dynamite Afros» hablando acerca de los peinados con otros como «Revolt: From Rosa Parks to Kathleen Cleaver» entrelazando los valores estéticos con el activismo político.

Si una prenda llegó a representar por sí sola el cambio de mentalidades, fue el dashiki. En agosto del 67, Mable Benning diseñó una túnica estampada con un bolsillo delantero, cuello redondo y otros dos bolsillos adicionales debajo de la cintura, con un aspecto que hacía volar la imaginación evocando los paisajes del continente africano. Tenía su taller de costura en un acogedor apartamento situado en Sullivan Place, justo en pleno centro de Brooklyn, en el barrio de Crown Heights. Habían pasado dos años desde el asesinato de Malcolm X y faltaban ocho meses para el asesinato de Martin Luther King, Jr. en Memphis. La comunidad afroamericana vivía con una sensación de miedo atenazante y pánico por el rumbo de las relaciones raciales en Estados Unidos. Aunque

Figura 36. Boutique de New Breed Clothing en la esquina de la calle 147 Oeste y St. Nicholas Avenue en Harlem. Jason Benning en el centro, Mable Benning a su lado junto al resto del equipo conocido como The Breed. Fotografía de Yale Joel, 1968. Fuente: Life Magazine.

el presidente Lyndon Johnson aprobó la Ley de Derechos Civiles en 1964 y luego la Ley de Derechos Electorales en 1965, los jóvenes estaban frustrados porque no veían remitir el racismo enquistado en América: amargura, desilusión, luto por los líderes muertos, rabia por la hipocresía de los políticos que los enviaban a combatir en Vietnam reclutándoles a la fuerza para servir al ejército. En ese momento de incertidumbre y zozobra, Benning les proporcionó un atuendo para manifestar su apoyo a la descolonización del Tercer Mundo y su rechazo del eurocentrismo. En África oriental y occidental, el dashiki se usaba como una prenda ligera que protegía del sol. La palabra *dashiki* deriva de *dansiki* en el idioma yoruba que se habla en Nigeria, Benin, Togo y Ghana: un chaleco con mangas cortas usado por los hombres para trabajar cómodamente (STRÜBEL, 2015: 97-8).

El marido de Mable, Jason Benning, dejó su puesto como profesor de historia en el Queens College para levantar un negocio de moda llamada New Breed Clothing mientras ella se encargaba de los diseños. Reclutaron al modisto William Smith, al ex jugador de baloncesto Em Bryant de los New York Knicks y al diseñador de calzado Howard Davis. El grupo se llamaba coloquialmente The Breed y se propuso poner en el mercado la moda afrocéntrica. En enero del 68 compraron una antigua casa de ladrillo rojizo en la esquina de la calle 147 Oeste y St. Nicholas Avenue para que sirviera de escaparate en Harlem. La marca New Breed tenía un eslogan reivindicativo: «Freedom and economic independence for the black man» («libertad e independencia económica para el hombre negro») **(figura 36)**. Pronto corrió el boca a boca entre los clientes y un año después abrieron una fábrica en Brooklyn para atender los pedidos en aumento. James Brown, Sammy Davis Jr. y Bill Cosby eran clientes habituales; al cabo de pocos años abrirán boutiques en Chicago, Los Ángeles, Detroit y Washington asociándose con vendedores minoristas como los grandes almacenes Sears y Bloomingdale's (MTSHALI, 2018). Sin embargo, la sede principal en Bedford-Stuyvesant se mantuvo como el centro neurálgico de la empresa y un lugar de reunión habitual para políticos negros, activistas y celebridades. Aretha Franklin fue amiga personal de los Benning y su música siempre estaba sonando en los altavoces de la tienda junto a canciones de Miles Davis y Stevie Wonder.

En paralelo, la ropa de calle ganaba cada vez más aceptación y llevar trajes o vestidos elegantes del tipo Black Ivy quedó desfasado; ahora vestirse de manera informal era lo habitual entre la mayoría de jóvenes. La ropa de calle mandó a paseo la moda sofisticada de las grandes firmas, y por supuesto rompía una vez más los estándares anticuados de la mayoría blanca. Los Black Panthers abogaban por el lumpen proletariado conociendo la situación de pobreza extrema que se vivía en los guetos, así que los jóvenes reclamaban su derecho a vestir de manera descuidada sin avergonzarse de sus orígenes marginales. Llegará un momento en que al vestir querrán emular los iconos de la economía sumergida, gánsteres y pandilleros que no escondían su modo de vida y se convertían por ello mismo en símbolos de orgullo.

Figura 37. Portadas de la revista *Essence*. A la izquierda, especial universitario con las modelos Joyce Walker-Joseph y Jolie Jones (August, 1973) y a la derecha una pareja luciendo con orgullo el cabello afro natural (October, 1973). Fuente: Essence Magazine.

La revista *Essence* registraba la vida cotidiana en los campus universitarios negros como Spelman, Hampton o Morgan State. Allí los estudiantes vestían con el look de las estrellas de la música soul, lucían grandes afros inspirados por los Black Panthers y se atrevían a llevar atuendos llamativos con reminiscencias africanas **(figura 37)**. En 1968, la revista *Sepia* decía en un artículo[16] que las mujeres de piel morena estaban más orgullosas que nunca de su tez natural y que las estudiantes universitarias estaban en vanguardia del movimiento «Black Is Beautiful». Jeans, collares de cuentas, gafas de sol, zapatillas de tenis, sudaderas con capucha y otras prendas deportivas... Un atuendo cómodo y casual pero que tenía mucho que ver con los músicos de soul, visible desde hace años pero que se consideraba el colmo de lo moderno. Las chicas, que se llamaban entre ellas «hermanas del alma» («soul sisters»), interpretaban el estilo de sus ídolos musicales con libertad y originalidad (FORD, 2015). Además, el compromiso político con los países del Tercer

16 «Washington's Wonderful World of Women», *Sepia*, vol. 17 nº 6, June, 1968, p. 43-7

Mundo hacía que mostraran simpatía con su cultura: colores vivos, turbantes, caftanes, boubous, lapas, agbadas, djellabas, bubas, geles, vestidos estampados y largos hasta los tobillos. Los jóvenes pensaban que al representar su negrura en el modo de vestir, más crecía su autoestima. Cuando más alma o *soul* exhibiera uno a través de su ropa, más negro era. Y cuando más negra era esa persona, más alma poseía. Así hasta llegar al Soul Power, una condición personal que denota orgullo racial, elegancia, actitud y pertenencia, una exhibición de la filosofía Black Power en la indumentaria.

2.7 BLACK ARTS

No podríamos hablar de una corriente si solo mencionamos su vertiente estética, la música y la moda, sin referirnos al armazón intelectual que la respaldaba. Los negros no solo sabían cantar y bailar, que lo hacían maravillosamente, o desenvolverse con clase, que también; hubo un gran número de intelectuales que se dedicaron a crear, reflexionar y desarrollar el pensamiento negro. El movimiento Black Arts surgió a mediados de los 60 como la rama artística y literaria del Black Power combinando arte y reivindicación en línea con la lucha por los derechos civiles. La poesía fue su modo de expresión más prolífico debido a que, por su brevedad, los poemas podían recitarse durante los mítines y otros actos políticos para exhortar a la multitud. El poeta, dramaturgo y activista Amiri Baraka, anteriormente LeRoi James, acuño el término Black Arts al fundar el Black Arts Repertory Theatre/School en Harlem. Produjo y montó obras de teatro, recitales de poesía y espectáculos musicales para la gente del barrio, dando entradas gratuitas y promocionando sus eventos como un servicio a la comunidad (SELL, 2008a: 238) **(figura 38)**.

Los precedentes más tempranos de la literatura negra se remontan al siglo XVIII cuando la esclava Lucy Terry compuso la balada *Bars Fight* que se transmitió de forma oral a lo largo del tiempo. El primer autor afroamericano en ser publicado, Jupiter Hammon, era un esclavo que servía como criado doméstico; su

Figura 38. Miembros del Black Arts Repertory Theatre/School en 1966. Amiri Baraka en el centro, Yusef Iman a su lado con actores y músicos en Spirit House, Newark, New Jersey. Fuente: Black Past, Howard University.

poemario de 1761 *An Evening Thought: Salvation by Christ with Penitential Cries* tenía un profundo componente religioso, como los sermones y cánticos espirituales que podían oírse los domingos en la iglesia. Doce años después, Phillis Wheatley sería la primera mujer afroamericana en publicar un libro en la misma línea, *Poems of Religious Subjects, Religious and Moral* de 1773, cosechando alabanzas del mismísimo George Washington. En el siglo XIX, según crecía la esclavitud con la expansión de la industria algodonera y la proliferación de grandes plantaciones, las obras más leídas de autores afroamericanos se adscribían al género de «slave narratives» («narrativas de esclavos») abogando por la causa del abolicionismo mientras condenaban los abusos de los capataces blancos del Sur sorprendiendo al público en los estados del Norte: *Narrative in the Life* de Frederick Douglass en 1845 o *Incidents in the Life of a Slave Girl* de Harriet Jacobs en 1861 eran francamente escalofriantes y documentaban las atroces vidas de los negros antes de que terminara la esclavitud y estallara la Guerra Civil Americana (GOULD, 2010; ATCHO, 2020).

Tras la fallida Reconstrucción del país, Booker T. Washington escribió en 1901 *Up from Slavery*, una cruda autobiografía que documenta ese periodo entre la esclavitud a la emancipación soñando con el progreso social afroamericano. Por su parte WEB Du Bois, quien sería el editor de la revista *Freedomways*, pedía el fin del racismo en su obra *The Souls of Black Folk* de 1903, por contraste con Booker T. que prefirió asimilarse a la cultura blanca dominante. Du Bois puede considerarse el precursor del activismo más combativo que vendrá unas décadas después. Mientras, la periodista Ida B. Wells-Barnett escribió incontables reportajes de investigación en la década de 1890 describiendo con detalle los linchamientos en el Sur, que fueron publicados por los periódicos negros de todo el país para el espanto de los suyos. Jennie Carter escribió artículos hablando del racismo en el Oeste y Marcus Garvey, todo un visionario, se atrevió con una serie de ensayos sobre el nacionalismo negro y el panafricanismo a principios del siglo XX.

Paul Laurence Dunbar gozó de gran éxito a nivel nacional, un poeta que componía sus versos usando la jerga que los afroamericanos hablaban en ese momento; su modernidad sentó las bases para los poetas y novelistas que vendrían luego. Eran los años 20 y los negros del campo se trasladaban a las ciudades huyendo del racismo y las leyes Jim Crow en la «Gran Migración». Millones de afroamericanos se instalaron en los núcleos urbanos y muchas de las mentes más brillantes se reunieron en Harlem, barrio convertido en un hervidero de arte, música y literatura. Tuvo lugar un periodo de ebullición creativa que se conocería como el Renacimiento de Harlem cuyo máximo exponente sería Langston Hughes, capaz de plasmar la vida cotidiana del vecindario reflejando en sus versos los sentimientos de la clase trabajadora, sus alegrías y miserias, con empatía conmovedora (STEPHENS, 2010: 212). La novelista Zora Neale Hurston publicó en 1937 *Their Eyes are Watching God* que se convertirá en un clásico de la literatura afroamericana. Tres años depués, Richard Wright lanzó *Native Son*, novela que capta las dificultades de los negros en época contemporánea, sus problemas de identidad y el anhelo de integración social. Gwendolyn Brooks fue la primera autora afroamericana en ganar el Pulitzer en 1950 por su poemario *Annie Allen*, mientras Lorraine Hansberry será la primera dramaturga en ganar un premio del Círculo de Críticos Teatrales de Nueva York por su obra *A Raisin in the Sun* en 1959 (SELL, 2008b: 141).

Pero dos de los libros más influyentes que impactaron en el público afroamericano tenían un trasfondo claramente político: *Letter from Birmingham Jail* (la célebre *Carta desde la cárcel de Birmingham*) de Martin Luther King, Jr. en 1963 y la autobiografía de Malcolm X coescrita por Alex Haley en 1965. Si los novelistas, poetas y dramaturgos antes citados hicieron todo lo posible para despertar conciencias, nada fue tan efectivo en ese sentido como los testimonios en primera persona de los dos principales líderes de la comunidad, uno el paladín de pacifismo y la integración, otro llamando a la combatividad y al nacionalismo negro. Un peldaño más, llegamos al movimiento Black Power con lo que supuso para la cultura afroamericana como catalizador y revulsivo.

Un año antes de que Stokely Carmichael popularizara el Black Power, el asesinato de Malcolm X en Harlem dio a los artistas negros de la ciudad un tremendo acicate para ponerse en marcha y revindicar el orgullo racial. En 1965, Amiri Baraka propulsó una nueva corriente literaria con carácter urgente: el Black Arts Movement tenía por objetivo olvidar el éxito cosechado anteriormente por los autores entre los lectores blancos y dar un giro radical para navegar justo en dirección contraria: crear un arte específicamente negro pensado para los lectores negros promoviendo la liberación cultural de su pueblo **(figura 39)**. Es en ese preciso contexto cuando aparecen revistas mencionadas como *Freedomways*, *Negro Digest* o *Liberator*, y algunas otras como *Black Scholar* y *Journal of Black Poetry* que publicaban el trabajo de los poetas representativos del movimiento cuando las revistas más comerciales rechazaban sus manuscritos. La editorial Third World Press, que coordinaba Haki Madhubuti en Chicago, y Broadside Press, gestionada por Dudley Randall en Detroit, también se adscriben a dicha tendencia presentando a jóvenes poetas nóveles y divulgando el panafricanismo (THOMPSON, 1999: 33). Antes, de 1962 a 1965, el colectivo Umbra Workshop lanzó la revista *Umbra* para publicar piezas poco convencionales y

Figura 39. Folleto publicitario de BARTS (The Black Arts Repertory Theatre School) distribuido en 1965. Al reverso podía leerse un texto original de Le Roi Jones. Fuente: Cabinet Magazine. University.

poesía experimental que cuestionaba los estándares de la literatura generalista y los gustos del público blanco (GRUNDY, 2019).

En el movimiento Black Arts, los escritores consideraban la literatura como un medio de exhortación que podía conmover y convencer a su público estimulando la toma de conciencia política. Los autores apostaban por reflejar la jerga que se hablaba en la calle, un lenguaje coloquial con una sintaxis y términos de vocabulario que podrían definirse como un dialecto. El argot era simple, directo, explícito y a menudo irreverente, pero sobre todo expresaba un rechazo visceral por el inglés estándar que hablaban los blancos. En lo referente al ritmo y la métrica, los poetas tomaban prestados elementos de la música negra, el jazz y el blues, pero también buscaban inspiración en los sermones, los himnos espirituales y los cuentos populares que se transmitían de una generación a la siguiente. Al usar un lenguaje intrincado y repleto de metáforas, giros lingüísticos, ironías y juegos de palabras, apostaban por la vida real y su gente, repudiando el academicismo y cualquier otra norma impuesta desde fuera. Entre los negros era muy común intercambiar *dozens*: insultos ingeniosos, vulgares pero llenos de agudeza y retruécanos chistosos, habituales entre familiares y amigos que se tienen confianza. Los poetas van a incorporar los *dozens*, o aspectos extraídos de aquellos, para dotar a los versos de humor y versatilidad: verso libre con pautas de llamada y respuesta como extraídas de un diálogo que sirven para enviar un mensaje, desarrollar un razonamiento o insultar con estilo (HENDERSON, 1973: 35-6; SMETHURST, 2003a y 2010).

Las Black Arts heredaron el espíritu del Renacimiento de Harlem, pues ambos querían plasmar una identidad colectiva indagando en la cultura popular negra y sus raíces étnicas, si bien los autores de nueva hornada criticaban duramente a sus antecesores por no haber sabido conectar con la lucha de clases, ya que su carácter elitista les alejaba de la gente de a pie (SMETHURST, 2005: 23-5; BERNARD, 2006; SHOCKLEY, 2015: 187). Sus miembros establecieron una serie de objetivos que siguieron a rajatabla. El más importante, persuadir a los negros para que rechazaran la cultura blanca dominante, haciendo que adoptaran una estética propia. Ron Karenga desarrolló los tres principales criterios: «todo arte negro debe ser funcional, colectivo y comprometido» (KARENGA, 1971: 33). Es decir, el arte negro debía servir a un propósito mayor que la mera creación, debía estar conectado con la lucha social y servir al pueblo para instruirle, mostrarle el camino, abrirle los ojos y transmitir un mensaje de orgullo y autodeterminación. En su antología de 1966 *Black Art*, Amiri Baraka explica que la confrontación violenta con los opresores blancos es una realidad inminente cuando afirma en el poema *From the Egyptian* que está dispuesto a asesinar a «los enemigos de mi padre». Nikki Giovanni en *The True Import of Present Dialogue, Black vs. Negro* incluido en el libro de 1968 *Black Feeling, Black Talk* dice: «No tenemos que demostrar que podemos morir. Tenemos que demostrar que podemos matar» mientras en *My Poem* se refiere a la revolución para poner fin a la injusticia afirmando «si nunca hago nada, seguirá». La vocación pedagógica de Baraka es evidente en *A School of Prayer* donde dice «No obedezcas sus leyes» refiriéndose a las normas coercitivas de la sociedad blanca. Sonia Sanchez en *We a BaddDDD People* de 1970 se equipara con una reina africana después de que Baraka cantara en *Ka Ba* las virtudes del pueblo africano: «llenos de máscaras y bailes y cantos henchidos... con ojos, narices y brazos africanos».

Respecto al argot o la jerga callejera, Sonia Sanchez llegó al extremo de someter o subvertir el lenguaje destruyendo la ortografía. En *indianapolis/summer/1969/poem* escribe *mothas* por *mothers*, *fathas* por *fathers*, *sistuhs* por *sisters*, *bout* por *about* y *blk* por *black* en un esfuerzo deliberado por transgredir las reglas, ciñéndose a la función fonética del habla relajada en el gueto (MAMBROL, 2020). Por otra parte, igual que solían hacer los Black Panthers, era normal que se refiriesen a la policía como *pigs* (cerdos) o que llamasen a los blancos *honkies* (derivado de *honky-tonk*, un bar de música country) o *crackers* (de *corn-crackers*, granjeros pobres, o de *cracking the whip*, romper el látigo azotando a los esclavos). Que un negro llamara *whitey* (blanquito) a una persona blanca podía considerarse un apelativo cariñoso, no exento de sorna pero suave en comparación con otros adjetivos peyorativos. Algunos críticos han condenado el movimiento Black Arts por promover el odio racial limitándose a cuestiones de raza y usando tantos términos despectivos. Otros en cambio consideran que como

Figura 40. Portada de la revista *Black Theatre* #6 (1972) editada en Harlem por Ed Bullins, Roscoe Orman, Richard Wesley y Marvin X. «A Periodical of the Black Theatre Movement», se trataba del boletín de la compañía de actores NLT (New Lafayette Theatre) fundada por Robert Macbeth en 1967. Ilustración de Bill Howell. Fuente: The New Lafayette Theatre. University.

corriente literaria es muy limitada, con una temática reducida que se subordinaba siempre al mensaje político y la denuncia social (SMITH, 1991). Que los integrantes del grupo repudiaran a los escritores negros que no seguían los criterios del movimiento tampoco ayudó a que fueran mejor recibidos. Pero teniendo en cuenta el periodo histórico en el que se enmarca, las Black Arts inspiraron a muchos autores a rechazar los estándares y romper las normas buscando formas novedosas de comunicarse a partir de su propia cultura (SMITH-SPEARS, 2011: 51; BAKER y ROBINSON, 2018: 78).

Obviamente, su relación con el movimiento Black Power no es casual: «Black Art es la hermana estética y espiritual del concepto Black Power... Tanto el concepto de Black Arts como el Black Power se relacionan ampliamente con el deseo afroamericano de autodeterminación y nacionalidad», escribió Larry Neal (SINHA, 2018: 128; ONGIRI, 2010: 92-3) **(figura 40)**. Afincado en Harlem, Neal colaboró con Baraka editando el libro *Black Fire*, una antología de ensayos, poesías y obras de teatro, y publicó el influyente artículo[17] «The Black Arts Movement», que perfilaba esta corriente heterodoxa (BEAN, 1999: 55) en un año clave para la historia contemporánea estadounidense con los asesinatos del Dr. King y Bobby Kennedy, los disturbios raciales, las noticias sobre la Ofensiva del Tet que llegaban de Vietnam y sugerían que el ejército estaba perdiendo la guerra y el boicot contra la Convención Demócrata de Chicago. No debemos obviar sus semejanzas con los artistas de la Generación Beat en ritmo y técnicas lingüísticas, pues ellos también se inspiraban en la música *bebop* y la jerga de la calle. De hecho, Amiri Baraka comenzó su carrera en Greenwich Village relacionándose con poetas como Allen Ginsberg, Charles Olson y Gary Snyder. Sólo tras el atentado fatal contra Malcolm X sintió que debía comprometerse con la comunidad negra.

Sin ningún lugar a dudas, los libros más influyentes del movimiento Black Arts fueron *Black Magic* y *It's Nation Time* de Amiri Baraka, de 1969 y 1970 respectivamente. En la recta final de la década el sentimiento de rabia, desconsuelo y desesperación era tan grande que inspiró los textos más duros. Con Malcolm X y Martin Luther King bajo tierra, los nuevos líderes políticos llamaban a la combatividad: Angela Davis, Huey Newton, Paul Coates o George

17 «The Black Arts Movement», *The Drama Review*, vol. 12 nº 4, Summer, 1968, pp. 29-39

Jackson no se conformaban con el diálogo y el consenso con la mayoría blanca, pedían la autodeterminación y apostaban por el nacionalismo. Del mismo modo los autores de Black Arts afilaron su discurso, más agresivo si cabe de lo que ya era antes. Pero Baraka, punta de lanza del movimiento, no era ni muchísimo menos el único exponente literario. El dramaturgo Ed Bullins escribió las obras *Clara's Ole Man* en 1965 y *Fabulous Miss Marie* en 1971, cosechando tres premios Obie del circuito OffBroadway otorgados por el influyente *Village Voice*. La novela *The Man Who Cried I Am* de John A. Williams en 1967 trataba de un escritor negro moribundo que se esfuerza por mantener su integridad política frente a la opresión blanca. Las narraciones breves de Henry Dumas recopiladas en *Ark of Bones, and Other Stories* de 1970 tenían un gran componente poético y querían cimentar una mitología negra.

Maya Angelou escribió multitud de historias basadas en su propia experiencia como poeta, actriz y activista, apoyando las causas del afrocentrismo y el feminismo. Hettie Cohen, una escritora judía de Brooklyn, contrajo matrimonio con Amiri Baraka y juntos coeditaron la revista *Yugen*; también fundaron el sello Totem Press para publicar las obras de activistas políticos. James Baldwin, que había cosechado un éxito enorme con su opera prima *Go Tell It on the Mountain* de 1953 expresando cómo se sentía siendo negro y homosexual, estuvo muy implicado en el movimiento por los derechos civiles participando por ejemplo en la Marcha sobre Washington y continuó publicando clásicos como *Another Country* y *The Fire Next Time*. Gwendoly Brooks había nacido en Topeka, Kansas, y se mudó a Chicago con su familia donde estudió en escuelas blancas, escuelas negras y finalmente escuelas integradas dándole una perspectiva única de la dinámica racial del país. Siendo joven asistió a los talleres de escritura de Inez Cunningham Stark donde Langston Hughes, emblema del Renacimiento de Harlem, quedó impresionado oyéndola recitar *The Ballad of Pearl May Lee* convirtiéndose en su mentor. Brooks publicará poemarios como *The Bean Eaters* en 1960 o *In the Mecca* de 1968. Nikki Giovanni abordó cuestiones raciales y recibió el sobrenombre de «la poetisa de la revolución negra» gracias a sus impactantes poemarios *Black Feeling, Black Talk* y *Black Judgement* (CLARKE, 2005: 53). Lorraine Hansberry dejó muchos escritos para el SNCC y vio adaptada su mejor obra de teatro, la primera producción de Broadway escrita por una mujer negra, en el film *Un lunar en el sol* (*A Raisin in the Sun*, Daniel Petrie, 1961) con Sidney Poitier y Ruby Dee. Su segunda obra *The Sign in Sidney Brustein's Window* se mantuvo en cartel durante más de cien funciones consecutivas hasta que su autora murió a la temprana edad de treinta y cuatro años a causa de un cáncer de páncreas.

En la órbita del Black Arts Movement, autores como Robert Hayden repudiaban esta corriente estilística considerándola chovinista y doctrinaria. Ishmael Reed incluso llegó a satirizar el movimiento por querer imponer una ortodoxia en la escritura afroamericana y escribió varias novelas paródicas entre 1967 y 1974, *The Free-Lance Pallbearers, Yellow Back Radio Broke-Down, Mumbo Jumbo* y *The Last Days of Louisiana Red.* Adrienne Kennedy fue una dramaturga que creó espectáculos teatrales vanguardistas con un tono brutalmente sombrío, de pesadilla, como *Funnyhouse of a Negro* y *The Owl Answers* donde las protagonistas son mujeres negras atrapadas entre sus raíces africanas y el yugo occidental (TRAYLOR, 2009: 59). James Alan McPherson era un maestro del relato corto que vió recopiladas sus narraciones en el libro antológico *Hue and Cry* de 1968 mientras Ernest J. Gaines hizo lo propio en el libro *Bloodline* antes de crear *The Autobiography of Miss Jane Pittman*, con uno de los personajes femeninos más fuertes de la literatura negra junto a *Jubilee* de Margaret Walker.

El año siguiente, Charles Gordone ganó el Pulitzer por su obra de teatro *No Place to be Somebody: A Black-Black Comedy.* A esas alturas el gran público estaba intrigado por la literatura negra y los padecimientos de los afroamericanos, así que acogieron la pieza con entusiasmo. El drama transcurre en el Johnny's Bar, propiedad de Johnny Williams, quien hace todo lo que puede por burlar a un sindicato de mafiosos blancos. Obras anteriores, que fueron publicadas antes del movimiento por los derechos civiles, se reeditaron en esta época cobrando un nuevo realce: *The Narrows* de Anne Petry narraba una historia de amor tórrido entre un joven afroamericano y una mujer blanca con el trasfondo del racismo y las leyes Jim Crow, mientras *Sonny's Blues* de James Baldwin narraba la difícil relación entre dos hermanos, un profesor de matemáticas y un músico drogadicto de gran talento (SCOTT, 2019).

Adentrándonos en el terreno político más específico, numerosos textos han tenido un impacto crucial para la comunidad negra en América. Frantz Fanon publicó en 1961 *The Wretched of the Earth* para denunciar la hipocresía de la historia colonial de Occidente, que insinuaba que los oprimidos debían emplear la resistencia pacífica en sus estrategias reivindicativas negando la posibilidad de hacer frente al opresor con vehemencia; Fanon fue un teórico de la liberación que insistirá en la necesidad de una vía revolucionaria en *Black Skin, White Masks*. Marcus Garvey había fundado en 1914 la UNIA (*Universal Negro Improvement Association*), considerada la organización negra más influyente de todos los tiempos con millones de miembros de la diáspora africana en su momento de máximo apogeo y un papel muy relevante para las mujeres, que representaban más de la mitad de sus activos; su viuda Amy Jacques Garvey conservó la memoria y la filosofía de su esposo en el libro *Garvey and Garveyism* de 1963, un primer aldabonazo del panafricanismo que vendrá después (MARTIN, 1983; SMETHURST, 2003b: 261). Aquel año Kwame Nkrumah, presidente de Ghana, publicó *Africa Must Unite* insistiendo en el radicalismo negro y la revolución africana. Cuando Stokely Carmichael abrazó finalmente el panafricanismo y cambió su nombre por Kwame Ture, publicó en 1971 *Stokely Speaks: From Black Power to Pan-Africanism* vinculando la situación de los estudiantes negros en Estados Unidos con la lucha global por la libertad de su pueblo (ANDREWS, 2019).

Desde luego la controversia estaba servida. Las mismas disensiones que había en el SNCC, el SCLC y otras organizaciones políticas se trasladaron al mercado editorial. El Southern Student Organizing Committee en Nashville, Tennessee, imprimió en 1966 un folleto titulado *Black Power* que recogía los postulados de Stokely Carmichael; muchas publicaciones así vieron la luz ese mismo año divulgando la doctrina del empoderamiento negro por todo el país. Como respuesta, Martin Luther King escribió inmediatamente después *Where Do We Go from Here: Chaos or Community?* advirtiendo de que el poder político para los negros no podía venir del separatismo. El Dr. King, cauto y precavido, seguía los dictados de Bayard Rustin en *Nonviolence in the South*; Rustin era el estratega más prominente de la resistencia pacífica, ayudó a organizar el boicot a los autobuses de Montgomery además de organizar la Marcha sobre Washington. Pero la no violencia se extinguió en cuanto los negros perdieron la paciencia tras tantos y tantos sinsabores. *The Autobiography of Malcolm X* coescrita por Alex Haley describe su conversión religiosa en la cárcel, su vinculación con la Nación del Islam y su problemática relación con Elijah Muhammad; el libro apareció justo antes de su asesinato y se convirtió en la principal fuente de información sobre Malcolm X y su filosofía de vida. Como no podía ser de otro modo, el propio Elijah Muhammad dio su versión poco después en el libro *Message to the Blackman in America* de 1965 ahondando en el nacionalismo negro y la separación de razas siguiendo la doctrina del profeta Mahoma. Eldridge Cleaver narró su encierro en prisión cuando era ministro del Black Panther Party en su impactante *Soul on Ice* de 1968, defendiendo el marxismo leninismo, la violencia revolucionaria y la lucha armada para poner fin al capitalismo y la explotación del proletariado. *Coming of Age in Mississippi* por Anne Moody, *Soledad Brother* de George Jackson en 1970 y la biografía de Angela Davis en 1974 daban testimonio de primera mano sobre el supremacismo en el Sur, las instituciones penitenciarias y la caza de brujas orquestada por el gobierno.

SEGUNDA PARTE
HÉROES

3

VENCER

3.1 LA BARRERA DEL COLOR

Una de las personas que más ha hecho por el avance social en Estados Unidos fue un jugador de béisbol. «Jackie Robinson hizo posible mi éxito», dijo Martin Luther King. «Sin él, nunca hubiera podido hacer lo que hice» (CANTRELL, 2023: 30). Robinson fue el primer jugador negro en las Grandes Ligas. Cuando fichó por los Dodgers de Brooklyn puso fin a la segregación racial en el béisbol profesional. Era el 15 de abril de 1947, tenía veintiocho años y aún faltaba década y media para que el movimiento por los derechos civiles despegara; sin embargo rompió la barrera del color en el deporte estadounidense. Hasta ese momento jugaba en las Ligas Negras para los Kansas City Monarchs, pero tenía un talento tan descomunal que puso al país entero a sus pies. Dejará una huella tan profunda que la Major League Baseball retirará su número, el 42, para que ningún otro jugador pueda llevarlo después de él, un tributo inédito hasta la fecha que no tiene su equivalente en ningún otro deportista profesional. Por si esto fuera poco, cada 15 de abril todos los jugadores, entrenadores y árbitros de la MLB llevan uniformes y gorras con el Nº 42 en su honor para celebrar el Día de Jackie Robinson. Bud Selig dijo: «Jackie marcó el comienzo de la era en la que el béisbol se convirtió en el verdadero pasatiempo nacional» (DAVIS, 2019). Tal fue su importancia. No hay un solo ciudadano norteamericano que no reconozca su figura y deje de sentir admiración por él **(figura 41)**.

Figura 41. Jackie Robinson con la camiseta de los Dodgers, fotografía de Bob Sandberg para Look Magazine, 1954. Fuente: Wikimedia Commons, Library of Congress.

El camino fue largo. Después de la Guerra Civil, el Congreso aprobó una serie de leyes y tres enmiendas constitucionales de 1865 a 1876 para garantizar la libertad de los negros; en ese primer momento se aceptó que pudieran jugar al béisbol con los blancos. Así, en 1878 Bud Fowler se convirtió en el primer jugador profesional de color que compartió banquillo con jugadores blancos. Por desgracia, en 1884 Moses Fleetwood Walker sería el último jugador negro de las Grandes Ligas que formara parte de un equipo compuesto casi exclusivamente por blancos, los Toledo Blue Stockings. En 1887 los propietarios de los equipos llegaron a un acuerdo, una especie de pacto secreto que dictaba que nunca más ofrecerían contratos a los negros dejándolos fuera de las ligas mayores y menores. En sintonía con las leyes Jim Crow, los directivos impusieron una «segregación de facto», una medida segregadora no respaldada por ninguna ley pero que funcionará como una regla no escrita cumpliéndose a rajatabla. Veinte años después Rube Foster, propietario de los Chicago American Giants, fundó la Liga Nacional Negra empezando el béisbol de las Ligas Negras en las que participarán las ciudades de Norte generando una industria boyante hasta los años 40 (ONION, *et al*, 2017). En el 45, Jackie Robinson firmó un contrato con Branch Rickey, copropietario de los Dodgers, y debutó en la filial, los Montreal Royals. El 15 de abril de 1947, un día para la historia, Robinson hizo su debut con los Dodgers dejando boquiabiertos a sus seguidores. Aquella temporada Larry Doby fichó por los Indians de Cleveland, inscrita en la American League, el otro puntal de las Grandes Ligas. Paralelamente, Wendell Smith se convirtió en el primer cronista deportivo negro en ser admitido por la Baseball Writers Association of America. Tanto Robinson como Larry Doby tuvieron que soportar la intolerancia y el odio de sus compañeros de vestuario, sus rivales y los fans que tardaron en acostumbrarse a un cambio tan drástico; su juego espectacular calló muchas bocas pero el racismo estaba muy presente todavía (RYMER, 2013).

En 1957, diez años después de debutar en Brooklyn con la camiseta de los Dodgers, la Universidad de Howard otorgó títulos honoríficos a Jackie Robinson y Martin Luther King y entablaron una relación estrecha. Robinson se convirtió en asesor del movimiento de los derechos civiles y contaría con su confianza. Pumpsie Green fichó por los Red Sox de Boston, último equipo de las Grandes Ligas en incluir un jugador negro en 1959, aunque por entonces aún era muy difícil para un afroamericano llegar a la cima. En el 66, Ted Williams dijo en un discurso que los jugadores de las Ligas

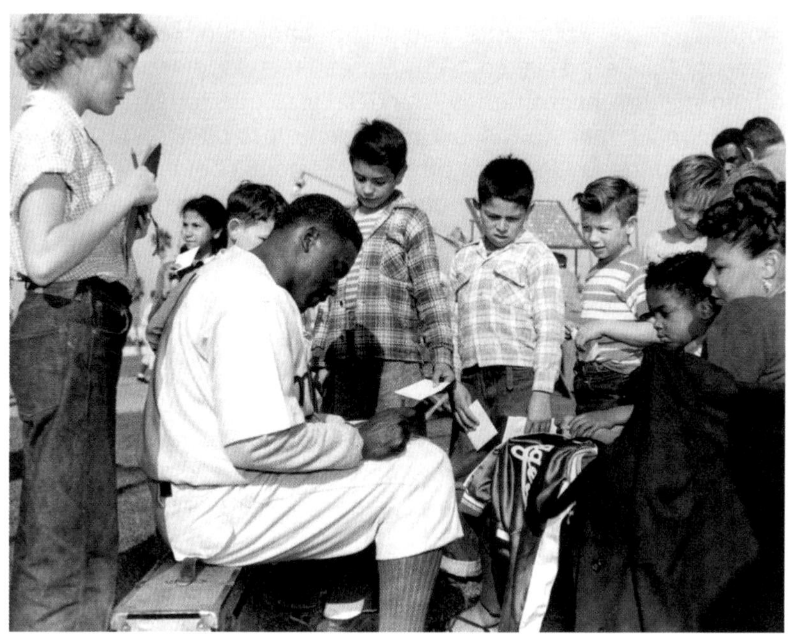

Figura 42. Jackie Robinson firmando autógrafos a un puñado de niños con su esposa Rachel y su hijo mirando a la derecha en Anaheim, California, el 20 de febrero de 1950. Fuente: Associated Press, Wisconsin State Journal.

Negras deberían ser tenidos en cuenta para entrar en el Salón de la Fama, que hasta entonces los había excluido; aquel mismo año Emmett Ashford sería el primer árbitro de color en las Grandes Ligas. Un proceso de décadas, que comenzó mucho antes de las reivindicaciones políticas y el activismo (FETTER, 2011; HARGRAVE, 2017). Para casi cualquier norteamericano, lo que sucedía sobre el césped en un encuentro deportivo era más importante que cualquier otra cosa que se discutiera en un despacho del Capitolio. Los deportes constituían el verdadero espacio trascendente para el devenir del país **(figura 42)**.

La carrera de Jackie Robinson fue absolutamente deslumbrante. El mismo año de su debut con los Dodgers recibió el premio al Novato del Año y dos años después será el Campeón de Bateo además de ser elegido el Jugador Más Valioso de la Liga Nacional. De 1949 a 1956 fue seleccionado para el equipo All-Star seis veces consecutivas, su equipo ganó seis veces la Liga Nacional gracias a él y conquistaron la Serie Mundial en 1955. Cuando se retiró tenía un promedio de bateo de .311 y siguió vinculado al béisbol como el primer analista deportivo negro en aparecer por televisión. Fue vicepresidente de Chock Full O'Nuts, el primer afroamericano en ocupar un cargo tan alto en una gran corporación estadounidense, y en los años 60 ayudó a establecer el Freedom National Bank, institución financiera con sede en Harlem que ofrecía condiciones ventajosas para los clientes de color, concedió préstamos para abrir infinidad de pequeños negocios y avaló hipotecas para las familias negras. Prácticamente ciego a causa de la diabetes, murió en 1972 con cincuenta y tres años de edad y recibió póstumamente la Medalla de Oro del Congreso y la Medalla Presidencial de la Libertad. El reconocimiento de sus logros es unánime: un deportista capaz de hacer vibrar al país entero, caló en la sociedad tanto o más que cualquier discurso político.

Una vida entera soportando el odio. Cuando era soldado durante la Segunda Guerra Mundial, sus superiores quisieron mantenerlo fuera de la escuela de oficiales para impedir que ascendiera. En 1944, estando asignado al campo de entrenamiento en Fort Hood, Texas, se negó a pasar a la parte trasera de un autobús del ejército cuando se lo pidió el conductor. Luego se enfrentó a cargos de insubordinación, alteración del orden público, embriaguez, negarse a obedecer las órdenes de un superior y conducta impropia de un oficial. Naturalmente se trataba de acusaciones falsas, calumnias inventadas; juzgado por un tribunal militar, ocho de los nueve jueces encontraron a Robinson no culpable y en noviembre fue dado de baja honorablemente del ejército. Luego jugará para los Kansas City Monarchs (WHEELER, 2007). Por otro lado él nunca se escondió, siempre dispuesto a presentar batalla. Los cronistas deportivos a menudo solían decir que Jackie Robinson era un tipo comedido y sensato que rompió la barrera racial en el béisbol gracias a su templanza: ante las burlas y los insultos, Jackie agachaba la cabeza y dejaba que su juego hablara por él. En otras palabras, era un negro sumiso que sabía mantener la boca cerrada. Nada más lejos de la realidad. En su fuero interno estaba indignado, lleno de rabia, y su silencio prudencial era pura estrategia; no dejaría que nada ni nadie le hicieran perder la compostura y el temple. A su alrededor, una marabunta de jugadores blancos resentidos, fans intolerantes, reporteros, políticos y directivos de la liga profesional despreciaban abiertamente su color de piel. En el tramo final de su vida, Robinson admitió que se sentía decepcionado por el lento progreso racial y no era capaz de ponerse en pie para cantar el himno nacional del país y saludar la bandera.

Muchos querían que acabara la segregación en el béisbol desde los años 30. Antes del movimiento por los derechos civiles, otros actores políticos pedían la integración: blancos progresistas, la prensa negra, el Partido Comunista, sindicatos de izquierdas... pero era como gritarle a un muro de cemento. Varios factores económicos influyeron para que se prolongara la segregación: los propietarios de los equipos de las Grandes Ligas alquilaban sus estadios a los equipos de la Liga Negra cuando estaban de gira; los dueños sabían que si el béisbol se integraba, perderían mucho dinero al no recibir el pago de los alquileres. También creían que gran parte del público dejaría de asistir a los partidos en el momento en que un negro pisara el campo. En cambio, otros directivos más avispados vieron la posible incorporación de jugadores negros como una oportunidad para conquistar otro segmento de público y vender más entradas. Sólo un alto directivo de las Grandes Ligas podía tomar esa decisión por iniciativa propia, y esa persona fue Branch Rickey de los Dodgers[18]. Jackie Robinson le prometió que, al menos durante su primer año jugando en la filial, no respondería a las provocaciones de los fans, los entrenadores y los jugadores que sin duda iba a escuchar a diario. Solo una semana después de unirse al equipo titular el entrenador de los Phillies de Philadelphia, Ben Chapman, le increpó durante un partido: «¡Vuelve al campo de algodón al que perteneces!» (HEAPHY, 2003: 182; SCHUTZ, 2016a: 73). Tenía que lidiar con eso todos los días.

Robinson soportaba las puyas en el campo porque, en el fondo, querían que perdiera la concentración y fallara, o que perdiera los estribos y cometiera una infracción. Tenía una visión a largo plazo,

18 «A Branch Grows in Brooklyn», *Look*, vol. 10 nº 6, March 19, 1946, pp. 70-7

si aguantaba en el puesto y se comportaba con profesionalidad exquisita, otros jugadores negros vendrían después; más que un deporte, era una conquista social. Se desahogaba cada vez que concedía entrevistas, daba discursos o escribía sus columnas en el *New York Amsterdam News*, el *Pittsburgh Courier* y el *New York Post*. Sus compañeros de vestuario estaban molestos por cómo daba rienda suelta a su malestar hablando sobre el racismo y sacando a relucir su enfado. El cronista deportivo del *New York Daily News* Dick Young se quejó de que cuando hablaba con su compañero negro Roy Campanella se ceñían al béisbol, pero cada vez que se encontraba con Robinson antes o después terminaba hablándole de problemas raciales. En 1953, la revista *Sport* publicó un bochornoso artículo[19] titulado «Why They Boo Jackie Robinson» («Por qué abuchean a Jackie Robinson») donde le describían como combativo, emocional y calculador, pero al mismo tiempo «explosivo, llorón, exhibicionista y alborotador» (SCHUTZ, 2016b: 101). Un diario de Cleveland le llamó «incitador de chusma» (DREIER, *et al*, 2022a: 87). *The Sporting News* tituló un reportaje «Robinson Should Be a Player, Not a Crusader» («Robinson debería ser un jugador, no un cruzado») reprochándole sus opiniones en materia política (CHAFETS, 2009: 116; SCHUTZ, 2016b: 102; ARON, 2022: 49). Otros periodistas le llamaban habitualmente «bocazas», «dolor de cabeza» y cosas mucho peores. El acoso mediático era tan persistente que la NAACP quedó impresionada por su fortaleza de ánimo y en 1956 otorgó a Robinson la Medalla Spingarn, el honor más alto que concedían a ciudadanos afroamericanos.

Cuando se retiró en el 57 decidió asumir un papel activo en la lucha por los derechos civiles. Se mantuvo fiel a su palabra y nunca se pronunció en el campo de juego, pero fue coherente con las declaraciones vertidas tantas veces en la prensa: su compromiso era genuino. Usó su celebridad para instar al presidente Dwight Eisenhower a enviar tropas a Little Rock para proteger a los nueve estudiantes negros matriculados en un instituto para blancos que querían ir a clase y terminar con la segregación en las escuelas públicas. En el 59 se negó a moverse a la sala de espera «Para

19 «Why They Boo Jackie Robinson», *Sport*, vol. 14 nº 2, February, 1953, pp. 10-3

personas de color» en el aeropuerto de Greenville, Carolina del Sur, y decidió tomar un sorbo de agua de una fuente «Solo para blancos» en un gesto desafiante que no pasó desapercibido. Cuando las sentadas en locales segregados proliferaron en los 60, impresionado por el coraje de los universitarios, emprendió una campaña para recaudar dinero y abonar las fianzas de aquellos que fueron detenidos por la policía y estaban en la cárcel. También apoyo la candidatura presidencial de Hubert Humphrey, senador por Minnesota y firme defensor de los derechos civiles. Cuando John F. Kennedy resultó elegido por el partido demócrata, Robinson temió que se sintiera en deuda con los demócratas del Sur que se oponían a la integración y respaldó al republicano Richard Nixon; luego se arrepentiría de su decisión cuando Nixon se negó a visitar Harlem y no condenó el arresto de Martin Luther King en Georgia. En 1962, Medgar Evers le invitó a Jackson, Mississippi, para que hablara en un mitin de la NAACP.

Convenció a su compañero Curt Flood y los boxeadores Archie Moore y Floyd Patterson para que le acompañaran **(figura 43)**. Poco después el propio Dr. King le pidió que viajase a Albany para llamar la atención de los medios acerca de tres iglesias negras que fueron incendiadas y lideró una recaudación de fondos para reconstruirlas que recabó cincuenta mil dólares. Jackson se desplazó a los estados del Sur numerosas veces para dar su respaldo al SCLC impulsando el registro de votantes negros en los colegios electorales incluyendo la ciudad de Birmingham, Alabama. Wyatt Tee Walker afirmó: «Su presencia en el Sur fue muy importante para nosotros». Martin Luther King le llamó «un Freedom Rider antes de que hubiera marchas por la libertad» (DREIER, 2022b).

En agosto del 68 tres Panteras Negras fueron arrestados en Nueva York acusados de agredir a un oficial de policía. Dos semanas después se celebraban las audiencias en el juzgado y una muchedumbre de ciento cincuenta hombres incluyendo varios agentes fuera de servicio irrumpieron en el tribunal y atacaron a diez Panteras Negras en la sala. Cuando Jackie Robinson supo que ninguno de los alborotadores blancos fue detenido, se indignó y convocó una conferencia de prensa en la sede local del Black

Figura 43. Jackie Robinson con el campeón de boxeo de los pesos pesados Floyd Patterson en el aeropuerto LaGuardia a punto de volar hacia Birmingham, Alabama, para colaborar en un acto de la NAACP en 1963. Fuente: Society for American Baseball Research.

Panther Party mostrando su apoyo incondicional a la causa: «Los Panteras Negras buscan la autodeterminación, la protección de la comunidad negra, vivienda y empleo dignos y expresan su oposición al abuso policial». El año siguiente le invitaron a jugar en un torneo de Old Timers pero él rehusó porque la Major League aún impedía el acceso de los negros a los puestos directivos. En la Serie Mundial de 1972 pidió que hubiera entrenadores negros. No dejó de exigir reformas hasta el final de sus días.

Jackie Robinson era un hombre alto, fornido, centrado. Podía considerárselo el paladín de los derechos civiles mucho antes de que los jóvenes activistas saltaran a la palestra. Al menos era la imagen pública del SCLC, el rostro visible de la organización que prestaba su apoyo a Martin Luther King ganando adeptos para la causa. Apostó su credibilidad y su buen nombre defendiendo lo que era justo. Cuando incluyeron a Robinson en el Salón de la Fama del Béisbol en verano del 62, América estaba reconociendo su contribución al deporte pero también su compromiso social. Su amigo Martin Luther King rememoró[20] sus esfuerzos conjuntos por una educación integrada, viviendas dignas para los negros y el derecho al voto en una batalla política «por azuzar la conciencia de los Estados Unidos» (MOORE, 2022).

3.2 LOGROS DEPORTIVOS

Los campos elíseos del béisbol contaban con grandes superestrellas negras en la estela de Jackie Robinson. Sam Jethroe era un jardinero central conocido por su velocidad al que apodaron «el Jet». Jugó en las Ligas Negras y en 1949 fichó por los Boston Braves por la friolera de ciento cincuenta mil dólares: recibió el premio al Novato del Año tras robar 36 bases, 18 más que cualquier otro jugador de la Major League. Cuando se retiró, trabajó en una fábrica y luego abrió un bar. En 1994 demandó a la Major League por haberle negado la pensión a él y a otros jugadores negros. Willie Mays entró en los Giants de Nueva York en 1951 y tuvo problemas en sus doce primeros turnos de bateo, pero al decimotercer intento conectó un espectacular *home run* y no tardó en convertirse en una leyenda. Mays decía que cada vez que la multitud le insultaba en las gradas, él bateaba más fuerte; en una ocasión el locutor pidió al público que dejaran de abuchearle porque estaba aniquilando al equipo rival. Mays jugó en los Giants de San Francisco y los Mets de Nueva York donde será instructor de bateo transmitiendo su técnica a los próximos jugadores. En 1953, Ernie Banks fue el primer jugador afroamericano en competir con los Chicago Cubs donde permaneció diecinueve temporadas haciéndose con el récord de *home runs* hasta ese momento; conocido cariñosamente por los apodos de «Mr. Cub» y «Mr. Sunshine» se ganó la simpatía de los fans y seguirá formando parte del equipo como entrenador en 1971. Bob Trice debutó en los Athletics de Philadelphia enfrentándose a la misma resistencia del público. Branch Rickey fichó al segunda base Curt Roberts para los Piratas de Pittsburgh en

20 «Hall of Famer», *New York Amsterdam News*, August 4, 1962, p. 1

1954 pero el acoso racial, los insultos y abucheos, hicieron mella en su juego y dejaron de contar con él la temporada siguiente aunque su nombre no se ha olvidado. Monte Irvin en los Giants, Larry Doby, Williard "Home Run" Brown y su compañero el bateador zurdo Hank Thomson... Auténticos ídolos de ébano para los afroamericanos. Los niños conocían sus estadísticas, adoraban verlos jugar el domingo, admiraban su entereza soportando el desprecio y las críticas, entendían sus penalidades y sabían que eran duros de verdad.

El éxito de Jackie Robinson en el béisbol y fuera de él hizo ver a Martin Luther King que los atletas negros podían jugar un papel esencial en el movimiento por los derechos civiles. King creía que los deportes podían ayudar a salvar el alma de los Estados Unidos: los jugadores negros que triunfaban en su carrera profesional y mostraban su carácter cordial se convertían en símbolos del integracionismo. Deportistas como Wilma Rudolph y Bill Russell también consiguieron destacar en sus respectivas disciplinas, el atletismo y el baloncesto. King necesitaba otro campeón. En Milwaukee presionó a los Braves para que integraran sus instalaciones de entrenamiento de primavera en Florida; luego pidió a Hank Aaron que jugara con el equipo, que acababa de mudarse a Atlanta como parte de los esfuerzos de la ciudad para promocionar un Nuevo Sur que marcaba distancias con las leyes Jim Crow. Sin embargo, algunos deportistas negros evitaban entrar en política y solo pensaban en el juego; Willie Mays explicó: «El reverendo Martin Luther King no sabe jugar béisbol, así que no lo hace. Ahora, ¿qué diría de mí si yo empezase a predicar? Trato de hacer lo que mejor sé con mis habilidades y creo que he ayudado a mi gente. No critico el movimiento, a ninguna persona o sus acciones porque no soy ningún estadista. Solo soy un jugador de béisbol.» [21] Otros en cambio se sintieron decepcionados viendo que sus esfuerzos caían en saco roto y el racismo tan arraigado en América no terminaba de desaparecer. Jim Brown y Curt Flood dijeron que King era demasiado amable y la filosofía de la no violencia no daba sus frutos. Brown pensaba que la mayoría de los afroamericanos eran partidarios de las consignas de la Nación del Islam y Malcolm

21 «Wouldn't Want Kin to be Pro Athletes, Admits Mays», *Jet*, vol. 27 nº 1, October 8, 1964, p. 54

X. «Es muy posible que gane más dinero este año que cualquier atleta negro en el mundo, pero deseo tanto como el aparcero más pobre ser un hombre libre», dijo una vez[22].

Entre 1967 y 1968 los atletas negros de al menos treinta y cinco campus universitarios protestaron contra el racismo en los deportes y la educación. Se propusieron boicotear los Juegos Olímpicos de 1968 para protestar contra la intolerancia en la sociedad. El Dr. King comprendió su punto de vista y se prestó a colaborar. Se reunió en Nueva York con el equipo olímpico incluyendo Harry Edwards y el corredor John Carlos y les dijo: «No estamos diciéndoos que prendáis fuego a los juegos. Simplemente decimos que no nos importa participar en los juegos y ver cómo se sienten los blancos si no formamos parte de su espectáculo» (CARLOS y ZIRIN, 2011: 82). Aunque los negros tenían cada vez más oportunidades de acceder a los deportes, la sociedad no avanzaba al mismo ritmo y estaba quedándose rezagada: les miraban por encima del hombro, les trataban despectivamente y cuestionaban sus logros. Kareem Abdul-Jabbar decidió no ir a los Juegos Olímpicos. John Carlos y Tommie Smith escenificaron un acto de protesta simbólico ante el resto del mundo: subidos al podio para recibir sus medallas de atletismo, levantaron sus puños en alto mientras sonaba el himno nacional de los Estados Unidos; en el puño, guantes negros para expresar su apoyo al espíritu Black Power y los Panteras Negras **(figura 44)**.

Harry Edwards, profesor de sociología en la universidad de Berkeley, ayudó a fundar el Proyecto Olímpico por los Derechos Humanos y participó en un congreso celebrado en el Queens College en 1972. La gente había estado protestando a pie de calle contra la AAC (*Amateur Athletic Union*) y la NCAA (*National Collegiate Athletic Association*) denunciando el racismo manifiesto de Avery Brundage, presidente del Comité Olímpico Internacional que se negó a suspender los juegos tras el asesinato de once deportistas israelíes en Munich. En los juegos del 68, Brundage ordenó que expulsaran a Tommie Smith y John Carlos de la villa olímpica y fueran suspendidos del equipo. Edwards solía encabezar ese tipo

22 «Jim Brown's Own Story», *Look*, vol. 28 nº 20, October 6, 1964, pp. 74-6

de protestas solidarias como el boicot a la pista cubierta para el New York Athletic Club en el Madison Square Garden y dijo al *New York Times*: «Si el presidente Nixon puede dedicar su tiempo a pensar en béisbol y rugby, yo puedo dedicar mi tiempo a pensar en los intereses políticos de los negros.» [23]

En el 74, Hank Aaron superó el récord histórico de *home runs* de Babe Ruth. Aaron tuvo que ignorar las amenazas de muerte que

Figura 44. Tommie Smith y John Carlos levantaron sus puños en las Olimpiadas el 16 de octubre de 1968. Fueron expulsados de los juegos y al llegar a casa todas sus medallas y trofeos fueron confiscados por el gobierno. Fotografía de John Dominis para la revista Life. Fuente: The Sporting News. Fuente: Society for American Baseball Research.

recibió cuando se acercaba el momento; muchos aficionados no querían que un negro rompiera la marca legendaria de un jugador blanco y le abucheaban en el estadio queriendo impedírselo. Cuando conectó el *home run* 715 otra barrera saltó por los aires: no sólo podían jugar al mismo deporte, sino que los negros podían hacerlo mejor **(figura 45)**. El año siguiente, mientras el tenista negro Arthur Ashe ganaba el torneo de Wimbledon, Frank Robinson se convirtió en el primer director deportivo negro en las Grandes Ligas de béisbol, primero en los Indians de Cleveland y luego en los Giants de San Francisco, los Orioles de Baltimore y otros equipos.

En el baloncesto las cosas no fueron más fáciles en absoluto, con la diferencia de que cuesta imaginar hoy día un partido de la NBA solo con blancos. Este era el panorama en 1950 cuando Chuck Cooper, Earl Lloyd y Nat "Sweetwater" Clifton ingresaron en la Asociación Nacional de Baloncesto y se convirtieron en pioneros: Cooper fue el primer afroamericano en fichar por un equipo de la NBA, los Boston Celtics, Nat Clifton fue el primero en firmar un contrato de permanencia y Lloyd sería el primer afroamericano en jugar un partido de la NBA, un disputado encuentro entre los Capitols de Washington y los Rochester Royals. La situación no era equiparable al castigo que Jackie Robinson tuvo que soportar en el béisbol, donde ni sus compañeros de vestuario lo querían tener cerca; en el baloncesto universitario el público estaba acostumbrado a ver equipos integrados y había otra mentalidad menos asfixiante, pero en algunos lugares no eran bienvenidos. «Recuerdo que en Fort Wayne, Indiana, nos quedamos en un hotel donde me permitían alojarme para dormir pero no me dejaban acceder al comedor... Crecí en el estado de Virginia y conocía la segregación de cerca así que ya había visto antes ese tipo de cosas. ¿Hizo que me amargara? No. Si se lo permites te carcomerá por dentro. Si la adversidad no te mata, te hace mejor persona», recordaba Nat Clifton, quien estuvo siete temporadas[23] con los Knicks (National Basketball Association, 2021). Sin embargo, Earl Lloyd soportó escenas aún más desagradables

23 «Black Power in Sports: From Protest to Political Perspective», *New York Times*, March 12, 1972, p. 1 (Section S)

Figura 45. Hank Aaron conecta el home run 715 rompiendo el histórico récord de Babe Ruth el 8 de abril de 1974 frente al pitcher Al Downing de los Dodgers. Fotografía de Herb Scharfman. Fuente: USA Today.

dentro de la cancha. Su compañero Johnny Kerr contaba: jugadores ofensivos del equipo rival; durante la temporada 1955-55 alcanzó un promedio de 10,2 puntos y 7,7 rebotes ayudando a los Nationals de Syracuse a ganar el título de la NBA. Cuando se retiró en 1960 su promedio en los Detroit Pistols había subido hasta los 8,4 puntos y 6,4 rebotes. La década siguiente fue cazatalentos y entrenador asistente, y en 1971 sería el primer entrenador afroamericano de los Pistols. Luego pasó el resto de su vida trabajando para la Junta de Educación de la ciudad.

El panorama en la NBA durante la década de 1960 no era tan diferente al ambiente hostil en el Sur del país. Había una cuota para los afroamericanos. Tan solo había dos jugadores negros en cada equipo, compuesto mayoritariamente por blancos. Bill Russell en los Celtics y George Mikan en los Lakers causaron bastante revuelo la década anterior pero solo entre los aficionados, ya que los partidos casi no se retransmitían por televisión y no calaban en el público masivo. «Lo hicimos lo mejor que pudimos pero en aquellos momentos estábamos inseguros porque al empezar éramos pocos», dijo Wayne Embry. En una ocasión varios jugadores de los Celtics se negaron a participar en un torneo de exhibición en Lexington, Kentucky, después de que les impidieran comer en el hotel donde se hospedaban. Sam Jones, Satch Sanders, K.C. Jones y Bill Russell se hartaron del desdén. Jones y Sanders estaban yéndose del hotel dispuestos a volver a casa cuando se toparon con K.C. y Rusell, que buscaron a su entrenador Red Auerbach. Red llamó al gerente del hotel en seguida y le cantó las cuarenta convenciéndole para que les permitiera comer en el restaurante con los demás huéspedes. Pero los jugadores no se conformaban: «Cuando hayamos comido en el hotel, los negros no volveremos aquí hasta que cambien las cosas. Así que me voy a casa» dijo Sam Jones, y Auerbach les llevó al aeropuerto. Bill Russell estaba tan indignado por el racismo que llegó a manifestar en una entrevista «Prefiero morir por algo que vivir por nada» (HIGHTOWER, 2021).

Desde luego, cuesta imaginar una época en que el baloncesto estaba reservado para los jugadores relativamente bajos y rápidos, los jugadores blancos; se pensaba que los jugadores altos eran demasiado lentos para seguir el ritmo. A grandes rasgos podemos decir que Bill Russell cambió la percepción del deporte. Nacido en West Monroe, Louisiana, pasó la infancia soportando la segregación y oyendo noticias terribles de linchamientos. Poco después de mudarse a Oakland su madre murió y Russell se volvió retraído, pasaba el día en la biblioteca pública y mientras estuvo en el instituto no destacó en los deportes. Todo cambió al matricularse en la Universidad de San Francisco.

Hasta entonces los jugadores de baloncesto debían dejar los pies pegados al suelo cuando defendían, todos creían que si despegaban los pies el jugador ofensivo podría adelantarse y cometer una falta. Russell empezó a experimentar saltando para bloquear lanzamientos; sus entrenadores quisieron hacerle cambiar de idea pero vieron en seguida que su nuevo estilo aéreo podría desestabilizar el juego atacante y desmoralizar al equipo rival. Un cazatalentos se fijó en él y le ofreció una beca universitaria. Dio el estirón hasta alcanzar los seis pies y diez pulgadas de altura y perfeccionó su estilo rechazando tiros, interceptando rebotes, lanzando pases y adueñándose de la cancha. Cuando jugase para los Celtics conquistará el título de la NBA once veces incluyendo enfrentamientos míticos con Wilt Chamberlain y los Lakers; Chamberlain era el jugador con más récords históricos en ese deporte, el primero y el único en haber anotado cien puntos en un solo partido. Tanto él como Russell estaban rehaciendo la liga y transformando el baloncesto justo mientras el movimiento por los derechos civiles sacudía el país. Oscar Peterson, Elgin Baylor y otros estaban revolucionando el juego pero aún había «cuotas de facto» (es decir, no regidas por ninguna ley o reglamento deportivo, sino consensuadas tácitamente por los directivos) y no había más de quince afroamericanos en la NBA en ese momento (MORELAND, 2011). Russell condenó lo que le parecía una práctica abusiva y un ejemplo de segregación. Muy imbuido del panafricanismo viajó a Libia, Etiopía y Liberia, donde un niño le preguntó por qué había ido allí. «Vine porque creo que en algún lugar de África está mi hogar ancestral. He venido porque, como cualquier otro hombre, me siento atraído por la tierra de mis antepasados y quería conocerla», dijo Russell. Todos los presentes se pusieron en pie para ovacionarle y él rompió a llorar (MERLINO, 2011). En Boston, el racismo no le fue ajeno: una vez, un intruso irrumpió en su casa, llenó las paredes de mensajes ofensivos y defecó en su cama. Él siempre se negó a firmar autógrafos y decía que no le debía nada a los aficionados; su meta era ganar, no conquistar la simpatía de los blancos, muchos de los cuales ya le odiaban por su color no le perdonaban sus victorias. Cuando Russell empezó su carrera, se esperaba que los negros

Figura 46. Bill Russell cambió el baloncesto para siempre. Gracias a su estilo aéreo podía desmoralizar al equipo rival con sus bloqueos y sus saltos verticales para entrar a canasta. Con los Celtics de Boston ganó el título de la NBA once veces. Fotografía de Fred Kaplan. Fuente: The New Yorker. Fuente: Society for American Baseball Research.

permanecieran en segundo plano cediendo el protagonismo a sus compañeros blancos; cuando se retiró del deporte, el baloncesto había cambiado para siempre (SMITH, 2019; HEERY, 2021) **(figura 46)**.

3.3 CORAZÓN Y MÚSCULO

En el fútbol americano, o el rugby como lo llamamos nosotros por aquí, la integración de los jugadores fue fruto de la visión y la dedicación de Lamar Hunt. Propietario de los Kansas City Chiefs, se dedicó a descubrir nuevos talentos en las universidades negras recorriendo Grambling State en Louisiana, Prairie View en Texas, Tennessee State y Morgan State en Baltimore. Antes de que la AFL (*American Football League*) y la NFL (*National Football League*) se fusionaran en 1966, la AFL era el único lugar donde los negros tenían una oportunidad de hacer carrera profesional en el rugby. Willie Lanier, *linebacker* de los Chiefs entre 1968 y 1975, fue reclutado por Hunt y recuerda el trato que recibió por parte de su familia: «Fue fascinante para mí porque era una familia de Texas con un punto de vista un tanto conservador, eran de derechas, pero Lamar y su familia trataban a todos por igual» (KRASKE y DAVID, 2023). En Houston, Hunt contrató a Lloyd Wells para que le ayudara como cazatalentos. Su objetivo, conseguir un equipo integrado. El rugby iba con retraso con respecto al béisbol y estaban convencidos de que al incluir jugadores negros atraerían gente al estadio y entusiasmarían al público de color.

La NFL no se preocupó por fichar jugadores en las universidades negras. A principios de los 50 la mayoría de los equipos no tenían un solo jugador negro en su alineación. Para 1954 solo había treinta y un afroamericanos en la NFL, lo que equivale a una media de entre tres y cuatro jugadores por equipo; algunos solo tenían un único jugador negro como John Henry Johnson en los Detroit Lions. Al acabar la década los Colts de Baltimore eran el equipo más importante y contaban con seis jugadores de color destacando Lenny Moore, Jim Parker, Gene "Big Daddy" Lipscomb y Milt Davis. Se sabía que había un cupo no oficial, una «cuota de facto» que marcaba el tope de cinco jugadores negros por equipo. La mayoría preferían jugar en la AFL más tolerante. En 1959 solo había doce equipos profesionales en la NFL, pero al año siguiente habrá veintiuno: la demanda de jugadores hizo que buscaran jóvenes negros para completar sus plantillas. En Texas, los equipos locales tenían graves problemas de integración: el equipo universitario no contaría con un negro en el vestuario hasta una década después; cuando ganaron el título de la AFL en 1960 los Houston Oilers tenían solo dos jugadores negros, Julian Spence y John White. Lamar Hunt trasladó a los Texans de Dallas a Kansas City convirtiéndolos en los Chiefs y alejándose de aquel mal ambiente que les impediría progresar.

En 1963, la revista *Ebony* publicó un concienzudo artículo[24] analizando el estado del rugby profesional. En aquel momento había cuarenta y seis jugadores negros en la AFL repartidos en ocho equipos, unos seis jugadores por equipo, mientras que la NFL contaba con cien jugadores en catorce equipos, unos siete por equipo; es decir, la NFL adelantó a la AFL en la carrera por la integración. Tres años después *Ebony* actualizó los datos: noventa y tres negros en la AFL y ciento cuarenta y tres en la NFL[25]. El rugby no era todavía campo abonado para los negros pero avanzaban decididamente en esa dirección y estaban dispuestos a cambiar el panorama deportivo (STUART, 2020). Mientras, en liga universitaria la segregación aún era un hecho. Solo el éxito de Michigan State en 1965 y 1966 en el campeonato nacional hizo que cambiaran las cosas. Su equipo tenía veinte jugadores negros, una verdadera anomalía en los estados del Sur donde la mayoría de las universidades no permitían que los negros participaran en las actividades deportivas, y si había jugadores negros en el equipo dejaban de convocarles cada vez que se enfrentaban a un equipo rival formado por blancos. Entretanto, universidades negras como Grambling, Alcorn State, Prairie View, Tennessee State y Morgan State ganaban torneos nacionales y sus jugadores estrella eran reclutados inmediatamente por la AFL y la NFL.

24 «Pro Football Roundup», *Ebony*, vol. XIX nº 1, November, 1963, pp. 70-80

25 «Last Year For The Big Bonus Babies», *Ebony*, vol. XXII nº 1, November, 1966, pp. 120-130

En febrero de 1965 Martin Luther King dio un discurso en el campus de Michigan State y recibió una ovación de los asistentes. John Hannah, designado por Eisenhower como el primer presidente de la Comisión de Derechos Civiles de los Estados Unidos, dio su respaldo a Duffy Daugherty, el entrenador de los Spartans, y éste comenzó a captar jugadores negros hasta reunir una alineación de veinte. El 18 de noviembre del 66 jugaron contra Notre Dame en un encuentro televisado que se promocionó como «el partido del siglo» y fue visto por treinta y tres millones de personas, la mayor audiencia televisiva para una retransmisión deportiva hasta esa fecha. A partir de aquí las cosas cambiaron velozmente en el rugby profesional. Las universidades implementaron sus programas deportivos ofreciendo jugosas becas para atraer a jóvenes atletas negros. Con Jimmy Raye como *quarterback* de los Spartans y modelo a seguir en los 70, las universidades de la Big Ten empezaron a fichar jugadores imponentes como Charlie Baggett en Michigan State, Tony Dungy en Minnesota, Dennis Franklin en Michigan o Cornelius Green en Ohio (RITTENBERG, 2013; SQUIRES, 2019). No habrá vuelta atrás **(figura 47)**.

En 1965, veintiún jugadores negros se negaron a participar en el torneo All-Stars de la AFL si se celebraba en Nueva Orleans, debido a la discriminación que padecerían si se alojaban allí la

Figura 47. En 1968, Marlin Briscoe se convirtió en el primer quarterback titular negro en el rugby profesional moderno de Estados Unidos. Fuente: Denver Broncos.

semana previa. Clem Daniels, de los Oakland Raiders, había llegado a Nueva Orleans con sus compañeros Art Powell y Earl Faison. Nada más salir del aeropuerto vieron quince taxis aparcados en la acera; silbaron y les hicieron señas para que les llevaran al Hotel Roosevelt pero todos los taxistas se negaron. En el Roosevelt, el recepcionista le dijo «Serás la primera persona negra en alojarse en este hotel». Esa noche fueron a Bourbon Street a tomar algo. En la puerta de un bar, el portero abrió la mirilla y les dijo que no podían entrar. «Abre la puerta en quince segundos o la echaré abajo», dijo Ernie Ladd. Les dejaron pasar y no vieron una sola persona de color entre los cerca de doscientos clientes que abarrotaban el local. Al volver al hotel hablaron con otros jugadores que habían pasado por lo mismo y se reunieron con un abogado y el jefe local de la NAACP. A pesar de sus esfuerzos para convencerles de que se quedaran en la ciudad y participaran en el campeonato, todos los jugadores se marcharon de allí indignados. Asombrosamente, los jugadores blancos secundaron la protesta y los directivos se vieron obligados a trasladar el campeonato a la ciudad de Houston (WAXMAN, 2017).

En aquella época las protestas eran habituales en los deportes. Ya fuera por la integración racial o la guerra de Vietnam, los atletas negros creyeron que podían concienciar a la sociedad y dar ejemplo a los seguidores con su actitud dentro y fuera del campo. Sobre todo los jugadores universitarios más jóvenes que vivían dentro del ambiente dinámico y reivindicativo de los campus. En 1967, treinta y cinco jugadores de la Universidad de California en Berkeley boicotearon los entrenamientos de primavera para que ficharan a más entrenadores negros. El año siguiente los jugadores de Michigan State entregaron una lista de demandas a su entrenador Biggie Munn pidiendo lo mismo, más técnicos afroamericanos; veinticuatro jugadores negros abandonaron los entrenamientos hasta que la universidad cedió a la presión. En la Universidad de Michigan acusaron al entrenador de proferir insultos racistas y ofrecer un tratamiento inadecuado para corregir las lesiones. En mayo del 69 los jugadores y entrenadores negros de la Universidad de Howard amenazaron con renunciar a sus puestos a menos que destituyeran al director técnico Samuel Barnes; también pedían «mejor alimentación, más atención médica, mejores medios de transporte para desplazarse a las concentraciones en otras ciudades y mejores condiciones de vida en general». El presidente de la asamblea estudiantil Ewart Brown, Jr. quemó la sudadera del equipo de atletismo en un acto de protesta mientras el jugador de rugby Harold Orr decía «Esto es lo que pensamos del programa deportivo». El entrenador del equipo olímpico Hank Iba dijo[26] a *Sports Illustrated* ese verano: «Nos enfrentamos a la mayor crisis en la historia del deporte. En los próximos ocho meses podríamos ver el deporte prácticamente destruido. Nadie parece darse cuenta del momento tan crítico que vivimos» (ZIRIN, 2015). Brigham Young, una universidad adscrita a la Iglesia Mormona, impedía que los afroamericanos coparan puestos de liderazgo alegando que su piel oscura era «la marca de la maldición de Ham». En otoño del 69 catorce jugadores fueron despedidos del equipo de rugby en la Universidad de Wyoming por llevar brazaletes negros al competir contra el equipo de los mormones. Más tarde los jugadores de San Jose State llevarán esos brazaletes para solidarizarse con sus colegas de Wyoming.

A finales de la década, varios estudiantes de la Universidad de Syracuse decidieron protestar contra la discriminación racial. Los Syracuse 8 pedían mejor atención médica, mayor apoyo académico para los deportistas afroamericanos, un sistema justo para entrar en el equipo titular y la integración del equipo técnico, hasta entonces compuesto solo por blancos. En 1969 todas estas demandas podrían referirse a cualquier universidad del país fuera de los centros universitarios históricamente negros. El técnico Ben Schwartzwalder dijo irónicamente: «Busqué un entrenador negro de camino a casa y lo busqué mientras volvía hacia aquí y no encontré ninguno». Los jugadores blancos pensaban que las protestas solo pretendían causar revuelo y desbaratar el juego. Aunque Syracuse había sido fundada por la Iglesia Metodista para que pudieran estudiar las personas de color, los nativoamericanos y las mujeres, al cabo de un siglo los alumnos negros constituían un uno por ciento de los estudiantes matriculados: se instaló el

26 «The Desperate Coach», *Sports Illustrated*, vol. 31 nº 9, August 25, 1969, pp. 66-8

racismo institucional en el centro. Varios atletas profesionales salieron del Syracuse como Avatus Stone, Jim Brown y Ernie Davis, pero el espíritu de la universidad no iba en consonancia con el movimiento por los derechos civiles. Dana Harrell, Al Newton, John Lobon, Gregory Allen, Clarence "Bucky" McGill y Ronald J. Womack perdieron el tren y no pudieron hacer carrera en el rugby pero no se arrepienten de haber elevado sus quejas arriesgándolo todo por la causa en la que creían (HARRELL, *et al*, 2015).

El éxito profesional no era suficiente, no iban a dejar que les pisaran o mangonearan. La integración era la mitad del camino, la otra mitad era conseguir un trato igualitario. Aquel espíritu reivindicativo en los deportistas negros era el legado de Muhammad Ali. Si Jackie Robinson era el rostro del integracionismo y aliado inseparable de Martin Luther King, Ali era la voz del activismo y la confrontación, el campeón de Malcolm X.

El 26 de febrero de 1964, Cassius Clay derrotó al campeón de los pesos pesados Sonny Liston con solo veintidós años y un periodista le preguntó en rueda de prensa si era miembro de la Nación del Islam tal y como se rumoreaba. Su padre había expresado en público que sus dos hijos, Cassius Marcellus y Rudolph Valentino, habían sufrido un «lavado de cerebro». Cassius solía decir «No me importa lo que diga mi padre, no hablaré de eso» pero tras alzarse con la victoria sobre Liston respondió al periodista: «Sé hacia donde voy, conozco la verdad y no tengo por qué ser lo que ustedes quieran que sea. Soy libre de ser lo que quiera ser. A partir de ahora seré conocido como Cassius X». El joven boxeador se codeaba con el líder de la Nación del Islam Elijah Muhammad y su portavoz Malcolm X en el Templo Nº 7 en Harlem: «Mi primera impresión fue, ¿cómo es que un hombre de color puede hablar sobre el gobierno, sobre las personas blancas, ser tan atrevido y no recibir un balazo? ¿Cómo podía decir esas cosas? Sólo Dios podía estar protegiéndolo. Malcolm X caminaba solo, no tenía miedo y eso me atrajo». Durante tres años estuvo vinculado a la Nación del Islam pero lo mantuvo en el más absoluto secreto para que no afectase a su carrera deportiva. Cuando se alzó con el título de campeón, decidió dar un paso al frente y anunciar su conversión religiosa **(figura 49)**.

La sociedad sabía que los musulmanes negros querían crear una nación separada, así que los consideraban fundamentalistas peligrosos. El país se sintió traicionado cuando Cassius Clay admitió ser parte del movimiento. Sonny Liston, a quien antes trataron como un gorila estúpido, fue presentado en los medios como la «Gran Esperanza Blanca» para derrotar a Clay, un aspirante retador y lleno de arrogancia. Murray Kempton escribió[27] en *The New Republic*: «Liston era un matón, pero ahora es nuestro policía; es el gran Negro al que nosotros pagamos para que mantenga a los Negros insolentes en su sitio» (JAHER, 1985; 13; HACKMAN, 2010: 13) **(figura 48)**. Después de reconocer su fe mulsulmana,Jimmy Cannon le acusó de utilizar el deporte como «un instrumento de odio masivo» y «un arma de maldad». En declaraciones[28] al periodista Myron Cope, Clay afirmó: «Solo me dedico a señalar las cosas malas que los blancos han estado haciendo. Ponen bombas en nuestras iglesias y nos lanzan manguerazos de agua en las calles cada vez que protestamos. No es el color lo que te vuelve malvado, son tus acciones.» Tenía una gran amistad con Malcolm X, quien le proporcionaba camaradería y un ejemplo a seguir, pero las tensiones entre Elijah Muhammad y su discípulo fueron en aumento y pusieron a Clay en una situación difícil (NILSSON, 2012). Cuando Malcolm X abandonó la Nación del Islam, Clay cambió su nombre de Cassius X a Muhammad Ali manifestando su adhesión al líder religioso y escenificando la ruptura con su amigo: «Mi nombre es común cuando viajo. Muhammad es el nombre más corriente del mundo: un tercio de la población mundial es musulmana. Así que cuando adopté el nombre Muhammad Ali y combatí contra Floyd Patterson, el presentador anunció mi nombre y todos en el coliseo se escandalizaron, porque es un nombre normal en el resto del mundo pero no en Estados Unidos», contó en una entrevista posterior restándole importancia (KURCHAK, 2017). Herbert Muhammad, el hijo de Elijah Muhammad, se convirtió en el representante del boxeador cobrando un cuarenta por ciento de todas sus ganancias. Cuando coincidió en Ghana con Malcolm X, el campeón se mostró frío y distante con el activista confirmando su fidelidad a la Nación

27 «I Whipped Him and I'm Still Pretty», *The New Republic*, vol. 150 nº 2573, March 7, 1964, pp. 3-7, 9

28 «Muslim Champ», *The Saturday Evening Post*, vol. 237 nº 40, November 14, 1964, pp. 32-9

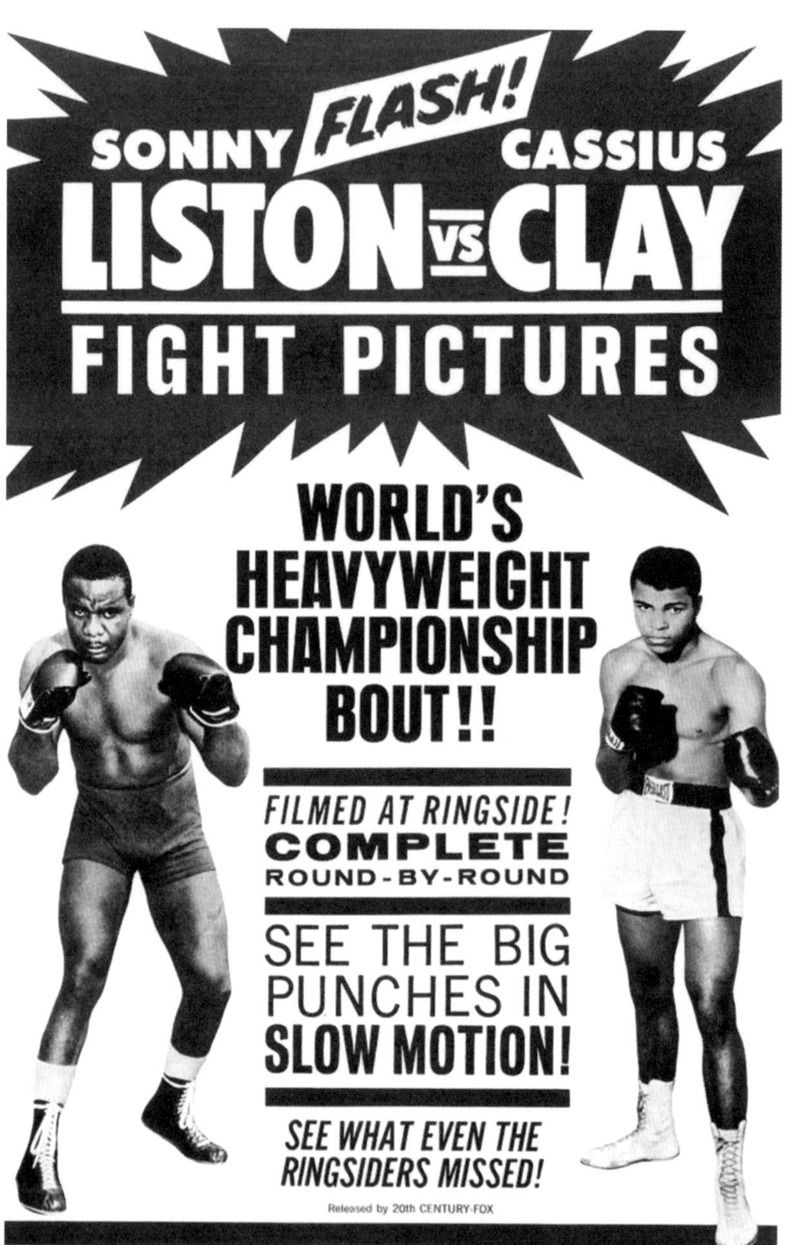

Figura 48. Anuncio del especial televisivo *The Heavyweight Championship of the World: Cassius Clay versus Sonny Liston* (Marshall Diskin, 1964) con comentarios de Steve Ellis. Fuente: IMDb

Figura 49. Malcolm X acompaña a Cassius Clay tras la victoria sobre Liston el 25 de febrero de 1964 en el Centro de Convenciones de Miami Beach donde se alzó con el título de campeón. El actor y jugador de rugby Jim Brown fue comentarista del combate y el cantante Sam Cooke estaba entre el público. Aquella noche, el boxeador reconoció en público su adhesión al Islam. Fotografía de Jack Kanthal. Fuente: New York Times.

del Islam y repudiándole una vez más, un gesto que le provocará remordimientos tras su asesinato.

El carácter arrogante del que le acusaban en los primeros tiempos quedó bendecido en cuanto demostró su fuerza demoledora. Al ganar el título y conquistar la fama, el público pensará que tenía una personalidad magnética. Su plena confianza en sí mismo inspiraba seguridad y orgullo. Se convirtió inmediatamente en un símbolo para los afroamericanos, un verdadero Sansón negro. James Bevel del SCLC dijo que eran «un gran americano». Floyd McKissick del CORE afirmó que era «una de las pocas personas que vive de acuerdo con sus convicciones». Stokely Carmichael lo llamó «mi héroe» y el SNCC imprimió pegatinas para los parachoques de los coches con el lema «WE'RE THE GREATEST» («SOMOS LOS MEJORES») parafraseando lo que Muhammad Ali solía decir amedrentando a sus rivales. Al principio, cuando anunció su religión musulmana, Martin Luther King lo veía como un adalid del separatismo, del nacionalismo negro contra el que combatía el SCLC tan denodadamente apostando por la integración con los blancos. Ali respondió: «He oído una y otra vez, ¿por qué no podría ser como Joe Louis y Sugar Ray Robinson? Bueno, ahora ellos no están y la situación del hombre negro es la misma, ¿no es así? Seguimos atrapados en el infierno» (HAUSER, 1991: 103). Como no podía ser de otro modo, Ali vivirá su particular calvario cuando decida enfrentarse al estatus quo.

Sus críticas contra la guerra de Vietnam levantaron ampollas. Ali condenó el servicio militar obligatorio; en aquel entonces el ejército enviaba cartas de reclutamiento a los jóvenes en edad de alistarse para combatir no dejándoles otra opción que huir a Canadá convirtiéndose en prófugos de la justicia o entrar en las fuerzas armadas para ir al otro extremo del mundo a matar norvietnamitas o morir en un conflicto sin sentido. Muhammad Ali se pronunció en contra de la guerra antes incluso de que lo hiciera Martin Luther King: «Quieren que vaya a Vietnam para disparar a unos campesinos que nunca me lincharon, nunca me llamaron negrata y nunca asesinaron a mis líderes» (GORSERVSKI y BUTTERWORTH, 2011: 57; TISCHLER, 2016: 5). Negándose a ser reclutado, arriesgó todo lo que tenía incluyendo el cinturón de campeón. Estaba registrado como reservista de baja prioridad; cuando le llamaron a la oficina de reclutamiento, Ali se negó cuatro veces a responder por su nombre y le arrestaron. La Federación Mundial de Boxeo le despojó del título y la licencia profesional en 1967, justo en la cima de su carrera, y fue condenado a permanecer cinco años en prisión, sentencia que recurrió al Tribunal Supremo hasta que aceptaron su declaración como objetor de conciencia. La WBF, sin embargo, nunca le devolvió el título y tendrá que conquistarlo nuevamente por sus propios medios.

Los activistas por los derechos civiles se sentían inspirados por su valentía; Lawrence Guyot dijo: «Estábamos en esos pueblos calurosos y polvorientos en un ambiente cargado de miedo tratando de organizar a la gente cuyos abuelos fueron esclavos... Y ahí estaba

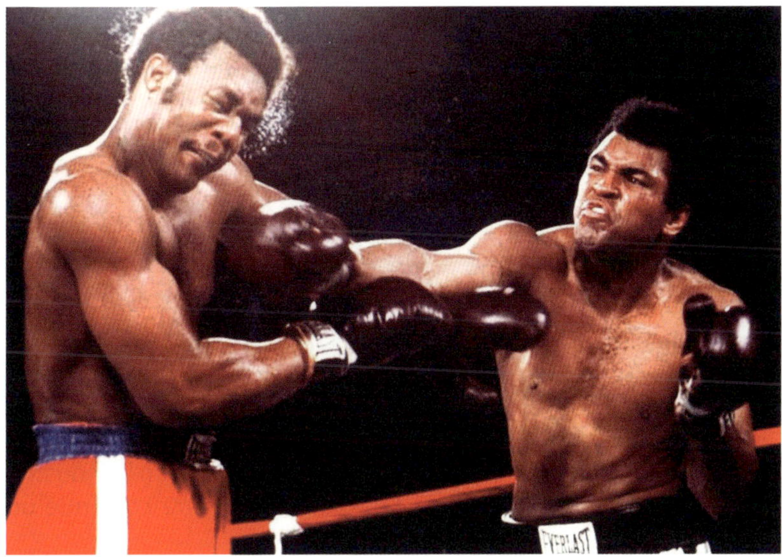

Figura 50. Muhammad Ali se enfrentó contra George Foreman en el estadio 20 du Maipara de Kinshasa, Zaire, el 30 de octubre de 1974. Considerado el mejor combate de boxeo de todos los tiempos, le permitió recuperar el título mundial de los pesos pesados. Después de un tremendo puñetazo en la mandíbula en el séptimo asalto, Clay consiguió vencer por K.O. con un gancho de derecha en el octavo asalto. Fotografía de Ken Regan. Fuente: Esquire.

ese joven maravillosamente arrogante que nos enorgullecía de ser como éramos y nos hacía sentir honrados de luchar por nuestros derechos.» Tres combates legendarios contra Joe Frazier, la histórica victoria sobre George Foreman en el enfrentamiento conocido como «Rumble in the Jungle» que se retransmitió en televisión para todo el mundo desde Zaire **(figura 50)**, la pelea contra Leon Spinks para convertirse en campeón de los pesos pesados por tercera vez, un hito detrás de otro. En sintonía con el panafricanismo del momento, Ali organizó combates en Kinshasa, Manila y Kuala Lumpur dando su apoyo a los países emergentes del Tercer Mundo mientras abrazaba sus raíces étnicas ancestrales (ALI, 2016; ARENAS, 2020; LINDGREN, 2022). Con el tiempo, viajó a Corea del Norte y Afganistán como embajador de buena voluntad y entregó suministros médicos a Cuba saltándose el embargo económico de la isla, viajó a Irak y negoció la liberación de quince rehenes estadounidenses, visitó Sudáfrica tras la liberación de Nelson Mandela... su participación en misiones de paz ha sido encomiable, recibiendo alabanzas de las Naciones Unidas y Amnistía Internacional. Su carrera en el boxeo deja 61 combates de los cuales ganó 56, 37 por K.O. Su espíritu indomable enseñó a los deportistas negros una lección de orgullo y a todos los miembros de su comunidad a ir con la barbilla bien alta.

3.4 LA MECA DEL CINE Y LAS RACE MOVIES

Como en todos los demás aspectos de la vida norteamericana, los negros lucharon por la representatividad también en la industria del cine, donde hasta los años 60 apenas eran otra cosa que un estereotipo insultante.

Venían de un pasado verdaderamente lamentable que fijaba la imagen del negro Jim Crow estúpido y analfabeto, holgazán, risible y sumiso, tan habitual de los espectáculos de vodevil. Las primeras apariciones de personajes afroamericanos en cortometrajes de un solo carrete como *Chick Thieves* (James H. White, 1897) de Edison Manufacturing Company o *Gator and Pickanninny* (Arthur Marvin, 1901) de American Mutuoscope and Biograph donde un niño negro era devorado por un cocodrilo[29], perpetuaban los lugares comunes del racismo y la esclavitud en el Sur (STEWART, 2015). Algunos años después un puñado de pioneros quisieron corregir aquel estereotipo ofreciendo una visión más positiva. Bill Foster fundó en Chicago la primera productora cinematográfica consagrada a lanzar películas negras, Foster Photoplay Company. El novelista Oscar Micheaux creó la empresa que llevaba su apellido Micheaux Film and Book Company. El famoso actor Noble Johnson creó con su hermano George una productora similar en Hollywood, Lincoln Motion Picture Company. Los tres rodaron «race movies» («películas

29 A principios de siglo llamaban *pickaninny* (del portugués *pequenino*) a los niños negros que merodeaban por los pantanos, un tópico que los presentaba como sucios y desagradables, sin supervisión paterna y prescindibles. También los llamaban «aligator bait» («cebo para caimanes») (KING, 2005: 123; SLATE, 2009: 93).

de raza») con actores negros y para espectadores negros: desde 1915 hasta los años 50 distribuyeron cerca de quinientos títulos narrando historias de superación personal y ascenso social donde los protagonistas conquistaban un cierto estatus de respetabilidad dejando atrás la pobreza para engrosar una pujante clase media.

En aquellos tiempos los cineastas de color convivían con los linchamientos, disturbios raciales, teorías pseudocientíficas como la eugenesia que justificaban la inferioridad de los negros y los definían como pervertidos patológicos... Booker T. Washington prefería llamar a esas cintas Uplift Cinema (películas de superación o películas edificantes) para no usar la etiqueta «race movies» que sonaba como un término peyorativo. En el film *The Realization of a Negro's Ambition* (Harry A. Gant, 1916) Noble Johnson interpretó a un ingeniero que abandona el campo para establecerse en California y hacer fortuna en la industria petrolífera. *The Homesteader* (Oscar Micheaux, 1919) sería el primer largometraje realizado por un director negro. En *Within Our Gates* (Oscar Micheaux, 1920) Evelyn Preer encarnaba a una maestra que viaja a Boston y emprende una campaña de recaudación de fondos para la escuela Piney Woods, un internado para niños negros en el delta del Mississippi. Todos estos films se exhibían en salas de cine para negros como el Howard Theatre en Washington o el Madam Walker Theatre en Indianápolis.

Desde luego no podemos olvidar que la primera película de largometraje con doce carretes de duración, que inaugura el llamado lenguaje cinematográfico y la narrativa de plano-secuencia esencial para la historia del cine, *El nacimiento de una nación* (*The Birth of a Nation*, David W. Griffith, 1915) describe nada más y nada menos que la fundación del Ku Klux Klan. Originalmente titulada *The Clansman*, el film retrató a los negros como ruin calaña, criminales infames a perseguir, y sirvió como un formidable instrumento de propaganda haciendo que se redoblara el número de solicitudes para ingresar en aquella organización (MOORE, 1991: 3; RICE, 2018: 464). Algunos personajes negros fueron encarnados por blancos con la cara pintada igual que en los espectáculos de «Blackface» y los interpretaban como imbéciles y promiscuos, potenciales agresores sexuales. La NAACP protestó contra el estreno del film y hasta quiso prohibirlo sin éxito, lo que causó disturbios raciales en las principales ciudades del país. Otros títulos legendarios fueron casos arquetípicos del racismo que imperaba entonces. *El cantor de jazz* (*The Jazz Singer*, Alan Crosland, 1927), la primera película sonora, narraba la historia de un judío que se disfraza maquillándose como un negro para triunfar en los escenarios. El film *Aleluya* (*Hallelujah*, King Vidor, 1929) fue un musical con un reparto totalmente compuesto por actores negros que sacaba partido del blues y el gospel captando el animado ambiente de la comunidad negra rural. Mientras, el crack económico y la Gran Depresión perjudicaron a los productores de «race movies» ya que los espectadores de color apenas tenían dinero para ir al cine ni cualquier otra cosa que no fueran los gastos esenciales.

Diez años después la mentalidad estadounidense apenas había cambiado un ápice: *Lo que el viento se llevó* (*Gone with the Wind*, Victor Fleming, 1939) retrataba a los negros como esclavos leales y felices, incapaces de ser autónomos y despegarse de sus amos, o bien como peones de mala reputación fácilmente influenciables por políticos populistas. Curiosamente, la película contribuyó a socavar los estereotipos raciales al presentar algún personaje negro de manera positiva, al menos desde el punto de vista de un espectador blanco conservador, como era el rol de Mammie, la matrona oronda de Scarlett O'Hara. Interpretada por Hattie McDaniel, recibió el Óscar a la Mejor actriz de reparto que le otorgaron irónicamente en un hotel segregado, el Ambassador de Los Ángeles, con banquete posterior en el Coconut Grove. Al recibir la tan preciada estatuilla, McDaniel expresó: «Sinceramente espero ser siempre un orgullo para mi raza y para la industria cinematográfica» (KLEMM, 2016) **(figura 51)**. Un joven Martin Luther King, Jr. vio la película en el Lowe's Grand Theatre de Atlanta, Georgia, con partidarios del ejército confederado que por supuesto no querían saber nada de la integración.

En los 40, las nuevas estrellas musicales del jazz protagonizaron películas con reparto de actores negros, como Louis Armstrong y Duke Ellington en *Una cabaña en el cielo* (*Cabin in the Sky*, Vincente Minnelli y Busby Berkeley, 1943) o Lena Horne en *Tiempo de*

Figura 51. La actriz Hattie MacDaniel fue la primera persona de color en recibir un Oscar por su interpretación en *Lo que el viento se llevó* (*Gone with the Wind*, Victor Fleming, 1939). A la derecha, Fay Bainter, presentadora de la gala en la 12ª Edición de los Premios Oscar de la Academia en el Coconut Grove del Hotel Ambassador de Los Ángeles el 29 de febrero de 1940. Fuente: Academy of Motion Picture Arts and Sciences.

tormenta (*Stormy Weather*, Andrew L. Stone, 1942). *Casablanca* (Michael Curtiz, 1942) fue otro caso de representación positiva con el personaje de Sam interpretado por Dooley Wilson, eterno confidente de Bogart y pianista del Rick's Café que cantaba «As Time Goes By» con su voz grave. Tras la Segunda Guerra Mundial, la sociedad adoptó una mentalidad algo más liberal y aparecieron cintas como *Han matado a un hombre blanco* (*Intruder in the Dust*, Clarence Brown, 1949), *Clamor humano* (*Home of the Brave*, Mark Robson, 1949) y *Lo que la carne hereda* (*Pinky*, Elia Kazan, 1949) que abordaban la problemática del racismo en distintos argumentos que iban desde el lejano Oeste, la vida de un soldado negro en el ejército y la segregación en el Sur. Las «race movies» desaparecen del panorama y dejará de haber productores negros para controlar la imagen de su comunidad que se difunda en las salas de cine, sin embargo el incipiente movimiento por los derechos civiles hizo que varias películas de Hollywood abordaran el cambio social. Eso sí, los sindicatos y las grandes productoras aún contaban con políticas de exclusión y mantenían sus «cuotas de facto» dentro de sus filas internas. Las primeras superestrellas de color, Sidney Poitier y Harry Belafonte, compartieron fama con la sex symbol afroamericana Dororthy Dandridge. *La isla del sol* (*Island in the Sun*, Robert Rossen, 1957) mostró el primer beso interracial visto en pantalla, donde la bella Dorothy Dandridge fundía sus labios con John Justin. Otras películas con personajes negros bien desarrollados y complejos son *Terror en alta mar* (*The Decks Ran Red*, Andrew L. Stone, 1958) y *El mundo, la carne y el diablo* (*The World, The Flesh and the Devil*, Ranald MacDougall, 1959). Se rodaron grandes producciones con reparto actoral exclusivamente negro como *Carmen de fuego* (*Carmen Jones*, Otto Preminger, 1954) o *Lamento negro* (*St. Louis Blues*, Allen Reisner, 1958) con Nat King Cole.

En aquella época suele atribuirse al actor Sidney Poitier el mérito de haber encarnado personajes que reflejaban las tensiones raciales mientras conquistaba la simpatía de los espectadores blancos con su buena percha y sus grandes dotes interpretativas. En *Donde la ciudad termina* (*Edge of the City*, Martin Ritt, 1957) hacía tándem con John Cassavetes; en *Furtivos* (*The Defiant Ones*, Stanley Kramer, 1958) compartía protagonismo con Tony Curtis: la historia sigue a dos presos, uno negro y otro blanco, que se fugan de la cárcel y están obligados a cooperar dado que se hallan encadenados el uno al otro, una alegoría de la integración racial. El año siguiente protagonizó *Porgy y Bess* (*Porgy and Bess*, Otto Preminger, 1959) basada en la ópera de George Gershwin con Sammy Davis, Jr. y luego la adaptación de *Un lunar en el sol* (*A Raisin in the Sun*, Daniel Petrie, 1961), la obra teatral de Lorraine Hansberry. Su papel en *Los lirios del valle* (*Lilies of the Field*, Ralph Nelson, 1963) hizo que le premiaran con el Óscar y catapultó su carrera. *En el calor de la noche* (*In the Heat of the Night*, Norman Jewison, 1967) sigue a un detective de homicidios de Filadelfia que colabora con un jefe de policía intolerante para resolver un crimen en una pequeña localidad del Mississippi; la escena donde Poitier da una sonora bofetada al influyente dueño de una plantación deja un momento para la historia que sirvió de catarsis al público afroamericano **(figura 52)**. El clásico *Adivina quién viene a cenar* (*Guess Who's Coming to Dinner*, Stanley Kramer, 1967) sirvió para concienciar al público sobre las relaciones de pareja interraciales: Poitier es el flamante nuevo novio que conoce a sus futuros suegros, Spencer Tracy y Katharine Hepburn, matrimonio de actores ampliamente conocidos en Estados Unidos por su compromiso político y su aperturismo.

Figura 52. Sidney Poitier en el film *En el calor de la noche* (*In the Heat of the Night*, Norman Jewison, 1967). La película tendrá siete Nominaciones a los Oscar y ganará cinco estatuillas incluyendo el premio a Mejor Actor para su compañero de reparto Rod Steiger. Fuente: The Hollywood Reporter.

Woody Strode, uno de los primeros jugadores de rugby en la NFL, hizo una carrera notable en el cine apareciendo en multitud de películas. Con su cabeza rapada, su físico atlético y su fiero semblante participó en muchas producciones interpretando guerreros africanos: *Los cazadores de leones* (*The Lion Hunters*, Ford Beebe, 1951) o *African Treasure* (Ford Beebe, 1952) de la serie Bomba the Jungle Boy, varios episodios de la serie de televisión *Ramar of the Jungle*, el film *Jungle Man-Eaters* (Lee Sholem, 1954) con Johnny Weissmuller haciendo de Jungle Jim y otras del mismo estilo. Si duda fue su participación en el film *Espartaco* (*Spatacus*, Stanley Kubrick, 1960) como el gladiador etíope Draba que compartía pantalla con Kirk Douglas lo que hizo que se ganara un hueco en la historia del cine. Luego sería el protagonista absoluto del clásico *El sargento negro* (*Sergeant Rutledge*, John Ford, 1960), obra maestra del western que narraba la historia de un soldado ejemplar acusado falsamente de violar y matar a una mujer blanca que debe defenderse ante un tribunal militar **(figura 53)**.

En general, la década de 1960 estuvo marcada por un claro retroceso en la situación de los ciudadanos afroamericanos y un endurecimiento del odio racial, mientras aparecían en cartelera películas más comprometidas y personajes negros más interesantes. Un caso peculiar sería el film *Cambio de mente* (*Change of Mind*, Robert Stevens, 1969) donde trasplantan en cerebro de un hombre blanco al cuerpo de un negro y éste experimenta en primera persona las dificultades que atraviesan los negros en su vida diaria. *The Learning Tree* (Gordon Parks, 1969) sería la primera película de un estudio importante, Warner Bros, escrita y dirigida por un afroamericano. El clásico cinematográfico del periodo, *Matar a un ruiseñor* (*To Kill a Mockingbird*, Robert Mulligan, 1962) adaptaba la novela homónima de Harper Lee con Gregory Peck como el abogado Atticus Finch, que defiende a un negro acusado injustamente de haber violado a una mujer blanca en una pequeña localidad del Sur. La cinta, una verdadera obra maestra, acertó al plasmar los prejuicios raciales en los estados segregados y mostraba un ejemplo encomiable de hombre blanco bondadoso y justo que toma partido para socorrer a los oprimidos. El actor Gregory Peck se implicó en el movimiento por los derechos civiles y en la 40ª

Figura 53. Woody Strode en una imagen promocional de *El sargento negro* (*Sergeant Rutledge*, John Ford, 1960). Fuente: Warner Archive Collection.

gala de los Óscar ofreció unas impactantes declaraciones días después de que el reverendo Martin Luther King fuese asesinado: «La influencia del Dr. King en la sociedad en la que vivimos hace que, de los cinco títulos nominados este año al premio de Mejor película, dos abordan el tema del entendimiento entre las razas...

El recuerdo imborrable del Dr. King debe inspirarnos a continuar haciendo películas que celebren la dignidad del hombre, cualquiera que sea su raza, color o convicción religiosa» (MILLER, 2022). Peck era en 1967 el presidente de la Academia de Cine y *En el calor de la noche* fue a la ceremonia con siete nominaciones; ganó cinco estatuillas incluyendo Mejor película, Mejor actor para Rod Steiger y Mejor guión adaptado.

3.5 BLAXPLOITATION Y BLACK POWER

Al llegar la década de los 70 el público estaba lo suficientemente maduro para recibir películas negras, protagonizadas por negros y concebidas para los espectadores negros. El movimiento por los derechos civiles había calado bien en la sociedad, la contracultura golpeó con dureza el estatus quo conservador y el espíritu Black Power contagió a todos los afroamericanos revolucionando la música y los deportes, así que terminó por llegar también a la industria del cine.

Gordon Parks, ex reportero gráfico de la revista *Life*, fue el primer director de cine que podríamos denominar *mainstream* con el film *The Learning Tree*. No tardó en seguirle la comedia *Watermelon Man* (Melvin Van Peebles, 1970) donde Godfrey Cambridge era un blanco racista que se convertía en un hombre negro de la noche a la mañana para sufrir en sus propias carnes la hostilidad que padecían los negros en Estados Unidos. *Algodón en Harlem* (*Cotton Comes to Harlem*, Ossie Davis, 1970) era una película de acción donde dos detectives de policía investigan una trama de corrupción política, que tendría su secuela en *Come Back Charleston Blue* (Mark Warren, 1972). Ese año Sidney Poitier dirigió el film *Buck y el farsante* (*Buck and the Preacher*, 1972), western coprotagonizado por Harry Belafonte donde un grupo de esclavos liberados tras la Guerra Civil viajan al Oeste para ser granjeros.

Pero el fenómeno que caracterizó la década sería el cine *blaixplotation* (contracción de *black explotation*), género que define los films de bajo presupuesto pero sumamente entretenidos pensados para que los disfrutara el público negro. En su concepción, estaban en total sintonía con el movimiento Black Power, de modo que plasmaban la ira y el resentimiento hacia los blancos opresores, el empoderamiento de los negros y el orgullo racial en auge. También fueron un negocio muy lucrativo, logrando recaudaciones de taquilla que compensaban la inversión económica con creces y satisfacían una demanda en los espectadores que festejaban esa clase de cintas. El director Melvin Van Peebles rompió su contrato con Columbia para realizar la película *Violenta persecución* (*Sweet Sweetback's Baadasssss Song*, 1971) diseñada ex profeso para irritar al público blanco desde la mismísima promoción: «Rated X by an All-White Jury» («Clasificada X por un jurado completamente blanco»). En el film, el propio Van Peebles encarnaba un antihéroe violento que protege a una prostituta negra huyendo de los policías racistas. La banda sonora del grupo Earth, Wind and Fire daba un ritmo trepidante a la película, que costó quinientos mil dólares y fue distribuida por Cinemation. Aunque se estrenó inicialmente solo en dos salas de cine en Atlanta y Detroit, causó gran impacto por su cruda militancia, el trasfondo anti blanco, la violencia y las escenas de sexo, haciendo que despegara en taquilla y recaudase diez millones de dólares al acabar su recorrido comercial **(figura 54)**.

Metro-Goldwyn-Mayer vio la oportunidad y siguió la tendencia lanzando *Las noches rojas de Harlem* (*Shaft*, Gordon Parks, 1971) donde Richard Roundtree interpretaba un duro policía negro en la línea de Harry Callahan que lucha encarnizadamente contra el tráfico de drogas. La canción de Isaac Hayes ganará el Óscar y su letra pegadiza se hizo inolvidable a pesar de su tono provocador o justo gracias a él: *A private dick who's a sex machine to all the chicks...*[30] El film tuvo un éxito enorme y llevó el género *blaxploitation* a lo más alto, estableciendo el arquetipo de héroe negro orgulloso, viril y pendenciero. El personaje reaparecerá en las secuelas *Shaft vuelve a Harlem* (*Shaft's Big Score!*, Gordon Parks, 1972) y *Shaft en*

30 Literalmente, «una polla privada que es una máquina sexual para todas las chicas»

Figura 54. Melvin Van Peebles junto a una sala de cine donde proyectan su film recién estrenado *Violenta persecución* (*Sweet Sweetback's Baadasssss Song*, 1971). Fotografía de Michael Ochs. Fuente: The New Yorker.

África (*Shaft in Africa*, John Guillermin, 1973) además de una serie posterior de siete telefilms emitidos en CBS entre 1973 y 1974.

El cine *blaxploitation* se reconocía muy fácilmente por sus diálogos ingeniosos llenos de frases mordaces y obscenidades propias de la jerga callejera; los argumentos eran un carnaval trepidante lleno de acción a rebosar: persecuciones de coches, tiroteos, peleas a puñetazos y villanos infames. Eran la quintaesencia del lema Black Is Beautiful: pelos afro, dashikis y cuero negro, chicas sensuales con algún plano esporádico de desnudo parcial, escenarios urbanos y rabiosamente modernos. Por otra parte no tenían reparos en mostrar tópicos negativos: prostitutas y proxenetas, camellos, gánsteres, matones a sueldo y demás chusma, un retrato descarnado del lumpen que reforzaba el estereotipo del gueto. Organizaciones como el NAACP y el CORE reaccionaron negativamente a tales películas alegando que servían indirectamente para difamar al colectivo dando argumentos a los blancos hostiles hacia la cultura negra. Junius Griffin, el presidente del NAACP en Los Ángeles, tuvo la ocurrencia de acuñar el término «Black Exploitation» en primera página de *The Hollywood Reporter* comentando el estreno del film *Super Fly* (Gordon Parks, 1972) que, en su opinión, reforzaba la imagen negativa de los delincuentes negros[31]. La etiqueta reciclaba el término *sexploitation* de los años 40, como los films de Irving Klaw con Bettie Page y otras modelos de lencería picante que conseguían pingües beneficios a pesar de su pobre factura porque explotaban el filón inagotable del morbo. El término caló en seguida y se repitió[32] unos días después en el *Daily Variety*, versión diaria de la revista *Variety*, quedando fijado para la posteridad (WADSWORTH, 1991: 7; LAWRENCE, 2008: 44; BARNETT, 2020). Sus protestas no tuvieron más recorrido: el cine *blaxploitation* era tan atractivo y sexy que ningún afroamericano podía resistírsele; a grandes rasgos la repetición de ciertos lugares comunes funcionaba como estilización, un diseño simplista pero efectivo propio del cómic o las novelas policíacas de bolsillo. Hasta

31 «NAACP Takes Militant Stand on Black Exploitation Films», *The Hollywood Reporter*, August 10, 1972, p. 1

32 «Fight "Black Exploitation" in Pix», *Daily Variety*, August 16, 1972, p. 1

los villanos negros eran *cool* elegantemente vestidos, arrogantes, carismáticos, irradiando funky por los cuatro costados.

Obviamente, el éxito de las primeras cintas hizo que rodaran otras muchas, la mayoría producciones modestas de Serie B inundando el mercado. Alguna de ellas era realmente chocante, como *The Black Six* (Matt Cimber, 1973) protagonizada por seis jugadores de rugby de la NFL que se convierten en una banda de moteros: Gene Washington, Lem Barney, Carl Eller, Mercury Morris, Willie Lanier y Joe Greene. No sería un caso único ya que varios deportistas profesionales negros hicieron carrera en el cine: O.J. Simpson, Jim Brown, Fred Williamson, Rosey Grier o Vida Blue. A lo largo de los 70, las pequeñas productoras independientes y los grandes estudios lanzarían unas doscientas películas *blaxploitation* que algunos consideraban cine de culto y otros catalogaban dentro del «grindhouse» como «trash cinema» o «cine basura» sin más miramientos (LAMBERT, 2003; KENCH, 2021; SPINGER, 2022).

Pólvora negra (*Black Gunn*, Robert Hartford-Davis, 1972) estaba protagonizada por Jim Brown como el propietario de un club nocturno de Los Ángeles que busca venganza por el asesinato de su hermano menor, un veterano de Vientam. *Drácula negro* (*Blacula*, William Crain, 1972) fue la primera película de terror *blaxploitation*, una versión negra del famoso vampiro con el solvente William Marshall que continuó en *Grita Blacula grita* (*Scream Blacula Scream*, Bob Kelljan, 1973). *Hammer* (Bruce D. Clark, 1972) contaba con el jugador de rugby Fred Williamson haciendo de boxeador. *Caiga quien caiga* (*The Harder They Come*, Perry Henzell, 1972) con Jimmy Cliff difundió la música reggae y la cultura rastafari de Jamaica. *Cool Breeze* (Barry Pollack, 1972) narraba cómo una banda de delincuentes planea el atraco a un banco. Bernie Casey era el asesino a sueldo Tyrone Tackett en *Hit Man* (George Armitage, 1972). En *Operación Masacre* (*Slaughter*, Jack Starrett, 1972) Jim Brown era un boina verde que luchaba contra el tráfico de drogas en Harlem y contó con una secuela, *Masacre* (*Slaughter's Big Rip-Off*, Gordon Douglas, 1973). *Book of Numbers* (Raymond St. Jacques, 1973) sigue a dos timadores afincados en Arkansas durante la Gran Depresión. *Super Fly* (Gordon Parks, 1972) se convirtió en un clásico instantáneo, con Ron O'Neal como el camello Youngblood Priest que conducía un Cadillac El Dorado mientras trataba de dejar el submundo de las drogas; la banda sonora de Curtis Mayfield dejó varios éxitos del funk como «Super Fly», «Pusherman» y «Freddie's Dead». *Su majestad el hampa* (*Trouble Man*, Ivan Dixon, 1972) tenía música de Marvin Gaye, una historia de acción con Robert Hooks llena de adrenalina. *El padrino de Harlem* (*Black Caesar*, Larry Cohen, 1973) era una revisión del clásico de Warner *Hampa dorada* (*Little Caesar*, Mervyn LeRoy, 1931) donde Fred Williamson era un ambicioso gánster afroamericano que termina conquistando el barrio; la banda sonora de James Brown con temas como «Down and Out in New York City» eleva la cinta que continuó en la secuela *Guerra en Harlem* (*Hell Up in Harlem*, Larry Cohen, 1973).

Goldy el chulo (*The Mack*, Michael Campus, 1973) trataba sobre un proxeneta vividor y presumido de Oakland interpretado por Max Julien, con el cómico Richard Pryor como su compañero Slim. *Los guardianes* (*The Spook Who Sat By the Door*, Ivan Dixon, 1973) logró un gran éxito de taquilla en las salas de cine de las grandes ciudades; su argumento era tan impactante y controvertido que el FBI exigió que la retiraran de circulación para prevenir posibles disturbios raciales. *Blackenstein* (William A. Levey, 1973) o también *Black Frankenstein* era la historia de un veterano de Vietnam que pierde sus extremidades al pisar una mina terrestre y es sometido a una serie de experimentos que le convierten en un monstruo. *Wattstax* (Mel Stuart, 1973) era una película documental con actuaciones del Watts Summer Festival en el que tocaron numerosos artistas de la discográfica Stax Records como Isaac Hayes, Rufus Thomas, The Staples Singers, The Dramatics, The Bar Kays y Rance Allen Group. *Cinturón negro* (*Black Belt Jones*, Robert Clouse, 1974) era una película de artes marciales con Jim Kelly protegiendo el barrio y luchando contra la mafia local. *Los demoledores* (*Three The Hard Way*, Gordon Parks, 1974) reunió a los tres héroes de acción más taquilleros, Jim Brown, Fred Williamson y Jim Kelly, para desbaratar una conspiración orquestada por supremacistas blancos **(figura 55)**. *El cazarrecompensas* (*Truck Turner*, Jonathan Kaplan, 1974) era un thriller policíaco donde el cantante Isaac Hayes era un jugador de rugby reconvertido en mercenario que persigue a un proxeneta

Figura 55. Jim Brown, Jim Kelly y Fred Williamson en el film *Los demoledores* (*Three The Hard Way*, Gordon Parks, 1974). Fuente: Turner Classic Movies.

de Los Ángeles y pretende acabar con el crimen organizado de la ciudad. *Willie Dynamite* (Gilbert Moses, 1974) era otro proxeneta parecido a *The Mack*. *Thomasine and Bushrod* (Gordon Parks, 1974) trataba sobre una pareja de delincuentes a estilo *Bonnie and Clyde* en el Oeste. *Abby* (William Girdler, 1974) y *J.D.'s Revenge* (Arthur Marks, 1976) eran historias de terror sobre posesiones demoníacas y exorcismos.

En *La venganza de los zombies* (*Sugar Hill*, Paul Maslansky, 1974) Marki Bey pide ayuda a una hechicera vudú, Mama Maitresse, para pedir al Baron Samedi que resucite a su novio asesinado por unos gánsteres. *Cooley High* (Michael Schultz, 1975) trataba de una pandilla de adolescentes y su paso a la madurez calcando el espíritu del film *American Graffiti*. *Profesión peligrosa* (*The Candy Tangerine Man*, Matt Cimber, 1975) contaba con John Daniels interpretando a un chulo de Sunset Boulebard que lleva una doble vida como un padre de familia modélico. *Coonskin* (Ralph Bakshi, 1975) era una película de dibujos animados donde un conejo negro del Sur con la voz de Barry White se convierte en un traficante de drogas en Harlem; era tan políticamente incorrecta y ofensiva que el CORE boicoteó su estreno en Nueva York. *Emanuelle negra* (*Black Emanuelle*, Bitto Albertini, 1975) era una película erótica protagonizada por Laura Gemser que se rodó en Kenia, coproducida por Italia y España en la estela del film francés *Emmanuelle* (Just Jaeckin, 1974) con Sylvia Kristel. *Boss Nigger* (Jack Arnold, 1975) era un western con Fred Williamson. *Mandingo* (Richard Fleischer, 1975) y su secuela *Drum* (Steve Carver, 1976) narraba las peripecias de un esclavo entrenado para boxear, interpretado por el campeón de los pesos pesados Ken Norton. *Amor y fuego* (*Black Shampoo*, Greydon Clark, 1976) trataba de un prestigioso peluquero de Sunset Strip que se acuesta con sus clientes blancas y defiende su negocio del acoso de la mafia local usando una motosierra; el guión aprovechaba el éxito del film *Shampoo* (Hal Ashby, 1975) con Warren Beatty. La comedia *Un mundo aparte* (*Car Wash*, Michael Schultz, 1976) iba sobre un negocio de lavado de coches con Richard Pryor como cabeza de cartel. *El samurai negro* (*Black Samurai*, Al Adamson, 1976) contaba con el experto artes marciales Jim Kelly. *Doctor Black, monstruo asesino* (*Dr. Black Mr. Hyde*, William Crain, 1976) era una revisión del clásico de Robert Louis Stevenson. *Dolemite* (D'Urville Martin, 1975) y su secuela *The Human Tornado* (Cliff Roquemore, 1976) tenían a Rudy Ray Moore como Dolemite, el dueño de un club nocturno con su propio ejército de luchadoras de Kung Fu asesinas («With his all-girl army of Kung Fu Killers») lideradas por la sensual Queen Bee; Moore protagonizó también la comedia ácida *Petey Wheatstraw* (Cliff Roquemore, 1977).

Esta moda cinematográfica tuvo también su versión femenina en otras tantas películas con heroínas negras empoderadas, sensuales y decididas. La actriz más famosa, Pam Grier, era la prima del deportista Rosey Grier, ex jugador de los Giants de Nueva York que hizo carrera en el cine. Apodada merecidamente «Queen of Blaxploitation» («Reina del blaxploitation») Grier interpretó a mujeres fuertes y de armas tomar. *Encadenadas* (*Black Mama White Mama*, Eddie Romero, 1972) era una versión de *The Defiant Ones* con dos ex presidiarias en fuga, una negra y otra blanca, encadenadas la una a la otra y huyendo de la justicia. *Coffy* (Jack Hill, 1973) fue su mayor éxito de taquilla, sobre una enfermera que quiere acabar con los traficantes responsables de que su hermana de once años se haya convertido en adicta **(figura 56)**. *Foxy Brown* (Jack Hill, 1974) y *Sheba, Baby* (William Girdler, 1975) narraban historias de venganza. *The Arena* (Steve Carver, 1974) era una versión femenina de *Espartaco* donde Grier lideraba un motín de gladiadoras. *Friday Foster* (Arthur Marks, 1975) se basaba en el *daily-strip* creado por Jim Lawrence donde interpretó a una periodista de investigación que colaboraba con el detective privado Colt Hawkins. Por su parte, la voluptuosa Tamara Dobson encarnó a una agente de antivicio que luchaba contra el tráfico de estupefacientes enfrentándose a la banda criminal liderada por Mommy y su lugarteniente Doodlebug en el film *Clepatra Jones* (Jack Starrett, 1973) y su secuela *Cleopatra Jones y el casino de oro* (*Cleopatra Jones and the Casino of Gold*, Charles Bail, 1975). Además, la escultural Jeannie Bell, que había sido la Playmate de octubre de 1969, protagonizó *TNT Jackson* (Cirio H. Santiago, 1974) para New World Pictures, productora que fundó Roger Corman: narraba las aventuras de una karateka en busca de su hermano desaparecido en un distrito de Hong Kong llamado Yellow Town. De lo que no cabe ninguna duda es de que el peculiar star system del cine *blaxploitation* adornó de glamour los cines de barrio en el gueto: jugadores de rugby, chicas Playboy, cantantes de soul, tipos musculosos y mujeres exuberantes que presumían de su color de piel mientras dejaban estupefactos al público.

Figura 56. Pam Grier en *Coffy* (Jack Hill, 1973) Fuente: Midlands Art Centre.

3.6 L.A. REBELLION Y LA TELEVISIÓN NEGRA

Filmadas en localizaciones reales, barajando presupuestos muy ajustados con rodajes rápidos, actores semidesconocidos de bajo caché y aspiraciones modestas, estas películas despegaban con una pequeña inversión económica y obtenían beneficios enormes. *Shaft* costó menos de setecientos mil dólares y recaudó veintitrés millones solo en América, un taquillazo que salvó a Metro-Goldwyn-Mayer de la quiebra. *Coffy* costó quinientos mil dólares y cosechó más de dos millones en total. Algunos expertos creen que las películas *blaxploitation* impactaron en la sociedad influyendo en los patrones de comportamiento y consumo de los afroamericanos: los espectadores acabarán imitando los peinados, el vestuario, las frases y las actitudes de los personajes. El Black Panther Party exigía que sus miembros vieran *Sweet Sweetback's Baadasssss Song* como parte de su formación; el film logró desbancar en taquilla durante dos semanas a la imbatible *Love Story* (Arthur Hiller, 1970). Junius Griffin, su mayor detractor, organizó el CAB (*Coalition Against Blaxploitation*) en Beverly Hills con miembros del CORE, el SCLC y la NAACP. Un artículo[33] de *Newsweek* afirmaba: «El propósito de las nuevas películas negras no es el arte sino la explotación comercial de la ira reprimida de una comunidad relativamente impotente» y por eso precisamente triunfaron. El actor Jim Brown reconocerá después[34] en declaraciones a la revista *Ebony*: «Quizás las películas negras no tenían la máxima calidad, pero gracias a ellas los negros adquirieron experiencia en la industria».

Conforme las producciones *blaxploitation* fueron disminuyendo, surgirán películas de cine independiente abordando toda clase de géneros desde la óptica negra: policíacas, comedias y dramas sociales. Los grandes estudios siguen apostando de vez en cuando por películas de denuncia con trasfondo racial: *Claudine* (John Berry, 1974) de 20th Century Fox narra la historia de una empleada

33 «Blacks vs. Shaft», *Newsweek*, vol. 80 nº 9, August 28, 1972, p. 88

34 «How To Survive In Hollywood Between Gigs», *Ebony*, vol. 33 nº 12, October, 1978, pp. 33-40

doméstica en Harlem con seis hijos a su cargo que vive un romance con un basurero; *Mohagany, piel de caoba* (*Mohagany*, Berry Gordy, 1975) de Paramount estaba dirigida por el mismísimo productor de Motown Records y protagonizada por Diana Ross, la famosa cantante de The Supremes.

Una joven generación de cineastas afroamericanos matriculados en la Universidad de California formaron su propio movimiento al que llamaron «The L.A. Rebellion» («La rebelión de Los Ángeles») con el propósito de crear películas que sirvieran de alternativa para el cine convencional de Hollywood. Sus cintas tenían un acabado crudo y próximo al documental en la tónica del *cinema verité* (FIELD, *et al*, 2015). El cortometraje *Medea* (Ben Caldwell, 1973) utilizaba imágenes de archivo sobre la descolonización africana, una declaración de intenciones que sirvió como pistoletazo de salida. *Passing Through* (Larry Clark, 1977) trataba de un músico de jazz que sigue los consejos de su abuelo, harto de la industria discográfica controlada por blancos. *Bush Mama* (Haile Gerima, 1975) era el retrato de una mujer negra cuyo marido está en prisión; embarazada de su segundo hijo, el gobierno amenaza con quitarla el subsidio si no aborta. *Killer of Sheep* (Charles Burnett, 1977) es la dramática historia de un trabajador negro en un matadero. *Penitenciaría* (*Penitentiary*, Jamaa Fanaka, 1979) era una crítica del sistema penitenciario en Estados Unidos, sobre un negro encarcelado al que obligan a boxear en combates clandestinos para el divertimento de los guardias; tuvo el éxito suficiente para contar con sus propias secuelas en 1982 y 1987 **(figura 57)**. *Your Children Come Back to You* (Alile Sharon Larkin, 1979) estaba narrada desde el punto de vista de una niña cuya madre soltera malvive de los cheques sociales. Otros realizadores como Julie Dash, Haile Gerima y Billy Woodberry produjeron sus cintas con el apoyo del American Film Institute. Al cabo del tiempo, Dash será la primera directora negra en estrenar una película en el circuito comercial, el film *Daughters of the Dust* de 1991 (CLARK, 2015; DHRUV BOSE, 2023).

En la televisión estadounidense, la cultura negra penetró lentamente durante la década de los 60. Si el cine del momento se atrevía de vez en cuando a contar historias con un cierto

Figura 57. *Bush Mama* (Haile Gerima, 1975) y *Penitentiary* (Jamaa Fanaka, 1979). Fuente: IMDb

compromiso político en sintonía con el movimiento por los derechos civiles, el tono marcadamente familiar y neutro de las producciones televisivas hacía que no entraran en terreno resbaladizo y evitasen los temas polémicos. Sin embargo, de manera inevitable, según los afroamericanos conseguían una mayor representatividad en la cultura de masas, la televisión siguió el mismo camino aunque a un ritmo rezagado. Varios actores negros comenzaron a aparecer en series televisivas. En el episodio «Goodnight Sweet Blues» de *Route 66* en CBS, Ethel Waters interpretó a una cantante de jazz moribunda que convence a los protagonistas, la pareja de actores blancos Martin Milner y George Maharis, para reunir a los miembros de su vieja banda y actuar juntos por última vez. Emitido el 6 de octubre de 1961, aquella emotiva historia hizo que la actriz fuese nominada al Emmy; *Route 66* era como una versión naíf de la novela *On the Road* de Jack Kerouak imbuida del espíritu de la Generación Beat, sobre dos chicos embarcados en un viaje por carretera para explorar el país. Un artículo de Richard Lemon en el *Saturday Evening Post* apostilló que todo el equipo de producción estaba compuesto por blancos y Ethel Waters tuvo que soportar que uno de los escritores le dijera cómo debía cantar blues (DUCILLE, 2018).

Poco a poco las series dramáticas fueron incorporando personajes negros para captar mayores audiencias. Cicely Tyson compartía pantalla con George C. Scott en la serie *East Side West Side* entre 1963 y 1964, Ivan Dixon apareció en *Hogan's Heroes* de 1965 a 1970, Greg Morris era un habitual de *Mission Impossible* de 1966 a 1973, Hari Rhodes aparecía en *Daktari* de 1966 a 1969 y Gail Fisher aparecía habitualmente en *Mannix* de 1967 a 1975, todas ellas en CBS que parecía apostar por una línea más tolerante y la integración racial que defendía el Dr. King. Robert Hooks apareció en *NYPD* entre 1967 y 1969 para ABC, Don Mitchell intervenía en *Ironside* dando la réplica al carismático Raymond Burr de 1967 a 1975 en NBC, Clarence Williams III era el joven detective negro y *cool* de la serie *The Mod Squad* de 1968 a 1973 en ABC **(figura 58)**. Quizás el personaje más recordado con posterioridad fuera la teniente Uhura en *Star Trek* de NBC, encarnada por Nichelle Nichols de 1966 a 1969, que protagonizó el primer beso interracial con William Shatner en el episodio «Plato's Stepchildren» emitido el 22 de noviembre de 1968, un verdadero hito cultural que los espectadores no podrán olvidar fácilmente.

Figura 58. Clarence Williams III en la serie The Mod Squad emitida por ABC. Fuente: USA Today.

Aquel mismo año, CBS emitió el documental *Black History: Lost, Stolen or Strayed* narrado por Bill Cosby repasando la historia de los afroamericanos y sus contribuciones a la cultura. Al evocar los espectáculos de vodevil recordaron las actuaciones de Lincoln Perry, famoso por su personaje Stepin Fetchit, un negro perezoso en consonancia con el arquetipo Jim Crow; Perry se convirtió en el primer millonario negro de Hollywood pero fue muy criticado por su comunidad, que lo acusaba de ser un «Tío Tom» en los albores del cine. Perry demandó a CBS por difamarle personalmente pero el caso no llegó a los tribunales. Lo cierto es que venían de un pasado realmente inquietante. En 1939, el actor blanco Marlin Hurt interpretó para la radio a una criada negra, Beulah Brown, imitando su forma de hablar en la serie *Hometown Incorporated* y luego en *Show Boat* de la cadena NBC. El personaje se hizo tan popular que pasó a *That's Life* y se convirtió en secundario de *Fibber McGee and Molly* hasta conquistar su propio espacio como protagonista: *The Marlin Hurt and Beulah Show*. Cuando el actor murió repentinamente de un ataque cardíaco fue reemplazado por Bob Corley y la serie pasó a llamarse *The Beulah Show*, pero era francamente grotesco que una mujer negra fuera interpretada en clave paródica por hombres blancos. La NAACP presionó a los directivos de la NBC para que acabaran esas representaciones degradantes, así que le dieron el papel a Hattie McDaniel, la oscarizada Mammie en *Lo que el viento se llevó*. McDaniel duplicó los índices de audiencia y ganó mil dólares por episodio cada semana. Cuando pasó a la televisión en 1951, Beulah sería encarnada por Ethel Waters y Louise Beavers. Dos décadas después los estereotipos perduraban y lastraban el empoderamiento negro en la pequeña pantalla: Diahann Carroll protagonizó la teleserie *Julia* de 1968 a 1971 en NBC, sobre una enfermera que trabaja en un hospital, una heroína de clase media que por fin no era una criada, matrona o ama de llaves: una mujer independiente, madre y viuda que ha perdido a su marido en la guerra de Vietnam. Algunos echaban de menos que no fuese una doctora como *Ben Casey* o *Dr. Kildare*; su aspecto pulcro y elegante como una portada de la revista *Ebony* con el cabello alisado y un aire burgués muy distinto del activismo Black Power hacía que estuviese muy alejada de lo que sucedía en la calle y lo que pensaban las mujeres negras de la comunidad. Como para compensar ese rol, la actriz Diahann Carroll donó dinero al SNCC y recaudó fondos para el movimiento por los derechos civiles en multitud conciertos y actuaciones benéficas **(figura 59)**.

Por otro lado, las cadenas de televisión lanzaron varios espacios dirigidos al público negro para fomentar el debate y generar opinión.

Figura 59. Diahann Carroll en la teleserie Julia. Fuente: NBCU.

El más importante de todos ellos, *Soul!*, era un sobrio programa de entrevistas conducido por Ellis Haizlip con invitados de la talla de Maya Angelou, Anna Maria Horsford, Novella Nelson, Mari Evans y otros. Emitido de 1968 a 1973 en la WNDT, una estación local neoyorquina, no solo prestó su tribuna a los escritores y poetas del movimiento Black Arts, sino que abordaron asuntos de política en colaboración con organizaciones como el SNCC. Concebido como una versión negra del *Tonight Show*, su productor Christopher Lukas consiguió la financiación necesaria de la Fundación Ford. Haizlip contó con la inestimable ayuda de Nikki Giovanni para llevar celebridades al plató como Sidney Poitier, Harry Belafonte, Cicely Tyson o Curtis Mayfield. El 7 de febrero de 1973, Stokely Carmichael intervino en el plató para explicar los orígenes del movimiento Black Power. Otros temas de calado que abordaron fueron el Black Panther Party, el asesinato de Malcolm X, el feminismo, la homosexualidad o el consumo de drogas (SHER, 2013; ACHAM y YOUNG, 2023) **(figura 60)**.

Figura 60. Ellis Haizlip en el plató del programa Soul! por el que pasaron los mayores representantes de la cultura negra de los años 60 y 70. Fuente: Black Film and TV.

La actriz Roxy Roker, famosa por su papel en la serie *The Jeffersons*, presentó *Inside Bed-Stuy* con un look afín al espíritu Black Power informando de las actividades que desarrollaba el centro cultural Bedford Stuyvesant en Brooklyn, tratando los problemas del vecindario y ofreciendo actuaciones musicales en vivo. En Detroit, *Colored People's Time* cubría las noticias locales de la comunidad; en Boston, *Say Brother* tenía reporteros a pie de calle para informar sobre los eventos culturales; en Nueva York, *Black Journal* contaba con mayor presupuesto y daba cobertura a los principales acontecimientos en Atlanta, Los Ángeles y Nueva Orleans (HEITNER, 2007 y 2009).

Un auténtico hito televisivo fue la emisión el 23 de enero de 1977 de la teleserie *Roots* (*Raíces*) en el canal ABC, una historia del género «slave narratives» protagonizada por el esclavo Kunta Kinte que impactó al público con unos índices de audiencia nunca vistos hasta entones recibiendo nada menos que treinta y siete premios Emmy. En los años 80 los afroamericanos lograron conquistar el éxito en el cine más comercial y la parrilla de televisión. El cómico Eddie Murphy tomará el relevo de Richard Pryor y triunfará en el *Saturday Night Live* para saltar a la industria del cine con auténticos taquillazos como *Superdetective en Hollywood* (*Beverly Hills Cop*, Martin Brest, 1984) o *El príncipe de Zamunda* (*Coming to America*, John Landis, 1988) mientras Bill Cosby triunfaba en su propia telecomedia emitida por NBC, verdadero emblema de los negros de clase alta. Prince sacudió el país con su ópera rock *Purple Rain* (Albert Magnoli, 1984) y Spike Lee estrenó *Nola Darling* (*She's Gotta Have It*, 1986) la primera de muchas películas que van a marcar su filmografía sobresaliente caracterizada por su compromiso social.

4
SÍMBOLOS DE DIGNIDAD

4.1 TORCHY BROWN Y FRIDAY FOSTER

Los cómics han servido indirectamente para calibrar la manera de ser de la sociedad que los recibe, tanto los editores y artistas encargados de producirlos como el público masivo que los consumía. Además de proporcionar entretenimiento, a pesar de su falta de pretensiones se convertían en un reflejo de los Estados Unidos que da fiel testimonio de las mentalidades vigentes en épocas sucesivas. De las caricaturas malintencionadas estilo Jim Crow al debut de Pantera Negra, repasar la historia de los cómics afroamericanos es constatar el avance social y la evolución de un arquetipo.

Para empezar, las historietas se introdujeron en la prensa norteamericana en la década de 1890 justo cuando comenzaba la segregación racial con toda su dureza. Los artículos periodísticos apoyaban las leyes Jim Crow mientras las viñetas humorísticas se despachaban con los negros retratándolos de manera despectiva, víctimas de incontables bromas de pésimo gusto; antes los irlandeses eran el blanco de las pullas, desde finales del siglo XIX los negros se convirtieron en el hazmerreír del público y el objeto de escarnio de la prensa blanca dominante. Los tópicos de la «Black life» (la vida de los esclavos negros) inspiraron infinidad de gags «under cork» («bajo el corcho») refiriéndose al corcho quemado que usaban los artistas de vodevil para ennegrecerse la cara antes de actuar en un espectáculo de «Blackface» (JONES, 2023). Visualmente, dibujaban a cualquier afroamericano como una Bola-8 de billar: negra, redondeada y brillante. Ya fuera en *Abie the Agent*, *Bringing Up Father* o *Little Nemo In Slumberland*, los negros aparecían convertidos en un tópico andante con los labios gruesos y las mejillas carnosas. Desde luego, cabe recordar que George Herriman, el prestigioso autor de la tira *Krazy Kat* al amparo del magnate de prensa William Randolph Hearst, era un mulato de Nueva Orleans; su padre era un criollo de raza negra de Louisiana y muchos expertos piensan que la trama de la serie, el eterno amor no correspondido de la gata Krazy y los desplantes del ratón Ignatz en forma de ladrillazos, se deben interpretar en esa clave, siendo una alegoría del amor interracial. *Joe and Asbestos* de Kenneth Kling, Smokey en las tiras de *Joe Palooka* por Ham Fisher o *Mammy's Lil' Lamb* de E.W. Kemble contaban con personajes negros inteligentes, tridimensionales y entrañables. En general la mayoría de tiras los presentaban como personajes simples, por no decir tontos de remate, dóciles y arrastrados. La canción popular «All Coons Look Alike to Me» («Todos los mapaches me parecen iguales») servía para definir la manera en que los artistas blancos dibujaban a los afroamericanos, sin apenas rasgos individuales, totalmente homogéneos, indistinguibles unos de otros. Habría que esperar hasta después de la Segunda Guerra Mundial para ver un cambio apreciable a finales de los 40.

Walter White y WEB Du Bois del NAACP, así como Marcus Garvey de la UNIA, protestaron enérgicamente contra la representación negativa en los cómics interponiendo demandas en los tribunales en más de una ocasión: a finales de los años 20 consiguieron que un periódico de Chicago aclarase el color de piel negro betún de los personajes afroamericanos; a principios de los 30 lograron retirar del mercado la tira de *Amos'n' Andy* que adaptaba el programa radiofónico de inmenso éxito por aquel entonces. En las antípodas, los periódicos negros ofrecían una clase de material bien diferente. El *Chicago Defender* publicaba la serie *Bungleton Green* desde noviembre de 1920, creada por Leslie Rogers y continuada por otros autores, las andanzas de un pícaro callejero que captaban la situación de desigualdad y el trato discriminatorio que padecían los afroamericanos; el personaje evolucionaba con el paso del tiempo: en los años 40 Jay Jackson lo dibujará como un «hepcat» o un apasionado del jazz con un traje Zoot y en los 60 Chester Commodore lo retratará con un dashiki como un auténtico «soul brother». En *The Baltimore Afro-American*, Fred Watson atacó las leyes Jim Crow de Maryland. *Bucky* de Sammy Milai puso a una muñeca blanca bajo una lámpara para chamuscarla y que tuviera el mismo color que su dueña, una niña negra. *Sunnyboy Sam* de Wilbert Holloway se avergonzaba de su nariz gruesa. Las viñetas de *Bootsy* por Ollie Harrington en *The New York Amsterdam News* tenían un acabado fenomenal, muy apegado a la realidad de la calle rompiendo los estereotipos habituales hasta esa fecha **(figura 61)**. El empresario negro Lajuyeaux H. Stanton fundó el Continental Features Syndicate y contrató a Harrington para crear

Figura 61. Dibujo de Ollie Harrington para la sección Dark Laughter del New York Amsterdam News, publicado el 21 de septiembre de 1963. El texto decía: «Now I aint so sure I wanna get educated» («Ya no estoy seguro de querer una educación»). Fuente: Library Of Congress.

la tira de aventuras *Jive Gray*, sobre un aviador en la Segunda Guerra Mundial, además de representar a otros artistas de color como Elton Fax, Mel Tapley o Ted Shearer.

Jackie Ormes fue la primera mujer negra en dibujar cómics. Sus personajes elegantes hacían comentarios mordaces sobre las escuelas segregadas, las huelgas sindicales y la histeria anticomunista del gobierno, lo que hizo que el FBI la pusiera bajo vigilancia desde finales de los 40 hasta mediados de los 50 (BARBEE, 2021). En el *Pittsburg Courier* creó la serie *Torchy Brown in Dixie to Harlem*, una joven pizpireta y sexy que se rebelaba contra el racismo y el machismo. El personaje era una chica de Mississippi

Figura 62. La ilustradora Zelda "Jackie" Ormes trabajando en una página de Torchy Brown en su estudio, 1946. Fuente: Black Past, cortesía de Judie Miles.

que se instala en Harlem y se hace famosa cantando y bailando para el Cotton Club, una fábula de la realización personal y el empoderamiento femenino en la gran ciudad que le sirvió para intercalar comentarios humorísticos de crítica social. La posterior *Patty-Jo'n' Ginger* también tendría su buena dosis de crítica en forma de diálogos chispeantes **(figura 62)**.

Más convencional, Jay Paul Jackson realizó para el *Chicago Defender* la serie *Speed Jaxon*, un agente secreto que cumple una misión en la ciudad de Lostoni en el corazón del África negra; en los 50 fundó su propio sindicato para distribuir su tira *Home Folks* que documentaba la experiencia de la comunidad afroamericana **(figura 63)**. El *Chicago Defender* publicó también *The Sparks* de Chester Commodore, sobre una familia negra de clase media. El *New York Age* con sede en Harlem contaba con *Tommy Traveler in the World of Negro History* de Tom Feelings, esforzándose por transmitir el orgullo racial justo cuando empezaban los boicots, las sentadas y las marchas de protesta. Llegan los 60 y el movimiento por los derechos civiles despega. *Soul Folks* de Cleven Goudeau en *The Berkeley Post* y *Dinky Fellas* de Morrie Turner en el *Chicago Defender* plasman aquel momento de ebullición y el debate sobre la justicia racial. Los artistas minimizaron los rasgos diferenciadores entre las razas, abandonando el esquema estereotipado para mostrar rostros no tan distintos; blancos y negros se distinguían mejor por la vestimenta y el lenguaje. *Dinky Fellas* cambió de título para llamarse *Wee Pals* y se convirtió en 1965 en el primer *daily-strip* en ser distribuido en la prensa convencional a escala nacional donde los negros tenían el mismo estatus social que sus homólogos blancos **(figura 64)**. El asesinato de Martin Luther King hizo que los periódicos adquiriesen más tiras cómicas para niños negros como *Luther* de Brumsic Brandon, Jr. en 1968 y *Quincy* de Ted Shearer en 1970. *Luther* trataba sobre la vida en el gueto con un elenco de niños cuyos nombres eran deliberadamente simbólicos: Hardcore (por «hard-core unemployed» o desempleados de larga duración»), Oreo (expresión de argot para referirse a una persona negra que es blanca por dentro como las galletas, o sea que actúa y siente como un blanco) y la profesora Miss Backlash (una reacción de repulsa o un carácter retrógrado).

Figura 63. Extraordinaria plancha de la serie sindicada *Home Folks* por Jay Jackson con el título «Hippitty hop to the Record Shop». Fuente: Mike Lynch.

Figura 64. Tira de *Wee Pals* por Morrie Turner dedicada a su amigo Jess Logan. La última viñeta termina con la frase «Where would I be today if Abraham Lincoln had taken a position of non-aligment?» Fuente: Lew Little Syndicate/King Features Syndicate, Heritage Auctions.

Otros *daily-strips* protagonizados por personajes negros en la prensa convencional fueron las series de aventuras *Dateline: Danger* en 1968, *The Badge Guys* en 1971 y *Friday Foster* en 1972. Esta última se convirtió en todo un icono del movimiento Black Power, las peripecias de una intrépida periodista en la línea de *Brenda Starr, Reporter* que incluso contaría con su adaptación cinematográfica *blaxploitation*, una modelo reconvertida en fotógrafa que se ve envuelta en situaciones peligrosas y se enfrenta a los gánsteres en Harlem; creada por Jim Lawrence, los dibujos del español Jordi Longarón la retrataban como una mujer liberada, independiente y atractiva **(figura 65)**. Varias tiras históricos van a incluir personajes negros en el reparto de secundarios, como Franklin en *Peanuts* de Charles Schulz, el teniente Flap en *Beetle Bailey* de Mort Walker, Clyde y Ginny en *Doonesbury* de Garry Trudeau, Oliver Wendell Jones en *Bloom County* de Berkeley Breathed y otros. Entretanto la prensa negra tenía sus propios caricaturistas, a veces con un posicionamiento político verdaderamente sardónico: Eugene Majied en *Mohammad Speaks* podía exhibir un humor muy afilado si se lo proponía, aunque sus ilustraciones para la sección «Muhammad's Message» de tono moralizante eran más blandas e idealizadas. Richard Grass Green dibujó la tira de aventuras *Lost Family* para el semanario *Frost Illustrated* de Fort Wayne, Indiana. El *Chicago Defender* publicó *Waliku* (*los tataranietos* en suajili) de Seitu Hayden, discípulo de Grass Green. Después, *NOG: Protector of the Pyramides* de Turtel Onli será una serie de ciencia ficción de ambientación afrocéntrica que saltará del *Chicago Defender* a las páginas de su propio *comic-book*. Ray Billingsley debutó en el cómic con la tira sindicada *Lookin'*

Figura 65. Friday Foster de Jim Lawrence y Jordi Longarón. Fuente: Ablaze Publishing.

Fine de 1979 sobre un grupo de jóvenes negros, pero solo duró dos años. Su siguiente tira, *Curtis*, consiguió un éxito mucho mayor al estar protagonizada por un niño, aunque aborda problemas actuales y sus gags invitan a la reflexión (TOWNSEND, 2023).

En la mencionada *Tommy Traveler*, Tom Feelings aprovechó para retratar personajes negros famosos. Su personaje Tommy se sumergía en libros de historia y llegaba a conocer a Crispus Attucks, el primer estadounidense muerto en la Guerra Civil, el abolicionista Frederick Douglass que escapó de la esclavitud en 1838, el boxeador Joe Louis o el pobre Emmett Till, un muchacho de catorce años que fue torturado y linchado en Mississippi en 1955 por coquetear con una chica blanca. En 1960, la NAACP le contrató para ilustrar el cómic de dieciséis páginas *The Street Where You Live*, un folleto para promocionar la importancia del registro de votantes negros para poder elegir a sus repre sentantes políticos entre los vecinos de su comunidad y reformar sus barrios **(figura 66)**. En 1972 recibió la Medalla Caldecott por el cuento infantil *Moja*

Figura 66. Primera página del cómic *The Street Where You Live* de Tom Feelings, un encargo de la NAACP en 1960 para promover el registro de votantes en los barrios negros respaldando a los líderes comunitarios para promover reformas sociales. Fuente: Tom Christopher.

Means One: Swahili Counting Book escrito por su esposa y volvió a ganarla en 1975 por *Jambo Means Hello: A Swahili Alphabet Book* (PHILLIPS-PENDLETON y PLUNKETT, 2022). E. Simms Campbell creó multitud de viñetas positivas para la prensa negra, pero destacó en la revista *Esquire*, siendo el primer dibujante afroamericano en ver su obra en una publicación nacional de gran tirada. Permaneció en plantilla durante más de veinte años y creó a su mascota Esky. Solía dibujar mujeres voluptuosas y curvilíneas con tono picante que nunca traspasaban los límites del buen gusto. Campbell colaboró también en *Cosmopolitan*, *The New Yorker*, *Ebony*, *Reedbook* y *Playboy*, además de lanzar su tira cómica *Cuties* dentro del King Features Syndicate para más de ciento cuarenta periódicos del país (HEIMER, 2020).

4.2 ALL-NEGRO COMICS

En el cómic *mainstream*, las series de mayor éxito en los periódicos o los *comic-books* que se distribuían en los *newsstands* de cada calle, la representación de los afroamericanos seguía una vía paralela que contrastaba con aquella otra que podíamos ver en la prensa negra; lógicamente, deriva de las representaciones estereotipadas de principios del siglo XX que tendían a perpetuar el tópico. Por ejemplo, en las tiras de *Mandrake the Magician*, Lee Falk creó al guerrero Lothar para que acompañase al héroe principal: un ayudante fortachón ataviado con un fez y una piel de leopardo, que daba un toque exótico a las aventuras del mago insistiendo en su origen africano.

En la Edad de Oro del cómic, hacia los años 40, el artista Matt Baker es considerado normalmente el único autor negro de la década en hacer *comic-books*. Aquí distinguimos entre los cuadernillos impresos en papel pulpa para vender en quioscos, aparte del circuito de ilustradores comerciales y humoristas gráficos en periódicos y revistas. Baker dibujó *Sheena Queen of the Jungle* en las páginas de *Jumbo Comics* #69 (November, 1944) de Fiction House y creó el primer héroe negro, el guerrero africano Voodah que debutó en

Crown Comics #3 (September, 1945) de Golfing / McCombs **(figura 67)**. Se estima que habrá dibujado unas doscientas portadas y más de mil páginas de cómic incluyendo la primera novela gráfica de la historia, *It Rhymes with Lust* de St. John Publications en 1950 con

Figura 67. Voodah está considerado el primer héroe negro protagonistas de sus propias aventuras, creado por el dibujante afroamericano Matt Baker en las páginas de Crown Comics #3 (September, 1945). Fuente: Ken Quattro, The New York Times.

guión de Arnold Drake y tintas de Ray Osrin, un relato criminal de corrupción política para lectores adultos. Baker se especializó en el estilo «Good Girl» que plasmaba mujeres hermosas con poca ropa y le encargaron personajes femeninos como *Phantom Lady* y *Canteen Kate*. Durante veinticinco años solía trabajar durante toda la noche bajo la presión constante de los plazos de entrega; en 1957 sufrió un derrame cerebral y dos años después murió de un infarto antes de cumplir los cuarenta (FRAGIE, 2018).

Habría muchos otros dibujantes negros en el mismo periodo, pero la industria del cómic fuera de los sindicatos de prensa era bastante marginal y sus autores eran artesanos anónimos que no siempre firmaban sus planchas; además, desempeñaban un oficio no muy bien considerado así que mantenían un perfil bajo. Un caso llamativo fue el de Adolph Barreaux, un mulato nacido en Carolina del Sur que aprovechó su tez clara para hacerse pasar por blanco al instalarse en Nueva York; Barreaux fundó Majestic Studios, el primer *comic shop* (un estudio lleno de tableros de dibujo donde un equipo de artistas hacían cómics a ritmo frenético para vender a las editoriales) y trabajó para Harry Donenfeld creando *New Fun* #1 (January, 1935) el primer título publicado por National Allied, la futura DC Comics (MARRONGELLI, 2021). Elmer Stoner era otro mestizo pero él nunca ocultó sus orígenes; amigo de Langston Hughes y Zora Neale Hurston, vivió el Renacimiento de Harlem y consiguió trabajo para muchos colegas suyos dibujantes.

Según se ha podido averiguar, Elmer C. Stoner diseñó la mascota de Planters Nut & Chocolate Company, una conocida marca de *snacks* que se identifica con un cacahuete antropomorfo con bastón, monóculo y sombrero de copa, aunque la empresa le atribuyó el mérito al adolescente Antonio Gentile al ganar en 1916 el primer premio de un concurso nacional. Luego trabajó en *comic shops* blancos realizando series bajo pseudónimo en la década de los 30 como *Doc Savage* o *Blue Beetle* para Fox Feature Syndicate y en Dell Comics creó el personaje *Phantasmo Master of the World* en *The Funnies* #45 (July, 1940) (STAPINSKI, 2020). Owen Charles Middleton trabajó como autor de cómics de 1941 a 1944 aunque no le gustaba especialmente dicho formato; había sido ilustrador médico y fue dibujante del *Chicago Tribune*. Durante la guerra hubo una gran demanda de cómics y los editores buscaban artistas consumados, así que Middleton realizó *Two Months in the Bush* sobre un artillero varado en las Islas Salomón.

En Timely Comics, la futura Marvel, el único personaje negro de su catálogo podría ser fácilmente el mayor símbolo del esterotipo racista. *Young Allies* #1 (July, 1941) estaba protagonizada por los *sidekicks* (ayudantes juveniles) del Capitán América y la Antorcha Humana, Bucky y Toro respectivamente. Bucky reunió una pandilla de patriotas adolescentes para combatir a los quintacolumnistas nazis en suelo estadounidense: el irlandés Percival Aloysius O'Toole "Knuckles", el superdotado Jefferson Worthing Sandervilt, el orondo Henry "Tubby" Tinkle y un niño negro llamado Whitewash Jones. Ya el propio nombre (*whitewash* significa blanquear) era un contrapunto chistoso, una ironía de muy mal gusto; por si éso fuera poco, el chico era el más torpe y tonto del grupo y sus diálogos estaban repletos de errores gramaticales retratándole como un patán analfabeto. Cuando alguien comenta que Whitewash tocaba muy bien la armónica, él responde: «Yeah, man! I is also good on de watermelon!» («¡Sí, hombre! ¡También soy bueno con la sandía!» usando el verbo *to be* de manera incorrecta) (KISTLER, 2017; RICKARD, 2020). Un caso parecido al personaje de Ebony White, ayudante juvenil de *The Spirit* de Will Eisner, todo un estereotipo andante que causa sonrojo al cabo del tiempo **(figura 68)**.

La Urban League lanzó una serie titulada *Negro Heroes* sobre personajes históricos como el científico George Washington Carver, la educadora Sadie T.M. Alexander o la estrella del béisbol Jackie Robinson. *All-Negro Comics* #1 (June, 1947) fue una cabecera antológica que contenía diversas series: la más relevante sería *Lion Man*, las aventuras de un científico africano que trabaja para las Naciones Unidas y luchaba contra el malvado Doctor Blut Sangro. Otra serie, *Ace Harlem*, trataba de un sagaz detective de policía; la revista *Time* escribió[35]: «Los villanos eran un par de atracadores negros con trajes Zoot y bocazas, si hubieran aparecido en cualquier

35 «The Press: Ace Harlem to the Rescue», *Time*, vol. L nº 2, July 14, 1947

Figura 68. El estereotipo de niño negro analfabeto era común en los comic-books de la Edad de Oro sirviendo como contrapunto humorístico del héroe. Whitewash Jones en Young Allies de Timely seguía el mismo patrón que el célebre Ebony White en las páginas de The Spirit de Will Eisner. Fuente: Comic Book Plus.

otro título habrían recibido protestas por el tono racista pero el editor Orrin Cromwell Evans pensó que a ningún lector le importaría» (CHRISTOPHER, 2002). Evans era un periodista, el primer reportero afroamericano en cubrir noticias generalistas para un periódico convencional, *The Philadelphia Record*. Decidió fundar la editorial All-Negro Comics, Inc. con su amigo Harry Saylor, el dibujante John Terrelle y su hermano George J. Evans para ofrecer representaciones positivas de los afroamericanos, héroes que los niños negros pudiera admirar[36]. La colección estaba realizada enteramente por guionistas y dibujantes negros, pero por desgracia no pasaron del primer número: «Cuando las fábricas de papel descubrieron que Orrin Evans era un hombre negro que intentaba comprar papel de periódico para imprimir cómics, se negaron a vendérselo para que no pudiera publicar el segundo número», afirmaba el experto Ken Quattro. «Había un racismo tan profundamente arraigado en el sistema que ni siquiera tuvieron una oportunidad» (HORNE, 2021; THIBERT, 2021) **(figura 69)**.

Fawcett Comics publicó *Negro Romance* #1 (June, 1950) concebida por el editor Roy Ald, una serie antológica de historias de amor protagonizadas por chicos y chicas en la moda del cómic femenino del periodo. Todas las historias fueron dibujadas por Alvin Hollingsworth, un bregado artista afroamericano que trabajó en multitud de títulos para distintas editoriales como Holyoke, Avon Periodicals, Fiction House o Lev Gleason. Por desgracia, la serie no se prolongó más allá del tercer número en otoño del mismo año. Un suceso verdaderamente singular tuvo lugar en 1954 cuando el Comics Code Authority, el código regulador que censuraba los contenidos de los cómics juveniles para maquillar los cuadernos y que no pudieran ofender a los lectores timoratos, quiso torpedear la publicación del relato «Judgment Day» en *Incredible Science Fiction* #33 (February, 1956) de E.C. Comics. Se trataba de una reimpresión de una historieta aparecida previamente en *Weird Fantasy* #18 (April, 1953) con guión de Al Feldstein y dibujos de Joe Orlando, antes de que el Code comenzase a funcionar tras las célebres

36 «Orrin C. Evans and the story of All-Negro Comics», *Comic's Buyer Guide*, nº 1215, February, 1997, pp. 32-8

Figura 69. All-Negro Comics #1 (June, 1947) editada por Orrin Evans, con las aventuras de Lion Man y el detective Ace Harlem. Todos los autores implicados eran afroamericanos. Fuente: Heritage Auctions.

audiencias del Subcomité del Senado de 1953. El juez Charles Murphy presionó al editor William Gaines para que modificara la historieta «porque el personaje central era negro» (LUNDIN, 2011). El relato trataba de un astronauta que visita un lejano planeta habitado por robots cuya civilización está dividida en subclases, una de las cuales tiene menos derechos que la otra y sufre la opresión del grupo dominante, una alegoría de la segregación racial; en la última viñeta, el indignado astronauta se quita la escafandra y los lectores descubrían que se trataba de un afroamericano. Gaines peleó con uñas y dientes para que «Judgment Day» se publicara tal y como la concibieron sus autores, sin alterar ni una sola viñeta, y amenazó al juez Murphy con demandarle. Al final lanzó la obra sin modificar ignorando las recomendaciones del Comics Code pero fue la gota que colmó el vaso: Gaines perdió la paciencia y cerró sus series de *comic-books* para centrarse en la revista *Mad*, el título más boyante de la empresa (DIEHL, 1996: 95; VON BERNEWITZ y GEISSMAN, 2000: 88).

En 1957, un cómic jugó un papel clave en el movimiento por los derechos civiles: *Martin Luther King and the Montgomery Story* con guión de Alfred Hassler y Benton Resnik y dibujos de Sy Barry, publicado por el FOR (*Fellowship of Reconciliation*), una organización pacifista. Uno de sus más destacados miembros, el ministro metodista Glenn E. Smiley, colaboró estrechamente con Martin Luther King en el boicot a los autobuses en Montgomery tras el arresto de Rosa Parks; junto con el director de publicaciones del FOR Alfred Hassler decidieron que sería una gran idea contar la historia del Dr. King en forma de cómic para divulgarla entre los jóvenes. El estudio de Al Capp, el autor de *Li'l Abner*, se encargó de producirlo, un cuadernillo de solo dieciséis páginas que permaneció fuera del radar de la industria pero corrió como un reguero de pólvora entre los miembros de diversas agrupaciones de derechos civiles, iglesias y escuelas, ayudando a movilizar a la gente; sin ir más lejos influenció a los cuatro estudiantes universitarios que comenzaron el boicot al restaurante de los grandes almacenes Woolworths en Greensboro (AYDIN, 2013; HUGHES, 2013, ALVERSON, 2023) **(figura 70)**.

Figura 70. *Martin Luther King and the Montgomery Story* por Alfred Hassler, Benton Resnik y Sy Barry, fue un cómic de 16 páginas publicado por el FOR con fines divulgativos. Fuente: Tom Christopher.

Para la mayoría de lectores afroamericanos, Superman simbolizaba algo así como el «SuperWhiteMan», una alegoría del hombre blanco dominante en la cima del poder, así que no podían identificarse con sus historietas (SCHLICHENMEYER, 2023). Sin embargo, de un modo u otro los personajes negros fueron penetrando en las editoriales más fuertes del sector, aunque fuera en géneros adyacentes como los «jungle heroes» o el bélico. *Jungle Tales* #1 (September, 1954) de Atlas, antecesor de Marvel, presentó las aventuras de *Waku the Prince of the Bantu*, un guerrero africano que protege su tribu. En *Our Army at War* #113 (December, 1961) de DC Comics por Robert Kanigher y Joe Kubert, el relato «Eyes Of a Blind Gunner» introdujo al personaje Jackie Johnson, un soldado negro en la Segunda Guerra Mundial que por primera vez no representaba un estereotipo racial: un miembro de la Compañía Easy que lideraba el Sargento Rock. *Sgt. Fury And His Howling Commandos* #1 (May, 1963) por Stan Lee y Jack Kirby supuso el debut de Gabe Jones, un soldado a las órdenes de Nick Furia; el primer héroe de color en los cómics Marvel. *Lobo* #1 (December, 1965) de Dell Comics presentaba las aventuras de un pistolero negro en el lejano Oeste creado por Tony Tallarico, pero la serie solo constó de dos números.

Classics Illustrated #169 (Spring, 1969), el último número de la legendaria colección creada por Albert Kanter, se despidió con «Negro Americans the Early Years», un repaso a los personajes más relevantes de la historia afroamericana: Crispus Attucks, Booker T. Washington, George Washington Carver y otros muchos. El año siguiente aparecería un título diametralmente distinto más en consonancia con los nuevos tiempos. La editorial de Gary Arlington con sede en su propia tienda, la primera librería especializada del país, San Francisco Comic Book Company, lanzó un comix underground protagonizado por un superhéroe afroamericano: *Ebon* #1 (June, 1970) por Larry Fuller se titulaba «Birth of a Hero» y narraba las aventuras de un negro del gueto que consigue superpoderes en sintonía con los personajes Marvel o DC pero realizado en estilo naíf, con un aire amateur rebosante de energía (MCGURK y CLOPTON, 2020; BROWN, 2020a; SIMON, 2020).

Figura 71. Portada de Fast Willie Jackson #1 (January, 1976) de Fitzgerald Publications, por el editor Bertram Fitzgerald y Gus Lemoine, era una versión soul de Archie Andrews que usaba jerga de la calle y tenía un tono más comprometido. Fuente: The Tom Breevort Experience.

Fast Willie Jackson era una versión negra de Archie Andrews, una serie con jóvenes afroamericanos exprimiendo la vida y pasándolo bien. Su editor, Fitzgerald Publications, había publicado antes la serie *Golden Legacy*, cómics divulgativos sobre personajes históricos como Roy Wilkins, Thurgood Marshall y Martin Luther King, con dibujos de Tom Feelings, Don Perlin, Tony Tallarico y otros, alcanzando los dieciséis números publicados entre 1966 y 1972. Pocos años después aparece *Fast Willie Jackson* #1 (January, 1976) escrito por el editor Bertram Fitzgerald con dibujos de Gus Lemoine que podría ser un pseudónimo de Harry Scarpelli, uno de los artistas habituales de *Archie* **(figura 71)**. La pandilla de protagonistas vivían en Mo City, una pequeña localidad similar a Riverdale, y tenían a Mrs. Fronda como profesora en el instituto. La «soul sister» Dee Dee Wilson, el simpático Jo-Jo, el ingenioso Frankie Johnson, el fortachón Hannibal Jones, Jabar el militante Black Power, el oficial Flagg de la policía local al que llamaban «The Man», el puertorriqueño José Martínez que regentaba el local The Spanish Main... con un tono más mordaz y político que *Archie*, usaban la jerga de la calle y constantemente se metían en problemas con las autoridades pero la colección se canceló en el séptimo número por las bajas ventas (MARKSTEIN, 2010; BROWNE, 2020b).

4.3 BLACK PANTHER

Un año después de que el presidente Lyndon Johnson promulgara la Ley de Derecho al Voto, Stan Lee y Jack Kirby crearon el personaje negro más relevante de la historia del cómic. En las páginas de *Fantastic Four* #52 (July, 1966) debutaba el noble T'Challa, soberano del reino africano de Wakanda, con un disfraz ceñido de color oscuro, agilidad y movimientos felinos, que respondía por el nombre de Black Panther.

El héroe se convertirá en uno de los puntales de la llamada Casa de las Ideas, como los aficionados conocían a Marvel Comics, formando parte de los Vengadores, el equipo *allstar* de la empresa. Pero su origen editorial es bastante controvertido y ha dado pie a las especulaciones, fundamentalmente porque Lee y Kirby siempre negaron que hubiera una relación con el Black Panther Party de Bobby Seale y Huey Newton. En principio, el BPPSD (*Black Panther Party for Self-Defense*) se fundó en octubre de 1966 y el cómic tenía una fecha de portada que lo sitúa en julio, habiéndose distribuido antes incluso para permanecer un tiempo en los anaqueles del quiosco, práctica habitual en Estados Unidos: concretamente en el mes de abril. Lee y Kirby marcaban distancias con el movimiento radical originado en Oakland para mantener una cierta ambigüedad o neutralidad política, desmarcándose de los activistas que pronto fueron catalogados como terroristas peligrosos. Por otro lado, indirectamente estaban sugiriendo ni más ni menos la posibilidad de que Seale y Newton se hubieran basado en el cómic para organizarse, diseñando su indumentaria y tomando al superhéroe como fuente de inspiración. El debut de Pantera Negra en verano y el Black Panther Party en otoño presenta una situación paradójica y en cierto modo indiscutible, pero hay argumentos para señalar una relación en el sentido inverso.

Lee y Kirby estaban bien atentos a la actualidad sociopolítica del momento para que sus historias se mantuvieran lo más cerca posible de la realidad que pretendían plasmar en sus cuadernos. Solían tomar prestados elementos de la vida real para dar una atmósfera verosímil a sus cómics. Se supone que el personaje debía llamarse «Coal Tiger» («Tigre de carbón») y hasta se conserva un diseño preliminar de Kirby con un atuendo diferente: rostro descubierto, una capa roja y un cinturón cruzado con una gran "C" en el pectoral. Luego decidieron revisar aquel diseño y darle un aspecto más atrevido llegando al disfraz oscuro y monocromo con el que se popularizó, rebautizándolo como Black Panther. Hay quien ha señalado que Stan Lee y Jack Kirby, ambos veteranos de la Segunda Guerra Mundial, Lee en el Signal Corps y Kirby un combatiente destinado en Europa, estarían familiarizados con la existencia del 761º Batallón de Tanques, también conocidos como Black Panthers y compuesto exclusivamente por soldados estadounidenses negros. Su comandante, el sargento Warren Crecy, fue condecorado con una Estrella de Plata y llegó a ser un famoso héroe de guerra (WILLIAMS, 2022). El emblema del batallón era una feroz pantera negra vista de perfil y enseñando las fauces con el lema «COME OUT FIGHTING» («SALID A LUCHAR»).

La relación con el Black Panther Party no es casual sino que debemos hallarla en el eslabón intermedio: el emblema del LCFO (*Lowndes County Freedom Organization*) creado por Stokely Carmichael cuando estuvo en el Sur haciendo campaña para registrar votantes negros en los colegios electorales y fundó su propio partido político **(figuras 72 y 73)**. El LCFO nació en 1965 y Carmichael incorporó la mascota de la pantera negra porque, como él mismo dijo, se trata de un animal que se puede volver peligroso cuando está acorralado. Su propósito era contrarrestar la mascota del partido político rival, un gallo blanco, que simbolizaba el supremacismo de la derecha. Stokely Carmichael rendía homenaje a la mascota del Clark College, un centro de estudios históricamente negro, hoy día Clark Atlanta University. El logotipo fue un dibujo original de la activista Dorothy Zellner: «Estaba trabajando en la oficina del SNCC en Atlanta cuando se me acercó Carmichael. Él sabía que yo había estudiado en el M&A (Music & Art, el High School of Music and Art en Manhattan) mientras él iba al Bronx Science. Me pidió que dibujara una pantera para la campaña de la Organización por la Libertad del Condado de Lowndes. Le dije que no, que no me sentía tan capacitada» (ZELLNER, 2010; cit. en CUSHING, 2018). Stokely Carmichael pidió al marido de Dorothy que fuese al zoológico de Atlanta y sacara fotos de una pantera para tomarlas como referencia. Bob fue con un fotógrafo del SNCC y revelaron el carrete en la misma sede de la organización. James Forman preguntó quién podía dibujar la pantera: «Dottie realizó el dibujo preliminar de la famosa Pantera Negra. Dottie la dibujó para que se reprodujera bien en blanco y negro: una pantera con la cola erizada, dientes afilados, bigotes pronunciados y orejas erguidas». Carmichael pidió a Dottie que hiciera un segundo diseño. Llevaba consigo un boceto de Ruth Howard basado en la mascota del Clark College. «Lo simplifiqué, le agregué un bigote mejor y lo hice completamente negro a petición suya», explicaba **(figura 74)**.

Stokely Carmichael hizo campaña en el condado de Lowndes en 1965 y un año después participó en la Marcha contra el Miedo

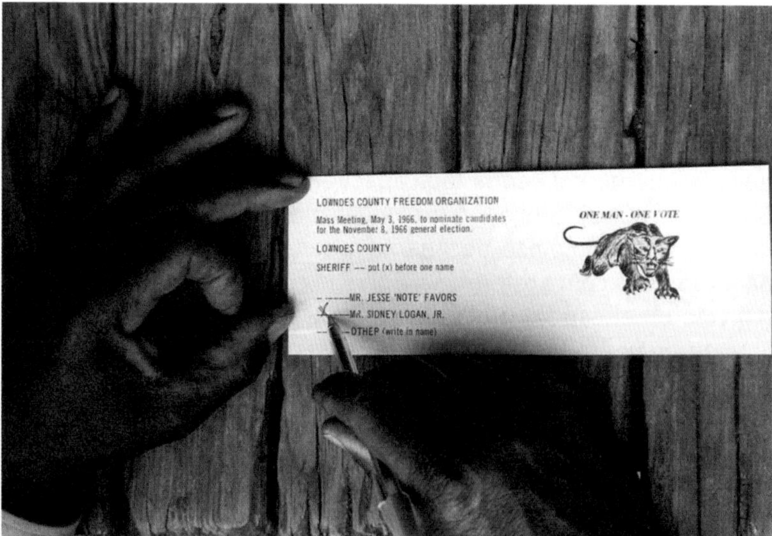

Figuras 72 y 73. Imagen del documental *Lowndes County and the Road to Black Power* (Geeta Gandbhir y Sam Pollard, 2022). Fuente: Greenwich Entertainment / Un votante recién registrado rellenando la papeleta para elegir al sheriff del condado de Lowndes. La papeleta tiene impreso el logotipo del partido fundado por Stokely Carmichael con el lema «ONE MAN, ONE VOTE» («Un hombre, un voto»). Fotografía de Flip Schulke. Fuente: Terry Gross, Fresh Air.

emprendida por James Meredith. El 16 de junio de 1966 proclamó el Black Power en Greenwood. El día 26 quince mil manifestantes gritaron «Black Power!» en Jackson, Mississippi. El destino quiso que *Fantastic Four* #52 de Lee y Kirby coincidiera en los *newsstands* con aquel hito histórico. Como el cómic tuvo que realizarse con antelación, lógicamente no podían saber lo que ocurriría en un lugar tan remoto.

Sin embargo, el erudito Sean Howe ha determinado que Lee y Kirby sí podían saber lo que sucedió en el condado de Lowndes un año antes (HOWE, 2012: 32-3; LACERTE, 2018). El *New York Times* publicó la noticia informando a sus lectores de que se había formado un partido político cuyo emblema era una pantera negra. La valentía de Stokely Carmichael no pasó desapercibida; mientras él estaba en el campo sacrificándose por su comunidad, la prensa neoyorquina se hizo eco de sus esfuerzos. De hecho, los medios de comunicación solían referirse al LCFO como el «Partido Pantera Negra» en alusión a la célebre mascota. Su labor en el denominado «Bloody Lowndes» («Lowndes sangriento» por la violencia que sufrían sus habitantes negros) no dejó indiferente a nadie; durante más de sesenta años casi ningún afroamericano se atrevió a registrarse para votar por miedo a las represalias. Unas ochenta familias privilegiadas poseían el noventa por ciento de las tierras de cultivo y tenían a los aparceros bajo su control, a pesar de que había un ochenta por ciento de habitantes afroamericanos inscritos en el censo (WOODHAM, 2008). Carmichael logró que se registraran dos mil seiscientos votantes negros en apenas un año superando el número de votantes blancos. Cualquier neoyorquino liberal que leyera la crónica quedaría francamente impresionado: «The Lowndes County Freedom Organization will function as an all-Negro third party. It will operate in only one county and use a black panther as its party symbol» («La Organización de Libertad del Condado de Lowndes funcionará como un tercer partido completamente negro. Operará en un solo condado y usará una pantera negra como su símbolo de partido») anunció el *New York Times*[37] el 9 de diciembre de 1965 con gran impacto. El periódico

37 «Student Rights Group Leacks Money and Help but Not Projects», *N.Y. Times*, December 9, 1965

Figura 74. La joven Dorothy Zellner, de soltera Dorothy Miller, activista del SNCC cercana a Stokely Carmichael y ex alumna del M&A en Nueva York, fue la verdadera diseñadora del emblema de la pantera negra. En la imagen, Dottie está prestando declaración jurada a James Forman después de perder sus zapatos a causa de los manguerazos de agua a presión de la policía para dispersar a los manifestantes en un acto convocado en Danville, Virginia, en junio de 1963. Fuente: Danny Lyon, SNCC

continuó cubriendo la noticia los meses siguientes, en primavera[38] y otoño[39] del 66 enlazando con la iniciativa de Bobby Seale y Huey Newton en Oakland.

En 1966 más del cuarenta por ciento de los afroamericanos en Estados Unidos vivían por debajo del umbral de la pobreza y dicho colectivo suponía un tercio del total de los ciudadanos pobres del país. Norteamérica era como una olla a presión a punto de estallar. A pesar del tono conciliador del reverendo Martin Luther King, Jr. en sus discursos, cada vez más gente se mostraba partidaria de un enfoque agresivo en la línea de Malcolm X reclamando igualdad y justicia social. La noticia del 9 de diciembre deja margen más que suficiente para la realización del cómic: argumento, dibujos a lápiz y entintado, colores, rotulación y maqueta, justo a tiempo para salir a la venta en primavera.

«El emblema se volvió más suave y estilizado con el tiempo», recuerda Bob Zellner, esposo de Dorothy. «Es una ironía que Dottie, una mujer blanca del norte, dibujara la primera pantera negra». El símbolo continuó evolucionando. La experta en diseño gráfico Lisbet Tellefsen estudió el emblema del Black Panther Party rastreando el estilo hasta dar con la artista Lisa Lyons, quien dice: «Elegí la pantera de la Organización por la Libertad del Condado de Lowndes para decorar los folletos y carteles del Día del Poder Negro, ya que era ampliamente conocida a nivel nacional como un símbolo del Black Power en otoño de 1966» (CUSHING, 2018) **(figuras 75 y 76)**. Ella y su amigo Kit usaron el dibujo de la pantera negra en muchísimas publicaciones del ISC (*Independent Socialist Club*) en Berkeley a lo largo de aquel año y el siguiente incluyendo una manifestación conjunta con el Black Panther Party en defensa del gueto, chapas y latas de metal usadas para recoger dinero en la calle. El 29 de octubre del 66, Stokely Carmichael dio la famosa conferencia «Black Power and its Challenges» organizada por el SDS (*Students for a Democratic Society*) en Berkeley, donde dijo: «Elegimos para el emblema una pantera negra, un hermoso animal

38 «Negroes Lose Fight to Oust All Officers in Lowndes County», *N.Y. Times*, April 1, 1966

39 «The Changing Times In Lowndes County: An All-Negro Ticket», *N.Y. Times*, October 31, 1966

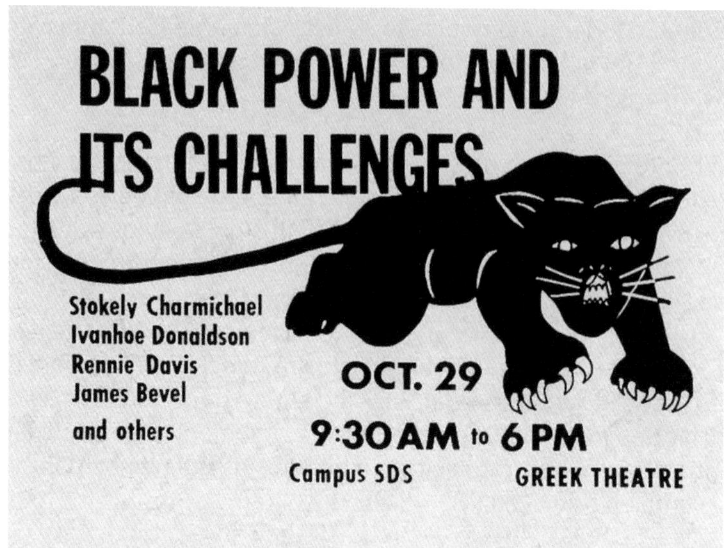

Figura 75. Cartel «Black Power and its Challenges» para la conferencia de Stokely Carmichael en Berkeley el 29 de octubre de 1966, diseño de Lisa Lyons. Fuente: Design Observer, cortesía de Lisbet Tellefsen.

Figura 76. El Black Panther Party se apropió del símbolo del SNCC que se propagó con éxito y reutilizó el emblema con variaciones. A la izquierda, cartel de la concentración en apoyo a Eldridge Cleaver en San Francisco. A la derecha, manifestación para pedir la liberación de Huey Newton en Oakland. Fuente: Design Observer, cortesía de Lisbet Tellefsen

negro que simboliza la fuerza y la dignidad de los negros, un animal que nunca contraataca hasta que se siente tan acorralado que no tiene más remedio que saltar. Sí, y cuando salta ya no se detiene.» Ese mes el Black Panther Party había empezado a funcionar en West Oakland y tampoco se detendría. Pero en definitiva: la pantera negra era un símbolo famoso en toda Norteamérica desde mucho antes de que Seale y Newton decidieran patrullar los barrios conflictivos para enfrentarse a la policía.

Los fans de Marvel estaban encantados con el personaje. Uno escribió una carta a la sección de correo manifestando: «Qué bueno... ¡qué bueno! ¡Un verdadero Superhéroe Negro!» (TERRY, 2014: 152). Cuando el Black Panther Party suscitó la desconfianza del gran público, Marvel dio un paso más para desmarcarse de la polémica organización cambiando el nombre de su personaje a Black Leopard. La maniobra solo duró unos meses a partir de *Fantastic Four* #119 (February, 1972) por Roy Thomas y John Buscema, puesto que en Estados Unidos el nombre tenía «connotaciones políticas», tal y como explica el propio T'Challa en una viñeta, «aunque no condeno ni absuelvo a quienes hayan adoptado el nombre» (MCGUIRE, 2021). Stan Lee siempre negó en todas las entrevistas, por activa y por pasiva, que el Black Panther Party tuviese algo que ver con el héroe. Nunca reconoció haber tomado prestado el diseño de Stokely Carmichael y al final parece que, de alguna manera, Marvel Comics se hubiese apropiado del símbolo Black Power convirtiéndolo en una marca registrada de la casa. Naturalmente, sus creadores Stan Lee y Jack Kirby no eran afroamericanos sino blancos.

Cuando el cine *blaxploitation* se puso de moda, Marvel relanzó la cabecera *Jungle Action* con Black Panther como protagonista absoluto a partir del número 5 (July, 1973) y en el número siguiente debutó el guionista Don McGregor, ascendido desde su puesto como corrector de textos en el *bullpen*. Durante su juventud, McGregor desempeñó multitud de trabajos incluyendo guarda de seguridad, empleado de banca y agente uniformado de la Guardia Nacional encargado de sofocar mítines en los 60, donde constató el fanatismo y el racismo en las fuerzas del orden. Entusiasmado por escribir la serie *Jungle Action Featuring: The Black Panther*, firmó

Figura 77. Portada de Jungle Action #21 (May, 1976) por John Romita y Danny Crespi, con la mítica historia «A Cross Burning Darkly Blackening the Night!» de Don McGregor y Bill Graham. Fuente: Hip Comic.

unos guiones combativos y sofisticados para el lucimiento de los artistas Rich Buckler, Gil Kane y Bill Graham, que solían rendir homenaje a Jim Steranko en los títulos de crédito iniciales (COOKE, 2002; STEWART, 2008a: 57). Rich Buckler hasta se mudó cerca del bloque de apartamentos dode vivía Don McGregor en el Bronx para poder reunirse a diario y colaborar más estrechamente en el cómic. En *Jungle Action* #19 (January, 1976) arrancaba la saga «Panther vs. The Klan» que llevó a T'Challa al estado de Georgia para investigar un asesinato. *Jungle Action* #21 (May, 1976) mostraba en portada a Pantera Negra atado a una gran cruz de madera que ardía en una hoguera, con los miembros del Ku Klux Klan vestidos con sus túnicas y capuchones blancos a su alrededor contemplando la ejecución y el héroe negro a punto de liberarse **(figura 77)**. Aquellos cuadernos eran tan rematadamente buenos que nadie podría superar el nivel. Cuando el propio Jack Kirby lanzara *Black Panther* #1 (January, 1977) la nueva serie no mostró ningún compromiso político con la comunidad negra (STEWART, 2008b: 62-3). Las cartas de los lectores en la sección de correo le condenarán por ello: «Después de "La furia de la Pantera" y "La Pantera contra el Klan" solo hay una palabra para describir "La rana del Rey Salomón": obscena.» Los fans exigían la marcha inmediata de Kirby, cosa que sucedió a la altura del número 12 (REGALADO, 2015; CHAMBLISS, 2016). A pesar del tropiezo, Black Panther pervivirá en los cómics Marvel como un icono del orgullo racial.

4.4 "CALL HIM POWER MAN"

Tres años después de que Pantera Negra debutara en Marvel, le sigue otro superhéroe afroamericano: The Falcon, en *Captain America* #117 (June, 1969) por Stan Lee y Gene Colan. Se trataba de un negro de Harlem, hijo de un pastor protestante que muere al tratar de detener una pelea callejera entre dos bandas rivales; la tragedia le golpea por segunda vez cuando un asaltante asesina a su madre a una manzana de su apartamento mientras trataba de proteger a sus hijos. Con el tiempo Sam Wilson se convertirá en un trabajador social ayudando a los vecinos de barrio. Aficionado a las aves desde niño, construyó un palomar en la azotea de su edificio y luego aprendió cetrería estableciendo un vínculo con su halcón Redwing para convertirse en el gran aliado del Capitán América; Sam usará un arnés equipado con alas que le permiten volar, fabricado por Pantera Negra. Su enorme popularidad hizo que se convirtiera en el coprotagonista de la serie sumando su nombre al título a partir de *Captain America and the Falcon* #134 (February, 1971).

La editorial DC Comics hizo que uno de sus héroes emblemáticos, Hal Jordan, fuera reemplazado por el afroamericano John Stewart en *Green Lantern* #87 (January, 1972), episodio de la legendaria etapa de Denny O'Neil y Neal Adams en la cabecera. Marvel dio un paso al frente y lanzó *Hero for Hire* #1 (October, 1972) por Archie Goodwin y George Tuska con portada de John Romita, una nueva colección protagonizada por Luke Cage, el superhéroe negro conocido como Power Man. El relato «Out of Hell-- A Hero!» narraba la historia de Carl Lucas, encerrado en prisión por posesión de cocaína tras caer en una trampa que le tendió su amigo Willis Stryker; en la cárcel se ofrece voluntario para un experimento científico que será saboteado produciendo un efecto inesperado: Lucas recibe una fuerza sobrehumana y una piel a prueba de balas. Éste se fuga de la prisión y se instala en Harlem cambiando su nombre por Luke Cage para trabajar como «Héroe de alquiler» que ofrece sus servicios a cambio de una remuneración, escogiendo casos y clientes que le permiten hacer lo correcto y ayudar al barrio. Si Pantera Negra usaba una máscara que le cubría la cara, Power Man solo llevaba una tiara y una camisa amarilla desabotonada exhibiendo con orgullo pectorales y color de piel. Un héroe del gueto comprometido con la comunidad, Power Man era la encarnación del espíritu Black Power: «Call Him Hero For Hire Or Call Him Power Man... Either Way He's Great!» («Llámalo Héroe de Alquiler o llámalo Power Man... ¡De cualquier modo es genial!») **(figura 78)**.

En Marvel se trataría del primer superhéroe negro que protagonizó su propia colección. Igual que pasara con Black Panther, ninguno de sus creadores era un autor afroamericano. Archie Goodwin y George Tuska desde luego no lo eran; el diseño del personaje fue obra de John Romita, director artístico de Marvel;

Figura 78. Portada de Hero for Hire #1 (October, 1972) por de John Romita, con la historia de origen «Out of Hell-- A Hero!» de Archie Goodwin y George Tuska. Fuente: Hip Comic.

Roy Thomas aportó su nombre Cage (jaula) y el título pegadizo *Hero for Hire*. Todos ellos no hacían sino seguir la moda instaurada por las películas *blaxploitation* con héroes de color en la onda de *Shaft* al estilo Marvel. Romita incorporó dos elementos visuales que servían como recuerdo de su estancia en la cárcel: los grilletes y la cadena que usaba como cinturón, que también simbolizaban la liberación de la esclavitud. El personaje lucía el pelo afro y unas patillas que lo convertían en un «soul brother» en sintonía con los nuevos tiempos, además de recordar a las estrellas de cine como Jim Brown o Fred Williamson. La serie cambiará de título a partir de *Power Man* #17 (November, 1974) por Len Wein y George Tuska, y cuando las ventas bajaron los editores tuvieron una idea brillante haciendo que formara tándem con el héroe Puño de Hierro a partir de *Power Man and Iron Fist* #50 (January, 1978) por Chris Claremont y John Byrne. De tal modo, la serie ofrecía un cocktail explosivo que parecía el programa doble de cualquier cine de barrio, una sesión de «grindhouse» con un luchador callejero y un maestro de las artes marciales que hacían equipo como en una «buddy movie».

En *Strange Tales* #169 (June, 1973) con guión de Len Wein y Roy Thomas y dibujos de Gene Colan hacía su presentación Brother Voodoo, un *houngan* (chamán de la religión haitiana) o hechicero sobrenatural capaz de comunicarse con los muertos **(figura 79)**. Un mes después, en las páginas de *The Tomb of Dracula* #10 (July, 1973) por Marv Wolfman y Gene Colan debuta el carismático Blade. La serie adaptaba libremente las andanzas del vampiro creado por Bram Stoker incorporándolo al repertorio de la empresa; Blade era un cazavampiros experimentado decidido a terminar con estos seres diabólicos. Nacido en un burdel londinense, es el hijo de una prostituta que fue asesinada durante el parto por un vampiro transmitiendo al pequeño ciertas habilidades como una vida prolongada, mayor fuerza y agilidad o inmunidad al vampirismo; con su entrenamiento en esgrima y técnicas de lucha, Blade era un formidable rival del conde transilvano que irá ganando en popularidad y terminará protagonizando sus propias aventuras.

En el histórico *Giant Size X-Men* #1 (April, 1975) de Len Wein y Dave Cockrum, se presentaba una nueva alineación de héroes

Figura 79. Arte original de Gene Colan y Dick Giordano para Strange Tales #173 (April, 1974) protagonizado por Brother Voodoo. Fuente: Comic Art Fans.

internacionales donde el japonés Fuego Solar, el irlandés Banshee y el canadiense Lobezno se unen a los debutantes Coloso y Rondador Nocturno de Rusia y Alemania respectivamente, además de Tormenta, la primera heroína negra de la editorial. Ororo Munroe era venerada como una diosa del clima en las llanuras del Serengeti en África, relacionándose con las tribus locales, y se convertirá en uno de los personajes más interesantes de *Uncanny X-Men* cuando la guionice Chris Claremont. De hecho, la trama de la serie suele interpretarse como una alegoría de la integración racial: el Profesor Charles Xavier cree en la convivencia pacífica entre humanos y mutantes mientras su enemigo Magneto aboga por la violencia y el separatismo; exactamente igual que los discursos contrapuestos de Martin Luther King y Malcolm X (GOLDSTEIN, 2006; GODOSKI, 2011). Stan Lee siempre se mostró bastante orgulloso al respecto: «Una buena metáfora de lo que estaba sucediendo con el movimiento de derechos civiles en el país en ese momento» (STRAUSS, 2000).

DC Comics tardó un poco en seguir el ritmo de Marvel. En *Wonder Woman* #204 (January, 1973) de Robert Kanigher y Don

Heck presentaron a Nubia, una amazona negra que resultaba ser la hermana perdida de la mujer maravilla. En *Superboy and the Legion of Superheroes* #216 (April, 1976) Cary Bates y Mike Grell presentaron a Tyroc, un superhéroe negro que era poco más que un estereotipo andante del movimiento Black Power con el que ninguno de sus autores se sintió satisfecho. Un año después DC lanzó *Black Lightning* #1 (January, 1977) de Tony Isabella y Trevor Von Eeden, por fin un autor de cómics afroamericano: el primero de los mencionados en este listado y el único. Jefferson Pierce vivía sus aventuras en el barrio marginal de Suicide Slum en Metropolis, la ciudad de Superman, enfrentándose al crimen organizado con ayuda del inspector de policía Bill Henderson. El cómic *Superman vs. Muhammad Ali* (April, 1978) por Dennis O'Neil y Neal Adams mostraba un disputado combate de boxeo entre el hombre de acero y el campeón de los pesos pesados. Superman, despojado de sus poderes para no jugar con ventaja, se enfrentaba con Ali en un ring intergaláctico y al final terminaban haciéndose amigos y proclamando «We are the greatest!» («¡Somos los mejores!») **(figura 80)**.

Figura 80. Arte original de Neal Adams y Dick Giordano para Superman vs. Muhammad Ali (April, 1978). Fuente: Steve J. Ray.

En los 80 el número de superhéroes afroamericanos se amplía con el debut de Cyborg en *DC Comics Presents* #26 (October, 1980) anticipo de *New Teen Titans* #1 (November, 1980) por Marv Wolfman y George Perez y la superheroína con poderes animales Vixen en *Action Comics* #521 (July, 1981) creada por Gerry Conway con ayuda de Bob Oksner. En *Amazing Spider-Man Annual* #16 (October, 1982) aparece por primera vez Monica Rambeau, la carismática Captain Marvel que formará parte de los Vengadores. En *Peter Parker, The Spectacular Spider-Man* #64 (March, 1982) de Bill Mantlo y Ed Hannigan debutaban Cloak and Dagger, pareja interracial formada por Tyrone Johnson y Tandy Bowen, dos de los personajes más carismáticos de la editorial. Siendo unos adolescentes recién llegados a la ciudad de Nueva York, les inyectan una nueva droga sintética a punto de ser comercializada por la mafia, pero sobreviven y desarrollan poderes extraordinarios relacionados con la luz y la oscuridad. Se refugian en una iglesia al amparo de un sacerdote católico y emprenden una cruzada implacable contra el narcotráfico. En *Iron Man* #170 (May, 1983) James Rhodes sustituye a su amigo Tony Stark en plena crisis de alcoholismo para llevar su famosa armadura de alta tecnología; el personaje fue presentado mucho antes en *Iron Man* #118 (January, 1979) pero será cada vez más relevante hasta asumir la identidad de War Machine, una versión militarizada de Iron Man en blanco y negro. Amazing-Man debutó en *All-Star Squadron* #23 (July, 1983) por Roy Thomas y Jerry Ordway. Con los años irán añadiéndose Bishop, Steel, Static... hasta una versión afrolatina de Spider-Man, Miles Morales. También se descubrirá que hubo un Capitán América negro, Isaiah Bradley, anterior a Steve Rogers, tal como se vio en la miniserie *Truth: Red, White and Black* de 2003.

Un amplio repertorio de superhéroes negros en las dos principales compañías dando cada vez mayor visibilidad al colectivo. Dado que los *comic-books* de superhéroes han ido copando un papel predominante dentro de la industria, desplazando la pujanza de los *daily-strips* en épocas anteriores, estos vistosos héroes con poderes y disfraces circenses ofrecen un modelo de valentía, compromiso, esfuerzo, solidaridad y combatividad muy en consonancia con el ideal de progreso y los valores morales del país, apto para todas las edades pero más específicamente para niños y jóvenes. Aunque debemos recordar que fueron creados por autores blancos en plantilla de las dos editoriales hegemónicas, Marvel y DC Comics, para captar nuevas audiencias y seguir la corriente. Los ídolos deportivos triunfaban en béisbol, baloncesto, boxeo y rugby, mientras el cine comercial creó un nuevo *star system* formado por actores de color y las bandas musicales hacían vibrar al país con sus temas de soul, funky, rap y hip-hop. Si lo pensamos despacio, las editoriales no estaban apostando tanto por la integración y la representatividad, más bien instauraban una especie de «cuota de facto» dentro de su catálogo: un porcentaje de personajes negros cómodo y manejable, porque de lo contrario solo tendrían héroes blancos y ofrecerían una pésima imagen de marca.

Jive Gray, Speed Jaxon, Voodah, Lion Man, Ace Harlem, Ebon y otros personajes olvidados del cómic americano sí fueron creados por autores negros pero quedaron relegados rápidamente debido a las circunstancias atroces de desigualdad que había en la sociedad y también en la industria del ocio. Al estudiar el origen de Black Panther, Power Man, Blade, The Falcon y otros, nos hallamos ante un fenómeno de apropiación cultural. Los lectores lo han permitido porque, en el fondo, no les importaba tanto la identidad de los autores o la realidad del proceso editorial entre bastidores, como el fruto de su trabajo. En ese sentido, los lectores jóvenes afroamericanos han podido disfrutar de todos aquellos héroes y festejar sus aventuras entusiásticamente, sintiéndose representados y viendo un reflejo de sus vivencias que los hacía sentir integrados en el sistema; ya solo por ello, Pantera Negra o Luke Cage justifican su existencia y desempeñan un rol relevante dentro de la cultura popular norteamericana. De las calles de Harlem a la nación de Wakanda, el éxito de los superhéroes negros ilustra mejor que cualquier otro dato que pudiéramos aportar el espacio de respetabilidad, dignidad, ejemplaridad y pleno reconocimiento de la comunidad afroamericana en un país que los despreció hasta hace pocas décadas y hoy los admira por su entereza.

5

CONCLUSIONES

Por desgracia no se han solventado todos los problemas. Los afroamericanos todavía cargan con un estigma y han de soportar un trato discriminatorio en un país que se resiste a ser tolerante. La situación no es ni mucho menos la misma que padecían hace décadas, pero dista mucho de ser perfecta. La Texas HB (House Bill) 2497 o Proyecto Texas 1836 es una propuesta de ley que promueve la «educación patriótica». En verano de 2021 el Senado estatal aprobó el SB (Senate Bill) 3 por dieciocho votos a favor y cuatro votos en contra eliminando las menciones a personas de color del plan de estudios requerido en las escuelas: negros, nativoamericanos y latinos quedaban fuera de los libros de texto incluyendo el discurso «I Have a Dream» del Dr. Martin Luther King, Jr. en Washington, D.C. Por si la maniobra no era lo bastante atrevida, la HB 3979 eliminó el requisito de enseñar a los estudiantes «historia del supremacismo blanco que incluye, entre otros, la institución de la esclavitud, el movimiento eugenésico y el Ku Klux Klan, así como las formas en que es moralmente incorrecto»[40]. En estados como Oklahoma, Iowa y Arkansas se han presentado proyectos de ley semejantes intentando por todos los medios revisar y blanquear su historia.

La UDC (*United Daughters of the Confederacy*) lleva un tiempo haciendo campaña para promover la narrativa de la «Causa

40 «Texas Senate advances bill to restrict how race, nation's history is taught in schools», *CNN*, July 22, 2021

Perdida» («Lost Cause») y combatiendo encarnizadamante contra lo que llaman «el problema de las nueve palabras» («The Nine-Word Problem») es decir: «Rosa Parks, Martin Luther King, I Have a Dream»[41]. Constituido como un influyente lobby, el grupo de presión ha conseguido influir en la clase política hasta ese punto; los estados sureños todavía se resisten a la integración incluso décadas después de ser declarada inconstitucional. El movimiento por los derechos civiles fue un error histórico, incluso el Klan ha sido demonizado injustamente por los radicales de la nueva izquierda según su punto de vista.

Una noche de 2012, un muchacho de diecisiete años iba paseando por un barrio residencial de Florida con un vaso de té helado y unos dulces cuando un vigilante lo persiguió tomándolo por sospechoso y terminó matándolo a tiros. Su nombre era Trayvon Martin y era negro. Su asesino fue absuelto por el tribunal que juzgó la causa, exactamente igual que pasó en 1955 cuando Emmett Till fue linchado en Mississippi. Cuando se conoció la sentencia en verano de 2013, Alicia Garza, Patrisse Cullors y Ayọ Tometi crearon el hashtag *#BlackLivesMatter* empezando un movimiento de protesta. En muchos sentidos parecía que Estados Unidos había retrocedido sesenta años, o se revelaba que no habían avanzado tanto como creían en todo ese tiempo. Los negros cayeron enfermos durante la pandemia de Covid-19 produciéndose una tasa de muertos tres veces más alta que los blancos, señalando los desequilibrios económicos y asistenciales: mayor pobreza, peor cobertura médica y más desamparo. La brecha social del país era ya incuestionable: el patrimonio neto de una familia blanca es diez veces mayor que el de una familia negra.

El Black Lives Matter condujo a los primeros levantamientos en verano de 2014 tras la muerte por asfixia de Eric Garner mientras jadeaba desesperado «I can't breath» («No puedo respirar») sometido por varios agentes de policía en la ciudad de Nueva York. Alguien podría pensar que las patrullas vecinales del Black Panther

41 HOGAN, Wesley; RICHARDSON, Judy (2019, 14 de octubre) «More Than Just 9 Words», *Duke's Center for Documentary Studies.*

Party y su visceral discurso lleno de rabia contra los «policías fascistas» a los que llamaban despectivamente «cerdos» seguían plenamente vigentes seis décadas después; de hecho, si Bobby Seale y Huey Newton hubieran estado presentes durante aquella actuación policial infame, Eric Garner seguiría vivo. George Floyd también. Sus últimas palabras fueron exactamente las mismas, «I can't breath», repetidas veinte veces a lo largo de una indescriptible agonía. Setenta casos semejantes tuvieron el mismo desenlace fatal[42].

En América, las fuerzas de seguridad no protegen a los negros; al contrario, los atacan con total impunidad. Todavía se recuerda el funesto año 1979 cuando una treintena de niños afroamericanos fueron secuestrados y asesinados en Atlanta mientras once mujeres negras fueron asesinadas en Boston sin que hallaran a un único culpable, revelando la incompetencia o la inoperancia de la policía. Pero los cuerpos de policía no han hecho más que empeorar sin rendir cuentas de sus operativos y detenciones. Mientras Filadelfia tenía su primer alcalde negro, la policía arrojó una bomba contra la sede de un grupo radical y permitió que el fuego se extendiera por el vecindario destruyendo una manzana entera de casas en un barrio residencial donde vivían familias negras. Las actuaciones policiales han seguido la misma línea discriminatoria sin depurar responsabilidades ni corregir sus protocolos, tratando a cualquier negro sospechoso como potencial amenaza y abriendo fuego antes de verificar si portaba un arma; los medios de comunicación han difundido muchos episodios así, aumentado la indignación de la comunidad y constatando que hay un sesgo racial.

En agosto de 2017 una multitud de racistas de la extrema derecha se dieron cita en Charlottesville, Virginia, para celebrar una manifestación de Unite the Right y protestar enérgicamente contra la retirada del monumento al general confederado Robert E. Lee. Un grupo variopinto de participantes pero afines en su idiosincrasia: miembros del Ku Klux Klan, neonazis, supremacistas, nacionalistas blancos, neoconfederados y milicias armadas. El film

42 «Three Words. 70 Cases. The Tragic History of 'I Can't Breathe'», *N.Y. Times*, June 29, 2020

C.S.A.: The Confederated States of America (Kevin Willmott, 2004) era un falso documental que especulaba con la posibilidad de que la Confederación hubiera ganado la batalla de Gettysburg y la Guerra Civil Americana: una distopia donde la esclavitud seguía vigente y constituía la base de la economía nacional. *Enmienda XIII* (*13th*, Ava DuVernay, 2016) es mucho más escalofriante si cabe, bajo la hipótesis de que la esclavitud en realidad sí que pervive, encubierta en el atroz sistema penitenciario. Bajo la consigna «Law and Order» del presidente Nixon, Norteamérica endureció las condenas y amplió las causas para el encarcelamiento perjudicando a los afroamericanos pobres: de trescientos mil presos negros en los años 70 a más de dos millones en la actualidad; el ritmo de encarcelamientos es cinco veces mayor que el de los blancos, a menudo por motivos injustos o sobredimensionados. Por si los films anteriores parecen exagerados, *I Am Not Your Negro* (Raoul Peck, 2016) combina imágenes de archivo del escritor James Baldwin en los años 60 con escenas grabadas en el presente: la estremecedora mezcla de imágenes actuales y las reflexiones políticas de Baldwin décadas atrás dejan la sensación de que no ha cambiado nada en la sociedad norteamericana. Banderas confederadas, insultos racistas, cargas policiales, discursos populistas para dividir al pueblo, miradas de odio, repulsa y acoso. Todo ello en el momento actual, a día de hoy.

Cuando el movimiento Black Power parecía un capítulo cerrado de la historia reciente, descubrimos que no ha perdido un ápice de su valor y sigue siendo tan necesario como al principio. Tal y como expresó Fred Hampton, líder del Black Panther Party en Chicago asesinado por la policía: «Debemos afrontar el hecho de que algunas personas creen que combatir el fuego con fuego es la mejor forma de hacerlo. Nosotros decimos que la mejor manera de apagar el fuego es con agua. Decimos que no se lucha contra el racismo con racismo. Vamos a luchar contra el racismo con la solidaridad»[43]. Es el único modo.

43 HAMPTON, Fred (1969) «Power Anywhere Where There's People! Speech delivered at Oliver Church», *Illinois Chapter of the Black Panther Party*.

BIBLIOGRAFÍA

ABU-JAMAL, Mumia (2004) «The Black Panther Party» en *We Want Freedom. A Life in the Black Panther Party*, South End Press, Cambridge, MA, págs. 65-95.

ACHAM, Christine; YOUNG, Ashley (2023) «Soul!», *American Archive of PBS.*

AIDI, Hisham (2015, 28 de febrero) «The Music of Malcolm X», *The New Yorker.*

ALEXANDER, Otis (2022, 11 de febrero) «James Meredith's March Against Fear», *Black Past.*

ALI, Jadiyah (2016, 2 de julio) «Muhammad Ali: boxing legend, human rights activist», *Crescent International.*

ALKEBULAN, Paul (2007) «Regional Development of the Black Panther Party» en *Survival Pending Revolution. The History of the Black Panther Party*, The University of Alabama Press, Tuscaloosa, AL, págs. 46-76 [a]

— (2007) «Enemies of the People» en *Survival Pending Revolution*, págs. 77-97 [b] ALVERSON, Brigid (2023, 9 de febrero) «Black Comics Pioneers», *School Library Journal.*

AMES, Ayana (2022, 3 de febrero) «Black Excellence: A History of Fashion», *Am A-line.*

ANDREWS, Kehinde (2019, 2 de octubre) «Top 10 books about black radicalism», *The Guardian*

ARENAS, Arjan (2020, 13 de octubre) «Muhammad Ali: icon of the civil rights movement», *Exposure.*

ARON, Paul (Ed.) (2022) «Pitchin' Man: Satchel Paige's Own Story» en *The Lineup. Ten Books That Changed Baseball*, McFarland, Jefferson, NC, págs.

ARSENAULT, Raymond (2007) «Allelujah! I'm a-Travelin'» en *Freedom Riders. 1961 and the Struggle for Racial Justice*, Oxford Universty Press, N.Y., págs. 93-139 [a]

— (2007) «Make Me a Captive, Lord» en *Freedom Riders*, Oxford Univ., págs. 304-342 [b]

ATCHO, Claude (2020, 8 de junio) «The Power and Necessity of African American Literature», *Chris and Pop Culture.*

AUSTIN, Curtis J. (2006) «Unjustifiable Homicides» en *Up Against the Wall. Violence in the Making and Unmaking of the Black Panther Party*, The University of Arkansa Press, Fayetteville, AR, págs. 189-248.

AYDIN, Andrew (2013, 1 de agosto) «The comic book that changed the world: Martin Luther

King and the Montgomery Story's vital role in the Civil Rights Movement», *Creative Loafing.* BAKER, Lindsey; ROBINSON, T.J. (2018) «Black Arts Movement» en UMOJA, Akinyele; STANFORD, Karin L.; YOUNG, Jasmin A. (Eds.) (2018) *Black Power Encyclopedia. From "Black is Beautiful" to Urban Uprisings*, ABC-CLIO, Santa Barbara, CA, págs. 78.

BARBEE, Sherell (2021, 16 de noviembre) «The Radical History of Black Cartoonists», *In These Times.*

BARBER, David (2006) «Leading the Vanguard. White New Leftists School the Panthers on Black Revolution» en LAZEROW, Jama; WILLIAMS, Yohuru (Eds.) (2006) *In Search of the Black Panther Party. New Perspectives on a Revolutionary Movement*, Duke University Press, Durham, NC, págs. 223-251.

BARNETT, Vincent L. (2020) «Super Fly (1972), Coffy (1973) and The Mack (1973) Under-and Over-Estimating Blaxploitation Box Office», *Historical Journal of Film, Radio and Television*, vol. 40 nº 2, págs. 373-388.

BEAN, Annemarie (Ed.) (1999) «The Black Arts Movement (1969) by Larry Neal» en *A Sourcebook of African-American Performance. Plays, People, Movements*, Routledge, N.Y., págs. 55-67.

BERNARD, Emily (2006) «A Familiar Strangeness: The Spectre of Whiteness in the Harlem Renaissance and the Black Arts Movement» en COLLINS, Lisa Gail; CRAWFORD, Margo Natalie (Eds.) (2006) *New Thoughts on the Black Arts Movement*, Rutgers University Press, Piscataway, N.J., págs. 255-272.

BLAIR, Doug (2005) «The Afro American Journal. Black Power and Education, 1968-1969», *The Seattle Civil Rights and Labor History Project*.

BLAKE, John (2014, 18 de octubre) «How Jimi Hendrix's Race Became His Invisible Legacy», *CNN*.

BLOOM, Joshua; MARTIN, Waldo E. (2016) «Policing the Police» en *Black Against Empire. The History and Politics of the Black Panther Party*, University of California Press, Oakland, CA, págs. 45-62.

— (2016) «Bobby and Ericka» en *Black Against Empire*, Univ. California, p. 247-266 [b]

BOLDEN, Tony (2016) «Theorizing the Funk: An Introduction» en *The Funk Era and Beyond New Perspectives on Black Popular Culture*, Palgrave Macmillan, N.Y., págs. 13-33.

BOOKER, Vaughn A. (2021) «The Hate That Hate Produced. Representing Black Religion In The Twentieth Century» en PARK, Benjamin E. (Ed.) (2021) *A Companion to American Religious History*, Wiley, N.Y., págs. 299-316.

BRANCH, Taylor (2007) «Meredith March» en *At Canaan's Edge. America in the King Years, 1965-68*, Simon and Schuster, N.Y., págs. 480-500.

BROWN, Elaine (2007) «The Significance of the Newspaper of the Black Panther Party» en HILLIARD, David (Ed.) (2007) *The Black Panther*, Simon and Schuster, N.Y., págs. ix-xi BROWN, Mick (2016, 23 de enero) «Berry Gordy: the man who built Motown», *The Telegraph.*

BROWN, Wendy (2020, 10 de junio) «1970 in Black Comics History: Ebon #1 and Larry Fuller», *Shelfdust* [a]

— (2020, 16 de diciembre) «1976 in Black Comics History: Fast Willie Jackson, Golden Legacy and Bertram A. Fitzgerald», *Shelfdust* [b]

CANTRELL, Amy Elizabeth (2023) «"A Freedom Rider Before Freedom Rides": Jackie Robinson Beyond Baseball», *Gettysburg College Headquarters*, vol. 2 nº 1, pág. 20-43.

CARLOS, John; ZIRIN, Dave (2011) «1968» en *The John Carlos Story. The Sports Moment that Changed the World*, Haymarket, Chicago, IL, págs. 77-102.

CARLOS, Marjon (2017, 20 de enero) «How Clothes Helped Female Leaders Convey the Struggle for Civil Rights», *Vogue.*

CARMICHAEL, Stokely; HAMILTON, Charles V. (1967) «Black Power: Its Need and Substance» en *Black Power. The Politics of Liberation in America*, Random House, N.Y., págs. 34-57.

CATSAM, Derek Charles (2009) «The Magic City: Showdown in Birmingham» en *Freedom's Main Line. The Journey of Reconciliation and the Freedom Rides*, The University Press of Kentucky, Lexington, KE, págs. 159-190.

CHAFE, William H. (1981) «The Sit-Ins Begin» en *Civilities and Civil Rights. Greensboro, North Carolina, and the Black Struggle for Freedom*, Oxford Univ. Press, N.Y., p. 71-101.

—; GAVINS, Raymond; KORSTAD, Robert (2001) «Families and Communities» en *Remembering Jim Crow. African Americans Tell about Life in the Segregated South*, The New Press, N.Y., págs. 89-151.

CHAFETS, Zev (2009) «Bad, Bad Barry Bonds» en *Cooperstown Confidential. Heroes, Rogues, and the Inside Story of the Inside Story of The Baseball Hall of Fame*, Bloomsbury, N.Y., págs. 110-136.

CHAMBLISS, Julian C. (2016) «An Archetype or a Token? The Challenge of the Black Panther» en MCENIRY, Matthew J.; PEASLEE, Robert Moses; WEINER, Robert G. (Eds.) (2016) *Marvel Comics into Film. Essays on Adaptations Since the 1940s*, McFarland, Jefferson, NC, págs. 189-199.

CHRISTOPHER, Tom (2002) «Orrin C. Evans and the story of All-Negro Comics», *Tom Christopher.com*

CHOWNING, Richard (2010, 14 de septiembre) «Jimi Hendrix and the Chitlin Circuit», *60's Folks In Their 60s.*

CHURCHILL, Ward (2001) «"To Disrupt, Discredit and Destroy": The FBI's Secret War against the Black Panther Party» en CLEAVER, Kathleen; KATSIAFICAS, George (Eds.) (2001) *Liberation, Imagination and the Black Panther Party. A New Look at the Panthers and Their Legacy*, Routledge, N.Y., págs. 78-117.

—; WALL, Jim Vander (2002) «The Cointelpro Era» en *Agents of Repression: The FBI's Secret Wars Against the Black Panther Party end the American Indian Movement*, South End Press, Cambridge, MA, págs. 37-62.

CLARK, Ashley (2015, 9 de abril) «The LA Rebellion: when black film-makers took on the world- and won», *The Guardian.*

CLARKE, Cheryl (2005) «Queen Sistuh. Black Women Poets and the Circle(s) of Blackness» en *After Mecca. Women Poets and the Black Arts Movement*, Rutgers University Press, Piscataway, N.J., págs. 47-93.

CLEAVER, Eldridge (1969) «My Father and Stokely Carmichael» en *Post-Prison Writings and Speeches*, Random House, N.Y., págs. 43-56.

CLINTON, George (2014) «Would You Like to Dance with Me? We're Doing the Cosmic Ship» en *Brothas Be, Yo Like George, Ain't That Funk' Kinda Hard On You?*, Atria, N.Y., págs. 108-121.

COLLINS, Patricia Hill (1996) «Learning to Think for Ourselves. Malcolm X's Black Nationalism Reconsidered» en PERRY, Theresa (Ed.) (1996) *Teaching Malcolm X*, Routledge, N.Y., págs. 187-208.

COOKE, Jon B. (2002) «Don McGregor Interview: McGregor's Rage!» en *Comic Book Artist Collection Volume 2*, TwoMorrows, Raleigh, NC, págs. 186-199.

CROWLEY, Walt (1995) «All Power to the People» en *Rites of Passage. A Memoir of the Sixties in Seattle*, University of Washington Press, Seattle, WA, págs. 130-138.

CUSHING, Lincoln (2018, 2 de enero) «The Women Behind the Black Panther Party Logo», *Design Observer*.

DAVENPORT, Christian A. (1998) «Reading the "Voice of the Vanguard": A Content Analysis of The Black Panther Intercommunal News Service, 1969-1973» en JONES, Charles E. (Ed.) (1998) *The Black Panther Party Reconsidered*, Black Classic, Baltimore, MD, p. 193-210.

— (2010) «The Black Panther Party Vs. The United States, 1967-1973: Background» en *Media Bias, Perspective, and State Repression. The Black Panther Party*, Cambridge University Press, N.Y., págs. 93-106.

DAVIS, Angela Y. (2005) «Resistance, Language, and Law» en *Abolition Democracy. Beyond Empire, Prisons, and Torture*, Seven Stories Press, N.Y., págs. 105-132.

DAVIS, Vincent (2019, 18 de abril) «The memory and legacy of Jackie Robinson lives on, in perpetuity», *New York Amsterdam News.*

DECURTIS, Anthony (2015, 10 de abril) «Jimi Hendrix: Rocking The Racial Divide», *Medium.*

DENNIS, Angela (2021, 1 de febrero) «Black music moved the movement: Here are the top 25 protest songs of all time», *Knox News.*

DE WITTE, Melissa (2021, 10 de febrero) «Dress codes can reveal social aspirations, political ideals, says Stanford scholar», *Stanford University.*

DHRUV Bose, Swapnil (2023) «10 essential films from the L.A. Rebellion movement», *Far Out.*

DIEHL, Digby (1996) «Bowing to the Inevitable: EC Quits Horror» en *Tales from the Crypt. The Official Archives Including the Complete History of EC Comics and the Hit Tv Series*, St.

Martin's Press, N.Y., págs. 94-96.

DITTMER, John (1995) «Into the Delta» en *Local People. The Struggle for Civil Rights in Mississippi*, University of Illinois Press, Champaign, IL, págs. 116-142 [a]

— (1995) «The Last March» en *Local People*, Univ. Illinois, págs. 289-407 [b]

DONALDSON, Tara (2021, 1 de febrero) «Dress and Protest: Fashion Hasn't Been a Bystander in the Black Civil Rights Movement», *Women's Wear Daily.*

DREIER, Peter; ELIAS, Robert; ZIRIN, Dave (2022) «Crossing Color Line» en *Baseball Rebels. The Players, People, and Social Movements That Shook Up the Game and Changed America*, The University of Nebraska Press, Lincoln, NE, págs. 69-102 [a]

— (2022, 14 de abril) «Jackie Robinson was a radical --don't listen to the sanitized version of history», *The Conversation* [b]

DU BOIS, Shirley Graham (2000) «Kwame Nkrumah: African Liberator» en JACKSON, Esther Cooper; POHL, Constance (Eds.) (2000) *Freedomways Reader. Prophets in Their Own Country*, Westview Press, Boulder, CO, págs. 132 y ss.

DUCILLE, Ann (2018, 17 de septiembre) «Acting While Black in the Civil Rights Era», *Literary Hub*.

DUNCAN, Mary (2016) «Emory Douglas and the Art of the Black Panther Party», *Spectrum. A Journal on Black Men*, vol. 5 nº 1, págs. 117-135.

DUROCHER, Kristina (2011) «Violent Masculinity. Ritual and Performance in Southern Lynchings» en *Raising Racists. The Socialization of White Children in the Jim Crow South*, The University Press of Kentucky, Lexington, KT, págs. 113-130.

EAGLES, Charles W. (2009) «They Will "Want to Dance with Our Girls": Unwritten Rules and Rebel Athletics» en *The Price of Defiance. James Meredith and the Integration of Ole Miss*, The University of North Carolina Press, Chapel Hill, NC, págs. 99-116.

ECHOLS, Alice (2002) «White Faces, Black Masks» en *Shaky Ground. The 60s and Its Aftershocks*, Columbia University Press, N.Y., págs. 159-192.

ELLIS, Kathryn St. Clair (2006) «Sit-Ins, Civil Rights» en CIMENT, James (Ed.) (2006) *Postwar America. An Encyclopedia of Social Political, Cultural, and Economic History Volume OneFour*, Routledge, N.Y., págs. 1134-1135.

FAIRCLOUGH, Adam (2001) «The Rise and Fall of Black Power» en *Better Day Coming. Blacks and equality, 1890-2000*, Penguin Putman, N.Y., págs. 295-322.

FAYER, Steve; MASSIAH, Louis J.; ROCKEFELLER, Terry Kay (1990, 29 de enero) «Power! (1966-

68)» en *Eyes on the Prize: America's Civil Rights Movement 1954-1985*, Public Broadcasting Service (transcripción)

FETTER, Henry D. (2011) «Racial Fault-lines in Baseball's Great Experiment. Black Perceptions, White Reactions», *Transatlantica. American Studies Journal*, nº 2 (en línea)

FIELD, Allyson Nadia; HORAK, Jan-Christopher; STEWART, Jacqueline Najuma (2015) «Emantipating the Image. The L.A. Rebellion of Black Filmmakers» en *L.A. Rebellion. Creating a New Black Cinema*, Uiversity of California Press, Los Angeles, CA, págs. 1-54.

FITZGERALD, Stephanie (2007) «Alone in the Crowd» en *The Little Rock Nine. Struggle for Integration*, Capstone, North Mankato, MN, págs. 8-17.

FORBES, Destinee (2021) «Readdressing Passivity: Protest Dress in 1960s Civil Rights Photography», *The Fashion Studies Journal*.

FORD, Tanisha C. (2015) «Soul Style on Campus. American College Women and Black Power Fashion» en *Liberated Threads. Black Women, Style, and the Global Politics of Soul*, University of North Carolina Press, Raleigh, NC, págs. 95-122.

FOSTER, Susan Leigh (2003) «Choreographies of Protest», *Theatre Journal*, vol. 55 nº 3, págs. 395-412.

FRADIN, Judith B.; FRADIN, Dennis B. (2004) «You Will Refrain from Calling Me Daisy» en *The Power of One. Daisy Bates and the Little Rock Nine*, Houghton Mifflin, N.Y., p. 57-64.

FRAGIE, Tyler (2018, 1 de noviembre) «Clarence Matthew Baker (1921-1959)», *Black Past*.

FREMON, David K. (2015) «Separate but Equal» en *The Jim Crow Laws and Racism in United States History*, Enslow Publishers, Berkeley Heights, N.J., págs. 30-33.

GALLAGHER, Henry T. (2012) «The Campus» en *James Meredith and the Ole Miss Riot. A Soldier's Story*, University Press of Mississippi, Jackson, MS, págs. 136-169.

GARROW, David J. (2004) «The Meredith March, "Black Power", and the Chicago Open-Housing Protests, 1966» en *Bearing the Cross. Martin Luther King, Jr. and the Southern Christian Leadership Conference*, Harper Collins, N.Y., págs. 475-526.

GEORGE, Nelson; LEEDS, Alan (Eds.) (2008) «Does He Teach Us the Meaning of "Black Is Beautiful"? by Albert Goldman, The New York Times, June 9, 1968» en *The James Brown Reader. Fifty Years of Writing About the Godfather of Soul*, Random House, N.Y., p. 39-42.

GIBSON, Christine (2009) «A Shooting-- and the Civil Rights Movement Changes Course», *American Heritage*.

GILL, Lisa M. (2011) «Making the Invisible Visible. The Public Persona of Malcolm X» en HEBEL, Udo J.; WAGNER, Christoph (Eds.) (2011) *Pictorial Cultures and Political Iconographies: Approaches, Perspectives, Case Studies from Europe and America*, De Gruyter, N.Y., págs. 199-218.

GODOSKI, Andrew (2011, 1 de junio) «Professor X And Magneto: Allegories For Martin Luther King, Jr. and Malcolm X», *Screened.*

GOLDSTEIN, Hilary (2006, 4 de mayo) «Xavier vs. Magneto. A Philosophical Debate», *IGN.*

GORSERVSKI, Ellen W.; BUTTERWORTH, Michael L. (2011) «Muhammad Ali's Fighting Words: The Paradox of Violence in Nonviolent Rhetoric», *Quarterly Journal of Speech*, vol. 97 nº 1, págs. 50-73.

GOSSE, Van E. (2005) «Malcolm X: Message to the Grassroots» en *The Movements of the New Left, 1950-1975. A Brief History with Documents*, Palgrave Malmillan, N.Y., págs. 78-81.

GOUDSOUZIAN, Aram (2014) «The Bible and the Gun» en *Down to the Crossroads. Civil Rights, Black Power, and the Meredith March Against Fear*, Farrar, Straus and Giroux, N.Y., págs. 9-21 [a]

— (2014) «Leaving Egypt» en *Down to the Crossroads*, Farrar, Straus and Giroux, p. 22-36 [b] — (2021, 2 de junio) «Shot 55 years ago while marching against racism», *The Conversation.*

GOULD, Philip (2010) «The Economies of the Slave Narrative» en JARRETT, Gene Andrew (Ed.) (2010) *A Companion to African American Literature*, Blackwell, N.Y., págs. 90 102.

GRECHKO, Irina (2020, 1 de septiembre) «From All-White To Sunday Best: The Meaning Behind A Century of Protest Uniforms», *Long Live Style.*

GROSS, Terry (2023, 8 de febrero) «How Stokely Carmichael and the Black Panthers changed the civil rights movement», *Fresh Air.*

GRUNDY, David (2019) «Amiri Baraka, the Umbra Workshop and the Writing of Literary History» en *A Black Arts Poetry Machine. Amiri Baraka and the Umbra Poets*, Bloomsbury, London, U.K., págs. 1-34.

GUGLIELMO, Jennifer (s.f.) «Triple Jeopardy», *Domestic Workers Her Stories.*

HACKMAN, Timothy (2010) «A Blues Song Just for Fighters: The Legend of Sonny Liston», *Aethon. The Journal of Sport Literature*, vol. 27 nº 2, págs. 1-22.

HAIDER, Arwa (2019, 9 de enero) «Sixty years ago, Berry Gordy set up the hit factory of Motown», *BBC.*

HALE, Grace Elizabeth (2002) «"For Colored" and "For White": Segregating Consumption in the South» en DAILEY, Jane; GILMORE, Glenda Elizabeth; SIMON, Bryant (Eds.) (2002) *Jumpin'Jim Crow. Southern Politics from Civil War to Civil Rights*, Princeton University Press, N.J., págs. 162-182.

HAMILTON, Robin N. (2023, 24 de julio) «Stokely Carmichael. Who Was Behind Black Power And Why He Mattered», *Around Robin.*

HARGRAVE, Alex (2017, 25 de octubre) «A timeline of Civil Rights movements in sports», *The Hawk Newspaper.*

HARRELL, Dana; NEWTON, Al; LOBON, John; ALLEN, Gregory; WOMACK, Ronald J.; MCGILL, Clarence (2015, 23 de octubre) «The Syracuse 8», *The Player's Tribune.*

HARRIS, Richard (2021, 21 de diciembre) «Celebrating the Music of Motown», *Next Avenue.*

HASKINS, James (1972) «Stokely Carmichael» en *Profiles in Black Power,* Doubleday, N.Y., págs. 185-202.

HAUSER, Thomas (1991) «The Birth of Ali» en *Muhammad Ali: His Life and Times*, Robson Books, London, U.K., págs. 81-112.

HEAPHY, Leslie A. (2003) «South of Border» y «Moving toward Integration» en *The Negro Leagues, 1869-1960*, McFarland, Jefferson, NC, págs. 167-210.

HEBLE, Ajay; CAINES, Rebecca (Eds.) (2015) «OAAU (Organization of Afro-American Unity) Founding Rally, by Malcolm X» en *The Improvisation Studies Reader. Spontaneous Acts*, Routledge, N.Y., págs. 349-350.

HEERY, Pat (2021, 1 de noviembre) «The Seeven Boston Celtics Who Powered the NBA's Greatest Dynasty», *History.com*

HEIMER, Mel (2020) «E. Simms Campbell (1906-1971)», *Norman Rockwell Museum.*

HEITNER, Devorah (2007) «Welcome to Inside Bedford-Stuyveant, Your Community Program! Producing a Black Counter Public in Brooklyn, 1968-1971» y «Envisioning National Community on PBS. Black Journal and Soul!» en *Black Power Tv. A Cultural History of Black Public*

Affairs Television, 1968-1980, Northwestern University, Evanston, IL, págs. 44-174.

—(2009, 22 de diciembre) «Say Brother: Televising Black Power in Boston», *Inside Thirteen*.

HENDERSON, Stephen (1973) «Introduction: The Forms of Things Unknown» en *Understanding the New Black Poetry. Black Speech and Black Music as Poetic Reference*, William Morrow, N.Y., págs. 1-70.

HIGHTOWER, Kyle (2021, 22 de noviembre) «NBA laid key foundation during 1960s amid offcourt chaos», *Associated Press*.

HILLIARD, David; WEISE, Donald (2002) «Patrolling» en *The Huey P. Newton Reader*, Seven Stories Press, N.Y., págs. 53-66 [a]

— (2002) «Sacramento and the "Panther Bill"» en *The Huey P. Newton Reader*, págs. 67-72 [b]

—(Ed.) (2008) «Introduction to the Black Panther Party Survival Programs», «Sickle-Cell Anemia Research Foundation» y «Free Breakfast for Schoolchildren Program» en *The Black Panther Party. Service to the People Programs*, Dr. Huey P. Newton Foundation, Oakland, CA, págs. 3-34.

HORNE, Karama (2021, 16 de febrero) «With Invisible Men, Ken Quattro is unearthing the Black, Golden-Age comic artists you never knew existed», *SyFy*.

HOWARD, Benjamin C. (1856) «Opinion Of The Court, By Mr. Chief Justice Taney» en *A Report of the Decision of the Supreme Court of the United States, and the Opinions of the Judges thereof, in the Case of Dred Scott versus John F.A. Sandford*, Appleton & Company, N.Y., págs. 399-453.

HOWE, Sean (2012) «Creations and Myths» en *Marvel Comics. The Untold Story*, HarperCollins, N.Y., págs. 7-108.

HUBER, Eliza (2023, 27 de febrero) «How Ivy Style Became One of the Civil Rights Movement's Most Powerful Weapons», *Who What Wear.*

HUGHES, Joseph (2013, 16 de septiembre) «Congressman John Lewis And Andrew Aydin Talk Inspiring The Children Of The Movement With March», *Comics Alliance.*

HULL, Mary (2007) «The Movement Organizes» en *Rosa Parks*, Chelsea House, N.Y., p. 46-57.

HUSSAIN, Khuram (2021, 13 de mayo) «Muhammad Speaks for Freedom, Justice, and Equality», *JSTOR Daily.*

JACQUES, Geoffrey (2021, 17 de febrero) «A New Civil Rights Movement, a New Journal», *JSTOR Daily.*

JACOWAY, Elizabeth (2007) «Torments Behind Closed Doors: Minnijean Brown» en *Turn Away Thy Son. Little Rock, the Crisis That Shocked the Nation*, Simon and Schuster, N.Y., págs. 214-241.

JAHER, Frederick (1985) «White America Views Jack Johnson, Joe Louis and Muhammad Ali» en SPIVEY, Donald (Ed.) (1985) *Sport in America. New Historical Perspectives*, Greenwood Press, Westport, CT, págs. 145-192.

JOHNSON, John H.; BENNETT Jr., Lerone (1989) «Negro Digest: How I Made Millions With a $500 Loan» en *Succeeding Against the Odds. The Inspiring Autobiography of One of America's Wealthiest Entrepreneurs*, Warner Books, Chicago, IL, págs. 113-123.

JONES, Steven Loring (2023) «From "Under Cork" to Overcoming: Black Images in the Comics», *Ferris State University.*

JULES, Jason (2021) *Black Ivy. A Revolt in Style*, Rare Art Press, Southampton, U.K.

JUNG, Moon-Kie (2015) «The Racial Constitution of the U.S. Empire-State» en *Beneath the Surface of White Supremacy. Denaturalizing U.S.*

Racisms Past and Present, Stanford University Press, Stanford, CA, págs. 55-82.

KARENGA, Ron (1971) «Black Cultural Nationalism» en GAYLE, Addison (Ed.) (1971) *The Black Aesthetic*, Doubleday, N.Y., págs. 32-38.

KENCH, Sam (2021, 30 de mayo) «What is Blaxploitation. An American Film Movement Explained», *Studio Binder*.

KENDI, Ibram X. (2017, 22 de noviembre) «Radical Intellect: A New Book on Liberator Magazine», *Black Perspectives*.

KING Jr, Martin Luther (1967) «Black Power» en *Where Do We Go From Here. Chaos or Community?*, Harper Row, N.Y., págs. 27-78.

KING, Wilma (2005) «The Long Way from the Gold Dust Twins to the Williams Sisters: Images of African American Children in Selected 19th and 20th Century Print Media» en *African American Childhoods. Historical Perspectives from Slavery to Civil Rights*, Palgrave Macmillan, N.Y., págs. 119-136.

KISTLER, Alan (2017, 23 de abril) «How Marvel Eventually Tackled The Racial Stereotypes of Young Allies Comics», *The Never-Ending Comic Con*.

KLEMM, Hans (2016, 30 de julio) «Civil Rights In America, And In Its Cinema: From Birth Of A Nation To Selma», *U.S. Embassy*.

KRASKE, Steve; DAVID, Reginald (2023, 10 de febrero) «How the Kansas City Chiefs were pioneers in recruiting Black players in the 1960s», *Kansas Public Radio*.

KURCHAK, Sarah (2017, 26 de febrero) «Racism, religion and boxing: the day Muhammad Ali met Malcolm X», *Vice*.

KWATENG-CLARK, Danielle (2016, 3 marzo) «The (Black) Power Of Fashion», *Hello Beautiful*.

LACERTE, Skye (2018, 23 de mayo) «The Black Panther: A Comic Book History», *Washington University in St. Louis.*

LAMBERT, Craig (2003) «The Blaxploitation Era», *Harvard Magazine.*

LAWRENCE, Novotny (2008) «"Two Detectives Only a Mother Could Love!": Cotton Comes to Harlem and the Detective Genre» en *Blaxploitation Films of the 1970s. Blackness and Genre,* Routledge, N.Y., págs. 26-44.

LAWRENCE, Vanessa (2013, 1 de marzo) «Black Power Dressing», *W Magazine.*

LAWRENCE-SANDERS, Ashleigh (2018, 16 de marzo) «History, Memory, and the Power of Black Radio», *Black Perspectives.*

LEE, Marissa (2022) «The Sanctity of The Black Panther Uniform», *Mission Magazine.*

LEONARDATOS, Cynthia Deitle (1999) «California's Attempts to Disarm the Black Panthers», *San Diego Law Review,* vol. 36 nº 4, págs. 947-996.

Library of Congress (s.f.) «Music in the Civil Rights Movement», *Civil Rights History Project.*

LINDGREN, Curtis (2022, 9 de febrero) «Muhammad Ali: From heavyweight champion to Civil Rights activist», *The Pulse.*

LIVELY, Amy (2020, 25 de junio) «Power to the People. The Music of the Black Power Movement», *For The Record: The 70s.*

LORDI, Emily (2019, 1 de octubre) «How Isaac Hayes Changed Soul Music», *The New Yorker.*

LOTT, Eric (2013) «Blackface and Blackness. The Minstrel Show in American Culture» en *Love and Theft. Blackface Minstrelsy and the American Working Class,* Oxford University Press, N.Y., págs. 15-38.

— (2017) «Our Blackface America. Mr. Clemens and Jim Crow» en *Black Mirror. The Cultural Contradictions of American Racism*, The Belknap Press of Harvard University Press, Cambridge, MA, págs. 33-62.

LOVE, Barbara J. (Ed.) (2015) «Dorothy Bolden» en *Feminists Who Changed America, 19631975*, University of Illinois Press, Champaign, IL, pág. 48.

LUNDIN, Leigh (2011, 16 de octubre) «The Mystery of Superheroes», *SleuthSayers.org*

MACKEY, Thomas C. (2012) «Dred Scott v. Standford, 19 Howard (60 U.S.) 393 (1857)» en *A Documentary History of the American Civil War Era, Volume 3 Decisions, 1857-1866*, The University of Tennessee Press, Knoxville, TN, págs. 5-202.

MAMBROL, Nasrullah (2020, 9 de julio) «An Introduction to the Black Arts Movement», *Literary Theory and Criticism.*

MARKSTEIN, Don (2010) «Fast Willie Jackson», *Toonopedia.*

MARRONGELLI, Rocco (2021, 18 de febrero) «This New Book Highlights Talented Black Artists from the Early Years of Comic Books», *The Pop Insider.*

MARTIN, Tony (1983) «The Garvey Aesthetic» en *Literary Garveyism. Garvey, Black Arts, and the Harlem Renaissance*, Majority Press, Dover, MS, págs. 8-24.

MAULTSBY, Portia K. (2015) «Soul» en BURNIM, Mellonee V.; MAULTSBY, Portia K. (Eds.)

(2015) *African American Music: An Introduction*, Routledge, N.Y., págs. 277-298 [a]

— (2015) «Funk» en *African American Music: An Introduction*, págs. 301-319 [b]

— (2023) «Soul. Timeline of African American Music Mid-1960s-Mid-1970s», *Carnegie Hall*.

MCGEE, Meredith Coleman (2013) «Returning to Mississippi from Active Duty» en *James Meredith. Warrior and the America That Created Him*, ABC-CLIO, Santa Barbara, CA, págs. 37-48.

MCGUIRE, Liam (2021, 30 de septiembre) «Marvel Changed Black Panther's Name For Being Too Controversial», *Screen Rant*.

MCGURK, Caitlin; CLOPTON, Kay (2020, 10 de abril) «Found in the Collection: Larry Fuller's Ebon: An African American Superhero from the Underground Comix Scene», *The Ohio State University*.

MCKENZIE, Candace (2023) «The Big Dreamer: James Meredith's Fight for Integration», *Mississippi History Now*.

MEISTER, Franziska (2017) «Response: To Disrupt, Discredit and Destroy» en *Racism and Resistance. How the Black Panthers Challenged White Supremacy*, Transcript, GE, p. 91-122.

MEREDITH, James (2019) «Two Days: September 30-October 1, 1962» en *Three Years in Mississippi*, University Press of Mississippi, Jackson, MS, págs. 197-204.

MERLINO, Doug (2011, 29 de abril) «Bill Russell, Civil Rights Hero and Inventor of Airborne Basketball», *Bleacher Report*.

MILLER, Shannah (2022, 11 de octubre) «Civil Rights Cinema and its Impact Nearly 60 Years Later», *Fathom Events*.

MITCHELL, Thomas A. (2020) «Whiteness and the Law» en CASEY, Zachary A. (Ed.) (2020) *Encyclopedia of Critical Whiteness Studies in Education Vol. 2*, Brill, Leiden, p. 703-707.

MOORE, Leonard J. (1991) «Indiana and the Radical. Interpretation of the Ku Klux Klan» en *Citizen Klansmen. The Ku Klux Klan in Indiana,*

1921-1928, The University of North Carolina Press, Chapel Hill, NC, págs. 1-12.

MOORE, Louis (2022, 14 de noviembre) «Baseball and Civil Rights: Jackie Robinson's Activist Impact», *Antiques Roadshop*.

MORELAND, Tom (2011, 22 de febrero) «NBA's Best Players of the Decade: 1960s Edition», *Bleacher Report*.

MORGAN, Thaddeus (2020, 23 de junio) «11 Anthems of Black Pride and Protest Through American History», *History.com*

MORRETTA, Alison (2017) «Tired of Giving In» en *Rosa Parks and Civil Disobedience*, Cavendish Square Publishing, N.Y., págs. 19-30.

MTSHALI, Khanya (2018, 8 de marzo) «The revolution will wear a dashiki», *Timeline*.

MURPHY, Keith (2022, 14 de octubre) «Motown: The Music That Changed America», *Life*.

National Basketball Association (2021, 14 de septiembre) «Top Moments: Earl Lloyd, Chuck Cooper, Nat Clifton blaze new path in NBA», *NBA*.

NEAL, Mark Anthony (2018, 31 de diciembre) «1968: Soul Music and the Year of Black Power», *Black Perspectives*.

— (2021, 22 de diciembre) «Soul Train and the Desire for Black Power», *The Nation*.

NEWTON, Huey P. (2009) «Patrolling» en *Revolutionary Suicide*, Penguin, N.Y., págs. 120-135.

NILSSON, Jeff (2012, 21 de enero) «Religion Steps into the Boxing Ring: Ali in 64», *The Saturday Evening Post*.

NIVEN, David (2003) «Looking for the Promise of America in a Bus Station. The Freedom Riders and the Kennedys, 1961» en *The Politics of Injustice. The Kennedys, the Freedom Rides, and the Electoral Consequences of a Moral Compromise*, The Uiversity of Tennessee Press, Knoxville, TN, págs. 39-126.

O'HAGAN, Sean (2022, 4 de septiembre) «Sisters of the Revolution: The Women of the Black Panther Party», *The Guardian*.

OLU, Sayo (2020, 29 de octubre) «The Black Panthers' Powerful & Political Style Is Everywhere», *Refinery 29*.

ONGIRI, Amy Abugo (2010) «"We Waitin' on You": Black Power, Black Intellectuals, and the Search to Define a Black Aesthetic» en *Spectacular Blackness. The Cultural Politics of the Black Power Movement and Search for a Black Aesthetic*, University of Virginia Press, Charlottesville, VA, págs. 88-123.

ONION, Amanda; SULLIVAN, Missy; MULLEN, Matt; ZAPATA, Christian (2017, 13 de abril) «Negro League Baseball», *History.com*

OSHINSKY, David M. (1997) «A Farm with Slaves» en *Worse Than Slavery. Parchman Farm and the Ordeal of Jim Crow Justice*, Simon and Schuster, N.Y., págs. 223-248.

PACKARD, Jerrald M. (2002) «Slavery Transformed Into Peonage, 1865-1896» en *American Nightmare. The History of Jim Crow*, St. Martin's Press, N.Y., págs. 39-79.

PARKS, Rosa (2002) «"Tired of giving in": The Launching of the Montgomery Bus Boycott» en COLLIER-THOMAS, Bettye; FRANKLIN, V.P. (Eds.) (2002) *Sisters in the Struggle. African American Women in the Civil Rights-Black Power Movement*, New York University Press, N.Y., págs. 59-74.

PEARISO, Craig J. (2016) «Representing Black Power. Handling a "Revolution" in the Age of Mass Media» en FAHLENBRACH, Kathrin; SIVERTSEN, Erling; WERENSKJOLD, Rolf (Eds.) (2016) *Media and Revolt. Strategies and Performances from the 1960s to the Present*, Berghahn Books, N.Y., págs. 253-266.

PETERS, Cathy (2014, 16 de junio) «Soul, funk and the music of the Black Panthers», *ABC*.

PHILLIPS-PENDLETON, Robyn; PLUNKETT, Stephanie (2022) «Tom Feelings (1933-2003)», *Norman Rockwell Museum*.

POLLETTA, Francesca (2006) «"It was like a fever...": Why People Protest» en *It Was Like a Fever. Storytelling in Protest and Politics*, University of Chicago Press, Chicago, IL, págs. 32-52.

PRICE, Melanye T. (2009) «Reconciling Race and Nation» en *Dreaming Blackness. Black Nationalism and African American Public Opinion*, New York University Press, N.Y., p. 19-30

QUIN, Kevin C. (2017, 29 de julio) «Black Periodicals and the Politics of Racial Uplift», *Black Perspectives*.

RABAKA, Reiland (2022) Introduction. En *Black Power Music! Protest Songs, Message Music, and the Black Power Movement*, Routledge, N.Y., págs. 1-16.

REGALADO, Aldo J. (2015) «Jungle Lords, Haunting Horrors, and the Big City» en *Bending Steel:*

Modernity and the American Superhero, University Press of Mississippi, Jackson, MI, págs. 18-26.

RICE, Tom (2018) «"Damage Unwittingly Done": D.W. Griffith and the Re-Birth of the Ku Klux Klan» en KEIL, Charles (Ed.) (2018) *A Companion to D.W. Griffith*, John Wiley and Sons, Hoboken, N.J., págs. 463-462.

RICKARD, Mike (2020) «The Comic Book Industry's Most Racist Character?», *Pro Sports*.

RISSMAN, Rebecca (2015) «A Time of Change» en *Black Power Movement*, Abdo Publishing, Minneapolis, MN, págs. 4-11.

RITTENBERG, Adam (2013, 21 de febrero) «Spartans blended race in 1960s», *ESPN*.

ROANE, James T. (2017, 24 de octubre) «Zeek Burse's Broke Man and the Legacy of the Radical Blues», *Black Perspectives*.

ROBINSON, Lisa (2008, 13 de diciembre) «It Happened in Hitsville», *Vanity Fair*.

ROLLINS, Victoria (2023, 10 de marzo) «The Revolutionary Aesthetics of the Black Panther Party and Its Impact on Fashion Today», *The Kansas City Defender*.

ROMAN, Meredith L. (2020) «"Armed and Dangerous": The Criminalization of Angela Davis and the Cold War Myth of America's Innocence», *Women, Gender, and Families of Color*, vol. 8 nº 1, págs. 87-111.

RUDNICK, Lois P.; SMITH, Judith E.; RUBIN, Rachel Lee (Eds.) (2006) «Malcolm X: Message to the Grass Roots» en *American Identities. An Introductory Textbook*, Blackwell, Malden, MA, págs. 119-125.

RYMER, Zachary D. (2013, 15 de abril) «Tracing Black Players' MLB Impact from Jackie Robinson to Today's Game», *Bleacher Report*.

SAVAGE, Barbara Dianne (1999) «New World A'Coming and Destination Freedom» en *Broadcasting Freedom. Radio, War, and The Politics of Race, 1938-1948*, The University of North Carolina Press, Durham, NC, págs. 246-270.

SCHLICHENMEYER, Terri (2023, 23 de agosto) «Encyclopedia of Black Comics details a rich history of black artists», *North Dallas Gazette*.

SCHMIDT, Christopher W. (2018) «The Students» en *The Sit-Ins. Protest and Legal Change in the Civil Rights Era*, University of Chicago Press, Chicago, IL, págs. 14-46.

SCHRAFF, Anne E. (2005) «The Arrest» en *Rosa Parks. Tired of Giving In*, Enslow Publishers, Berkeley Heights, N.J., págs. 50-64.

SCHUTZ, Christopher (2016) «The Great Experiment: Ronbinson's Entry into White Baseball» en *Jackie Robinson. An Integrated Life*, Rowman & Littlefield, Lanham, MD, p. 69-88 [a]

— (2016) «"To Be Jackie Robinson": His Further Years in the Majors, 1949-1956» en *Jackie Robinson. An Integrated Life*, Rowman & Littlefield, Lanham, MD, págs. 89-112 [b]

SCOTT, Olympia (2019, 24 de abril) «African American Literature During the Civil Rights Era», *African American Literature Book Club.*

SELL, Mike (2008) «Blackness as Critical Practice» en *Avant-garde Performance and the Limits of Criticism. Approaching the Living Theatre, Happening/Fluxus, and the Black Arts Movement*, The University of Michigan Press, Ann Arbor, MI, págs. 217-242 [a]

— (2008) «Bad Memory» en *Avant-garde Performance*, págs. 135-164 [b]

SEMMES, Clovis E. (2001) «Foundations in Africana Studies: Revisiting Negro Digest/Black World, 1961-1976», *Western Journal of Black Studies*, vol. 25 nº 4, págs. 195-201.

SHEARER, Tobin Miller (2015) «Striking at the Sacred. The Violence of Prayer, 1960-1969», *Open Theology*, vol. 1 nº 1, págs. 126-133.

SHER, Ben Raphael (2013, 4 de noviembre) «Soul Tv, Black Power and African American Media Culture of the 1970s», *Center For the Stody of Women.*

SHOCKLEY, Evie (2015) «The Black Arts Movement and Black Aesthetics» en KALAIDJIAN, Walter (Ed.) (2015) *The Cambridge Companion to Modern American Poetry*, Cambridge University Press, N.Y., págs. 180-195.

SILVER, Carol Ruth (2014) «Maximum Security Unit» en *Freedom Rider Diary. Smuggled Notes from Parchman Prison*, The University Press of Mississippi, Jackson, MI, págs. 55-70.

SILVER, James W. (2012) «The Voices of Militancy» en *Mississippi. The Closed Society*, University Press of Mississippi, Jackson, MS, págs. 28-52.

SIMON, Joseph (2020, 29 de agosto) «Interview with legendary comix creator Larry Fuller», *First Comics News.*

SIMPSON, Kim (2004) «The Agony and the Ecstasy. The Soul Radio Crisis and the Crossover

Cure» en *Early 70s Radio. The American Format Revolution*, Bloomsbury, U.K., p. 125-154

SINHA, Debashree (2018) «Black Arts. The Emergence Black Aesthetics and The New Idioms of Articulating The Dissident Black Self», *Journal of English Language and Literature*, vol. 5 nº 2, págs. 125-132.

SLATE, Claudia (2009) «Wish You Weren't Here. African American Portrayal in Vintage Florida Postcards» en SLATE, Claudia; VAN CAMP, April (Eds.) (2009) *Florida Studies. Proceedings of the 2008 Annual Meeting of the Florida College English Association*, Cambridge Scholars Publishing, Newcastle, U.K., págs. 91-100.

SMETHURST, James Edward (2003) «"Pat your foot and turn the corner": Amiri Baraka, the Black Arts Movement, and the poetics of a popular avant-garde», *African American Review*, vol. 37 nº 2/3, págs. 261-270 [a]

— (2003) «Poetry and Sympathy. New York, the Left, and the Rise of Black Arts» en MULLEN, Bill; SMETHURST, James E. (Eds.) (2003) *Left of the Color Line. Race, Radicalism, and Twentieth-Century Literature of the United States*, The University of North Carolina Press, Chapel Hill, NC, págs. 259-278 [b]

— (2005) «Foreground and Underground: The Left, Nationalism, and the Origins of the Black Arts Matrix» en *The Black Arts Movement. Literary Nationalism in the 1960s and 1970s*, The University of North Carolina Press, Chapel Hill, NC, págs. 23-56.

— (2010) «The Black Arts Movement» en JARRETT, Gene Andrew (Ed.) (2010) *A Companion to African American Literature*, Blackwell, N.Y., págs. 302-314.

SMITH, David Lionel (1991) «The Black arts movement and its critics», *American Literary History*, vol. 3 nº 1, págs. 93-110.

SMITH, Ronald J. (2012) «How You Gonna Get Respect?» en *The One. The Life and Music of James Brown*, Gotham Books, N.Y., págs. 206 y ss.

SMITH, Sam (2019, 2 de julio) «The NBA Biography They Didn't Teach You in History Class», *Legends of Basketball*.

SMITH-SPEARS, RaShell R. (2011) «Black Arts Movement» en PAGE, Yolanda Williams (Ed.) (2011) *Icons of African American Literature. The Black Literary World*, ABC-CLIO, Santa Barbara, CA, págs. 43-52.

SNYDER, Jeffrey Aaron (2018) «"Look to the Roots": History Lessons for the President» en *Making Black History. The Color Line, Culture, and Race in the Age of Jim Crow*, University of Georgia Press, Athens, GE, págs. 147-164.

SPINGER, Clarence (2022, 25 de febrero) «Blaxploitation Reexamined: One Critic's Reinterpretation», *Black Past*.

SQUIRES, David (2019, 6 de noviembre) «In the 1960s, Michigan State truly helped integrate college football», *Andscape*.

STAPINSKI, Helene (2020, 31 de diciembre) «Superheroes and Trailblazers: Black Comic Book Artists, Rediscovered», *The New York Times*.

STARKEY, Arun (2022, 25 de febrero) «Revisit Jimi Hendrix's powerful thoughts on race relations», *Far Out*.

STEPHENS, Michelle Ann (2010) «The Harlem Renaissance. The New Negro at Home and Abroad» en JARRETT, Gene Andrew (Ed.) (2010) *A Companion to African American Literature*, Blackwell, N.Y., Págs. 212-226.

STEWART, Jacqueline Najuma (2015, 7 de mayo) «Scraps in Black and White. Black Images From the Library of Congress Paper Print Collection», *University of Chicago.*

STEWART, Tom (2008) «Black Panther: Don McGregor In The Jungle of Wakanda», *Back Issue*, vol. 1 nº 27, págs. 57-61 [a]

— (2008) «Jungle Adventure! Jack Kirby Arrives», *Back Issue*, vol. 1 nº 27, pág. 62-63 [b]

STRAUSS, Bob (2000, 11 de agosto) «Generator X. Nearly 40 years after Stan Lee created them, the X-Men have become the heroes of the box office», The Guardian.

STRÜBEL, Jessica (2015) «Dashiki» en LYNCH, Annette; STRAUSS, Mitchell D. (Eds.) (2015) *Ethnic Dress in the United States. A Cultural Encyclopedia*, Rowman & Littlefield, N.Y., págs. 97-98.

STUART, Chase (2020, 18 de mayo) «Was The AFL More Accommodating To Black Players Than The NFL?», *Football Perspective.*

SULLIVAN, Denise (2011) «The Revolution Will Not Be Realized. The Sound of Black Power Goes Mainstream» en *Keep on Pushing. Black Power Music from Blues to Hip Hop*, Chicago Review Press, Chicago, IL, págs. 109-142 [a]

— (2011) «Freedom Now» en *Keep on Pushing*, págs. 5-26 [b]

— (2011, 4 de agosto) «Keep on Pushing. Black Power Music», *Pop Matters* [c]

SWARTZ, Steven (s.f.) «Black Radio and Black Disc Jockeys. Transforming Neighborhoods into Brotherhoods», *Oak Park and River Forest High School.*

TAYLOR, Nateya (2022, 16 de septiembre) «More than a Fashion Statement. The Symbolism behind the Black Panther Party Uniform», *National Museum of African American History and Culture, Smithsonian.*

TENSLEY, Brandon (2020, diciembre) «How Denim Became a Political Symbol of the 1960s», *Smithsonian Magazine.*

TERRY, David Taft (2014) «Imagining a Strange New World. Racial Integration and Social Justice Advocacy in Marvel Comics, 1966-1980» en BROWN, Tamara Lizette; KOPANO, Baruti N. (Eds.) (2014) *Soul Thieves. The Appropriation and Misrepresentation of African American Popular Culture*, Palgrave Macmillan, N.Y., págs. 151-199.

THIBERT, Keshler (2021, 3 de febrero) «Heroes of a Different Hue and the Birthplace of Black Comic Books», *Hidden City.*

THOMAS, Pat (2016, 23 de mayo) «Poetry, Proto-Rap and Soul: The Sounds of the Black Power Revolution», *Red Bull Music Academy.*

THOMPSON, Julius E. (1999) «The Early Development of Broadside Pres, 1960-1969» en *Dudley Randall, Broadside Press, and the Black Arts Movement in Detroit 1960-1995*, McFarland, Jefferson, NC, págs. 21-74.

TINSON, Christopher M. (2017) «Spokespersons and Advocates» en *Radical Intellect. Liberator Magazine and Black Activism in the 1960s*, The University of North Carolina Press, Chapel Hill, NC, págs. 38-73.

— (2018, 25 de enero) «Remembering the Black Radical Press», *Black Perspectives.*

TISCHAUSER, Leslie V. (2012) «From the Great Migration to the Great Depression, 1915-1933» en *Jim Crow Laws. Landmarks of the American Mosaic*, ABC-CLIO, Santa Barbara, CA, págs. 59-82.

TISCHLER, Barbara L. (2016) Introduction. En *Muhammad Ali: A Man of Many Voices*, Routledge, N.Y., págs. 1-8.

TOMMASINO, Akili (2021, 12 de octubre) «Black Power in Print: The Black Panther Newspapers», *MoMA* [a]

— (2021, 14 de octubre) «Emory Douglas: Art and Revolution, a Live Discussion», *MoMA* [b]

TOWNSEND, Jessica (2023, 15 de febrero) «A Quick History of Black Cartoonists», *Westlake Porter Public Library.*

TRAYLOR, Eleanor W. (2009) «Women writers of the Black Arts movement» en MITCHELL, Angelyn; Taylor, Danille K. (Eds.) (2009) *The Cambridge Companion to African American Women's Literature*, Cambridge University Press, N.Y., págs. 50-70.

TURNER, Jeffrey A. (2010) «Nonviolent Direct Action and the Rise of a Southern Student Movement» en *Sitting in and Speaking Out. Student Movements in the American South, 1960-1970*, University of Georgia Press, Athens, GE, págs. 43-79.

TURNER, Melissa (2009, 18 de diciembre) «Freedomways (1061-1985)», *Black Past.*

VANKIN, Jonathan (2022, 13 de abril) «California Gun Control: How Ronald Reagan and the Black Panthers Started a Movement», *California Local.*

VARGAS, Mary (2009) «Fashion Statement or Political Statement. The Use of Fashion to Express Black Pride during the Civil Rights and Black Power Movements of the 1960's», *Undergraduate Review*, vol. 5 nº 1, págs. 95-99.

VINCENT, Rickey (2012, 17 de octubre) «Louder Than a Bomb: On The Sounds of Black Power», *Los Angeles Review of Books.*

— (2013) «"People Get Ready": Civil Rights, Soul Musica, and Black Identity» en *Party Music. The Inside Story of the Black Panthers' Band and How Black Power Transformed Soul Music*, Chicago Review Press, Chicago, IL, págs. 125-166 [a]

— (2013) «"The Lumpen Theme": James Brown, the Rhythm Revolution, and Black Power» en *Party Music. The Inside Story of the Black Panthers' Band*, págs. 87-124 [b]

VON BERNEWITZ, Fred; GEISSMAN, Grant (2000) «Al Feldstein Interviewed» en *Tales of Terror!*

The EC Companion, Fantagraphics, Seattle, WA, págs. 72-93.

WADSWORTH, Lois Ann (1991) «Definitions» en *Protest Groups and the Media: African-American Response to the Blaxploitation Movies of the Early 1970s* (tesis doctoral), University of Oregon, Eugene, OR, págs. 6-7.

WARD, Brian (2019) «"People Get Ready": Music and the Civil Rights Movement of the 1950s and 1960s», *The Gilder Lehrman Institute of American History.*

WASHINGTON, Corey (2016, 4 de marzo) «Don't Believe The Hype About Jimi Hendrix!», *Afro Punk.*

WATSON, Elijah C. (2017) «The White Erasure And Black Reclaiming Of Jimi Hendrix», *Okay Player.*

WAXMAN, Olivia B. (2017, 8 de septiembre) «This Football Player Fought for Civil Rights in the 60s», *Time.*

WEBER, Deanna F. (2015) «The SNCC Freedom Singers. Ambassadors for Justice» en *We Shall*

Overcome. Essays on a Great American Song, Rowman & Littlefield, Lanham, MD, págs. 27-42.

WEST, E. James (2020) «We Can Seize the Opportunity» en *Ebony Magazine and Lerone Bennett Jr. Popular Black History in Postwar America*, University of Illinois Press, Chicago, IL, págs. 91-112.

WHEELER, Jared Evan Furcolo (2007) «Jackie Robinson: The Desegregation of Baseball and the Fight for Civil Rights» en HEAPHY, Leslie A. (Ed.) (2007) *Satchel Paige and Company. Essays on the Kansas City Monarchs, Their Greatest Star and the Negro Leagues*, McFarland, Jefferson, NC, págs. 179-189.

WILLIAMS, Nickolas (2022, 16 de abril) «Black Panther's Actual Inspiration is More Complicated Than Fans Realize», *Screen Rant.*

WILLIAMS, Stereo (2016, 16 de mayo) «How Jimi Hendrix Set Black Artists Stone Free», *The Daily Beast.*

WILLIS, Débora (2002) Introducción. En DAVIDSON, Bruce (2002) *Time of Change. Civil Rights Photographs 1961-1965*, St. Ann's Press, London, U.K., págs. i y ss.

WOODFORD, John (1991) «Testing America's Promise of Free Speech: Muhammad Speaks in the 1960s, A Memoir», *Voices of the African Diaspora*, vol. 7 nº 3, págs. 3-16.

— (1993) «Messaging the Blackman» en WACHSBERGER, Ken (Ed.) (1993) *Voices from the Underground. Insider Histories of the Vietnam Era*, Mica Press, U.K., págs. 81-98.

WOODHAM, Rebecca (2008, 25 de septiembre) «Lowndes County Freedom Organization», *Encyclopedia of Alabama.*

WRIGHT, Amy Nathan (2016) «A Philosophy of Funk: The Politics and Pleasure of a Parliafunkadelicment Thang!» en BOLDEN, Tony (Ed.) (2016) *The Funk Era and Beyond New Perspectives on Black Popular Culture*, Palgrave Macmillan, N.Y., págs. 33-50.

ZELLARS, Rachel (2018, 1 de noviembre) «Aretha Franklin, Sexual Violence, and the Culture of Dissemblance», *Black Perspectives.*

ZELLNER, Dottie M. (2010) «My Real Vocation» en HOLSAERT, Faith S.; NOONAN, Martha Prescod Norman; RICHARDSON, Judy; ROBINSON, Betty Garman; YOUNG, Jean Smith; ZELLNER, Dorothy M. (Eds.) (2010) *Hands on the Freedom Plow. Personal Accounts by Women in SNCC*, University of Illinois Press, Chicago, IL, págs. 311-326.

ZIRIN, Dave (2015, 16 de noviembre) «The athlete-activists of the 60s», *The Nation.*